中国人民大学重大规划项目"农村与区域发展比较研究"（16XNLG06）

从农业1.0到农业4.0

生态转型与农业可持续

温铁军　唐正花　刘亚慧———著

人民东方出版传媒

东方出版社

目 录

"国仁文丛"（*Green Thesis*）**总序**　// 001

专家推荐　第六次产业革命即将到来／胡跃高　// 013

专家推荐　乡村兴则中国兴／张孝德　// 015

前　言　生态化与农业转型的初步解读　// 019

第一章　气候与农业：东西方文明起源肇始的优劣分界线　// 035

一、楔子：从"竺可桢假说"看气候变迁与人类

文明历史　// 035

二、呈现"重瓣花朵"结构的中华早期文明　// 046

三、气候影响着早期文明的兴盛与衰亡　// 057

第二章　世界农业发展与美欧亚"三分天下"　// 079

一、盎格鲁-撒克逊模式：殖民地国家的大农场农业　// 079

二、莱茵模式——欧洲宗主国的中小农场农业　// 091

三、东亚模式：中日韩为代表的东亚原住民农业　// 099

四、东亚农业只能走自己的道路　// 124

第三章　中国传统农业：引领未来　∥ 127

　　一、魅力无穷的中国传统农业模式　∥ 127

　　二、百年未有之变局：近现代中国传统农业大变革　∥ 147

　　三、从有机到污染：近现代科技对传统农业的

　　　　深刻影响　∥ 169

　　四、可持续生态发展：中国农业的唯一出路　∥ 178

第四章　农村生态资源价值化：复兴"三农"之路　∥ 193

　　一、敢问路在何方：农村生态资源的价值化之路　∥ 194

　　二、农村生态资源的全域整体开发　∥ 207

　　三、探索与实践：对几个真实案例的再剖析　∥ 215

第五章　风物长宜放眼量：农业可持续发展的国内外视野　∥ 281

　　一、他山之石：多国农业可持续发展观察　∥ 282

　　二、真实的中国故事：中国可持续农业发展观察　∥ 316

　　三、再思考：属于中国的可持续农业之路　∥ 342

后　记　∥ 353

"国仁文丛"（*Green Thesis*）总序

因为有话要说，而且要说在我们团队近期系列出版物的前面，[①]所以写总序。

我自20世纪60年代以来，从被动实践中的主动反思到80年代以来主动实践中的主动反思，经两个11年在不同试验区的历练，[②]加之后来广泛开展国内外调查和区域比较研究，且已经过了知天命之年……自忖有从经验层次向理性高度升华的条件，便先要求自己努力做到自觉地"告别百年激进"，[③]遂有21世纪以来从发起社会大众参与改良、对"百年乡建"（Rural Reconstruction）之言行一致地接续，而渐趋达至"国仁"思想境界，亦即一般学人必须"削足"才能跟从制度"适履"，但只要纳入主流就碍难达到的"实践出真知"。

因此，我在2016年暑假从中国人民大学退休之际，要求为今后

---

① 这几年我们会有十几本书分别以不同作者、不同课题成果的名义问世。这些出版物都被要求做单独的"成果标识"。但我们实际上要做的仍然是这几十年的经验归纳总结和理论提升，"实事求是"地形成"去意识形态化"的话语体系。由此，就需要为这个分别标识的系列出版物做个总序。

② 参见即将出版的《此生无憾：温铁军自述辑录》（暂定名），其中对20世纪80—90年代在官方政策部门开展农村改革试验区及新世纪启动民间为主的新乡村建设试验区，两个11年的经历分别予以归纳。

③ 参见温铁军：《告别百年激进》，东方出版社2016年版。这是我2004—2014年这10年演讲录的上卷，主要是与全球化有关的宏大叙事和对宏观经济形势的分析，甫一出版即被书评人排在当月优选10本财经类著作的第一位。

几年的一系列出版物担纲作序，也主要是想明了指出"国仁文丛"何词何意，亦即：这个丛书是什么思路和内涵。

一、释义之意

"国"者，生民聚落之域也。"上下五千年"是中国人开口就露出来的文化自豪！就在于，人类四大文明古国除了中华文明得以历经无数朝代仍在延续之外，其他都在奴隶制时代以其与西方空间距离远近而次第败亡。由此看中国，唯其远在千山万水之隔的亚洲之东，尤与扩张奴隶制而强盛千年的西方相去甚远，且有万代众生勉力维护生于斯而逝于斯之域，"恭惟鞠养，岂敢毁伤"，兹有国有民，相得益彰。遂有国民文化悠久于国家存续之理，更有国家历史传承于国民行动之中。

"仁"者"爱人"，本源于"仁者二人也"。先民们既受惠于光风水土滋养哺育的东亚万年农业，又受制于资源环境只能聚落而居，久之则族群杂处，而需邻里守望、礼义相习，遂有乡土中国仁学礼教上下一致维系大一统的家国文化之说，于是天下道德文章唯大同书是尊。历史上每有"礼崩乐坏"，随之社会失序，必有"国之不国，无以为家"。是以，"克己复礼为仁"本为数千年立国之本，何以今人竟至于"纵己毁礼为恶"……致使梁漱溟痛感"自毁甚于他毁"的现代性为表、横贪纵欲为里之巨大制度成本肆无忌惮地向资源环境转嫁而致人类自身不可持续！

据此可知我们提出"国仁"思想之于文丛的内涵：

中国人历史性地身处三大气候带覆盖、差异显著的复杂资源地理环境下，只有以多元文化为基础的各类社会群体兼收并蓄、包容共生，才能实现并绵延中华文明数千年的历史性可持续。

这个我们每个人都身处其中的、在亚洲原住民大陆的万年农业文明中居于核心地位的"群体文化"内核，也被老子论述为"阴阳之为道也"，进而在漫长的文化演进中逐渐形成了极具包容性的、儒释道合一的体系。①

由是，在21世纪初重启中国乡村建设运动之后，我们团队试图把近代史上逐步从实践中清晰起来的乡建思想，寻源上溯地与先贤往圣之绝学做跨时空结合，归纳为人类在21世纪转向"生态文明"要承前启后的社会改良思想。②

是以，"道生万物，大德中庸。上善若水，大润民生。有道而立，大象无形。从之者众，大音希声"。③ 此乃百年改良思想指导下的乡村建设运动之真实写照。

基于这些长期实践中的批判性思考，我们团队认同的"国仁文丛"的图形标志，是出土的汉代画像砖上那个可与西方文明对照的、扭合在一起的蛇身双人——创造了饮食男女人之大欲的女娲，只有和用阴阳八卦作为思想工具"格物致知"了人类与自然界的伏羲有机地合为一体，才有人类社会自觉与大自然和谐共生的繁衍。蛇身双人的扭结表明在中国人传统思想中物质与精神的自然融合，既得益于多样性内在于群体文化规范而不必指人欲为

---

① 最近10年一直有海内外学者在研究乡建。国外有学者试图把中国乡建学者的思想上溯归源到孔子或老子，国内也有人问我到底偏重晏阳初还是梁漱溟，还有很多人不理解梁漱溟晚年由儒家而佛家的思想演变。其实，我们从来就是兼收并蓄。在儒释道合一的顶天立地和五洲四海的融会贯通之中形成乡建思想。因此，这些海外研究者的关注点对我们来说本来不是问题。

② 本文丛并非团队的全部思想成果，但在"国仁文丛"设计之前的成果没法再纳入进来，只好如此。

③ 这些年，我一直试图对承上启下的中国乡村建设运动中形成的国仁思想做归纳，遂借作序之机凝练成这段文言，意味着国仁追求的是一种"大道、大润、大象、大音"的思想境界。

"原罪"而出伊甸园；也不必非要构建某一个派别的绝对真理而人为地分裂成唯物与唯心这两个体系，制造出"二元对立结构"的对抗性矛盾。

此乃思想理论意义上的"国仁"之意。

行动纲领意义上的"国仁"，十多年前来源于英文的"Green Ground"。

我们搞乡村建设的人，是一批"不分左右翼，但分老中青"的海内外志愿者。① 大家潜移默化地受到"三生万物"道家哲学思想影响，而或多或少地关注我自 20 世纪 90 年代以来坚持的"三农"问题——农业社会万年传承之内因，也在于"三位一体"：在于农民的生产与家庭生计合为一体，在于农村的多元化经济与自然界的多样性合为一体，在于农业的经济过程与动植物的自然过程合为一体。

据此，我们长期强调的"三农"的三位一体，在万年农业之乡土社会中，本来一直如是。告别蒙昧进入文明以来的数千年中，乡村建设在这个以农业为基础繁衍生息的大国，历来是不言而喻之立国之本。

据此，我们长期强调的三位一体的"三农"，本是人类社会转向生态文明必须依赖的"正外部性"最大的领域，也是国家综合安全的最后载体。

中国近代史上最不堪的麻烦，就在于激进者们罔顾"三农"的正外部性，把城市资本追求现代化所积累的巨大"负外部性"代价向乡土中国倾倒！于是，我虽然清楚"三农"本属于三位一体，也曾经在 20 世纪 90 年代末期和 21 世纪第一个 10 年特别强调"三农

---

① 中国乡建运动之所以能够延续百年而生生不息，乃在于参与者大抵做到了思想和行动上都"去激进"，不照搬西方的左右翼搞的党同伐异。

问题农民为首"，主要是因为那个时期的形势严重地不利于农民这个世界上最大的弱势群体。实际上，也就是在做这种特别强调而遭遇各种利益集团排斥的困境中，我才渐行渐知地明白了前辈的牺牲精神。大凡关注底层民生的人，无论何种政治诉求、宗教情怀和文化旨趣，总难免因慈而悲、因悲而悯，在中国百年激进近现代史中，也就难免"悲剧意义"地、历史性地与晏阳初的悲天悯人①、梁漱溟的"妇人之仁"等，形成客观的承继关系。据此看，20世纪初期的"乡建派学者"也许应该被归为中国最早的女性主义者。② 我们作为继往开来的当代乡村建设参与者，有条件站在前辈肩上高屋建瓴、推陈出新，不仅要认清20世纪延续而来的中国"三农"困境，而且要了解21世纪被单极金融资本霸权强化了的全球化，及其向发展中国家转嫁巨大制度成本的制度体系。这个今人高于前人的全球视野，要求我们建立超越西方中心主义意识形态的世界观和宏大叙事的历史观，否则，难以引领当代乡村建设运动，遑论提升本土问题的分析能力。

从2001年中央主要领导人接受我们提出的"三农"问题这个难以纳入全球化的概念以来，即有一批志愿者着手复兴百年传承的"乡村建设"。部分年轻的乡建志愿者于2003年在距北京大约300公里之遥的河北翟城村开始了新时期乡建，一开始根本就没有外部资金投入和内部管理能力。因为这种以民间力量为主的社会运动无权

———————

① 参阅温铁军：《三农问题与制度变迁》，中国经济出版社2009年版。记得一位学者型领导曾经语重心长地告诫我：农民在现代化的大潮中挣扎着下沉，就剩下两只手在水面乱抓。你的思想无所谓对错，只不过是被溺水者最后抓住的那根稻草，再怎么努力，也不过是落得跟着沉下去的结局……

② 乡建前辈学者梁漱溟因在1953年与毛泽东激辩合作化问题而被后者批为"妇人之仁"。据此，梁漱溟可以被认为是中国20世纪50年代的早期女性主义者。尽管在实事求是的态度面前，打上何种类别的标签并不重要，但如果这是当代学者们的本能偏好，也只好任由其是。

无钱，很大程度要靠热血青年们艰苦奋斗。那，年轻人激情四射地创了业，也激情四射地生了孩子，老辈们就得跟上支持和维护。十多年来，有一句低层次的话多次被我在低潮的时候重复：存在就是一切。只要我们在随处可见的排斥下仍然以另类的方式存活下去，就证明了方式的可持续。我们在最开始心里就觉着，应该给这个社会广泛参与的乡建运动将来可能形成的可持续生存系统，提出一个可以做国际交流的概念，一个符合21世纪生态文明需要的、大家可以共享的名号。于是就跟海外志愿者们商量，提出了这个英文概念"Green Ground"。若直译，就是"绿色大地"；若意译，则是"可持续基础"。如果把音译与意译结合起来考量，那就是"国仁"。有国有仁，方有国人国祚久长不衰。

从十多年来的乡建工作看，这三个意思都对路。

二、文丛之众

俗话说，三人为众。子曰："三人行，必有我师焉。择其善者而从之，其不善者而改之。"如此看文丛，乃众人为师是也。何况，我们在推进乡村建设之初就强调"去精英化"的大众民主。①

前几年，一直希望整个团队愿意理解我试图"让当代乡建成为历史"的愿望。尤其希望大家能够结合对近代史中任何主流都激进推行现代化的反思，主动地接续前辈学者上一个世纪之交开始的乡村建设改良运动，在实际工作中不断梳理经验教训。或可说，我"野心勃勃"地企图把我们在新的世纪之交启动的新乡建运动，纳入

---

① 关于精英专政与大众民主的分析，请参阅《人间思想第四辑：亚洲思想运动报告》，人间出版社2016年版，第2—19页。

百年乡建和社会改良史的脉络。诚然，能够理解这番苦心的人确实不多。①

这几年，我也确实算是把自己有限的能力最大化地发挥出来，"处心积虑"地安排乡建志愿者中有理论建设能力的人在获取学位之后分布到设有乡建中心或乡建学院的不同高校，尽可能在多个学科体系中形成跨领域的思想共同体。目前，我们在海内外十几个高校设有机构或合作单位，有数十个乡村基层的试点单位，能够自主地、有组织有配合地开展理论研究和教学培训工作，立足本土乡村建设的"话语体系"构建，已经有了丰硕成果。②

总之，我们不仅有条件对新世纪已经坚持了15年的"当代新乡建"做个总结，而且有能力形成对20世纪前辈乡村建设运动的继承发扬。

我们团队迄今所建构的主要理论创新可以表述为以下五点。

一是人类文明差异派生论：气候周期性变化与随之而来的资源环境条件改变对人类文明差异及演化客观上起决定作用。据此，人类文明在各个大陆演化的客观进程，至少在殖民化滥觞全球之前应

---

① 近年来，我不断在乡建团队中强调对乡建经验的归纳总结要尽可能提升到理性认识高度，并且要努力接续百年乡建历史，并带领团队申报了一批科研项目。那么，要完成科研任务，就要花费很多精力。对此，就有一些长期从事乡村基层工作，必须拿到项目经费才能维持单位生存，为此来不及形成理论偏好的同人难以接受，甚至有些意见相左之人表达了误解、批评。这本来不足为怪，对批评意见也不必辩解。总体上看，大乡建网络的各个单位还是积极配合的。但，考虑到这些批评说法将来可能会被人拿当某些标题党的报道和粗俗研究者的资料，因此，我才不得不以总序的方式让相对客观些的解释在各个著述上都有起码的文字依据——尽管这些话只是简单地写在脚注中。

② 中国有中国人民大学、中国农业大学、中共中央党校（国家行政学院）、清华大学、重庆大学、华中科技大学、北京理工大学、上海大学、西南大学、福建农林大学、香港岭南大学。海外有英国舒马赫学院、美国康奈尔大学，近期正在形成合作的还有国际慢食协会的美食科技大学（意大利）等。

是多元化的，不是遵循在产业资本时代西方经典理论家提出的生产方式升级理论而展开的。这个理论有助于我们构建不同于主流的生态化历史观。

二是制度派生及其路径依赖理论：不同地理条件下的资源禀赋和要素条件，决定了近代全球化之前人类文明及制度的内生性与多元性，也决定了近代史上不同现代化的原始积累（东西方差异）途径，由此形成了不同的制度安排和体系结构，并构成其后制度变迁的路径依赖。这也成为我们开展国别比较和区域比较研究的重要理论工具。

三是成本递次转嫁论：自近代以来，在全球化所形成的世界体系中，核心国家和居于主导地位的群体不断通过向外转嫁制度成本而获取收益，得以完成资本原始积累、实现产业资本扩张和向金融资本跃升，广大发展中国家及底层民众则因不断被迫承受成本转嫁而深陷"低水平陷阱"难以自拔。当代全球化本质上是一个因不同利益取向而相互竞争的金融资本为主导、递次向外转嫁成本以维持金融资本寄生性生存的体系。在人类无节制的贪欲面前，最终承担代价转嫁的是"谈判缺位"的资源和生态环境，致有人类社会的不可持续之虞。

四是发展中国家外部性理论：第二次世界大战后绝大多数发展中国家都是通过与宗主国谈判形成主权，这可以看作一个"交易"。任何类型的交易都有信息不对称带来的风险，因转交交易范围之外的经济和社会承载而为外部性问题，任何信息单方垄断都在占有收益的同时对交易另一方做成本转嫁，由此发展中国家谈判形成主权必有负外部性，导致难以摆脱"依附"地位。但，越是一次性博弈则风险爆发造成谈判双方双输的可能性越大，发达国家在巧取豪夺巨大收益的同时，其风险也在同步深化和加剧。

五是乡土社会应对外部性的内部化理论：中国作为原住民人口大国中唯一完成工业化的国家，其比较经验恰恰在于有着几千年"内部化处理负外部性"的村社基础，其中的村社理性和政府理性构成中国的两大比较制度优势。但政府同样是人类制造出来但反过来统治人类自身的成本高昂的产物。遂有政府与资本相结合激进推进现代化之后的经济、社会、文化、资源、环境等负外向性问题，成为中国通往可持续的障碍，才有如此广泛的民众愿意参与进来，以期通过乡村建设使"三农"仍然作为中国危机"软着陆"的载体。

以上五点核心思想，主要体现于我们基于"本土化"和"国际化"两翼而展开的以下五个领域的研究工作中。

一是应对全球化的挑战。在资本主义三阶段——原始积累阶段、产业资本扩张阶段和金融资本阶段，核心国家/发达国家总是不断以新的方式向外转嫁制度成本，乃是全球化给广大发展中国家、给资源环境可持续带来的最大挑战。这个思想，在我们的主要课题研究中，作为全球宏观背景，都有所体现，也发表在我们关于全球资本化与制度致贫等一系列文章中。

二是发展中国家比较研究。团队与联合国开发计划署合作，构建了"南方国家知识分享网络"，开展了"新兴七国比较研究"和"南方陷阱"等发展中国家的深入研究。目前正在进行比较研究的新兴七国包括中国、土耳其、印度、印度尼西亚、巴西、委内瑞拉、南非。已经发表了有关文章和演讲，两部专著也在起草和修改之中。

三是国内区域比较研究。中国是个超大型国家，各区域的地理条件和人文环境差异极大，对各区域的发展经验进行研究、总结和归纳，是形成整体性的"中国经验"并建立"中国话语"的基础。

团队已经完成了苏南、岭南、重庆、杭州、广西左右江、苏州工业园区等不同地区的发展经验的分析。已经发表了多篇文章，形成的专著也获得多项国家级、省部级出版奖和科研奖。

四是国家安全研究。国家综合安全是当前面临"以国家为基本竞争单位的全球化"的最大挑战。基于国际比较和历史比较，团队研究表明了新中国通过土地革命建立政权与其利用"三农"内部化应对经济危机之间的相关关系——从历史经验看，新中国在其追求"工业化+城市化＝现代化"的道路上，已经发生了九次经济危机，凡是能动员广大农村分担危机成本的，就能实现危机"软着陆"，否则就只能在城市"硬着陆"。团队正在开展的研究是以国家社科基金重大项目为依托，探讨如何从结构和机制上改善乡村治理以维护国家综合安全。

五是"三农"与"三治"研究。我们自提出"三农"问题并被中央领导人接受之后，用了十多年的时间来研究乡村"三治"问题（指县治/乡治/村治）。自20世纪80年代农村去组织化改革以来，作为经济基础的"三农"日益衰败，而作为上层建筑的"三治"成本不断上升，二者之间的错配乃至哲学意义上的冲突日益深化！其结果，不仅是农村爆发对抗性冲突，陷入严重的不可持续困境，还在生态环境、食品、文化等方面成为国家综合"不安全"的重要"贡献者"。比形成对问题的完整逻辑解释更难的，是我们如何打破这个"囚徒困境"。也因此，任何层面上的实践探索都难能可贵，即使最终被打上"失败"的标签，也不意味着这个堂吉诃德式的努力过程并不重要，更不意味着这个过程作为一种社会试验没有记录和研究价值。

综上，"大乡建"体系之中从事研究的团队成员众多，且来去自由，但混沌中自然有序，我认为团队在这五个领域的思想创新，在五个方面所做的去西方中心主义、去意识形态的理论探索，已经形成了"研究上顶天立地，交流上中西贯通"的蔚然大观。仅"国仁文丛"的写作者就有数十人，参与调研和在地实践者更无以计数，收入的文字从内容到形式都有创新性，且不拘一格。如果从我20世纪80年代就职于中央农研室做"农村改革试验区"的政策调研和国内外合作的理论研究算起，我们脚踏实地开展理论联系实际的科研实践活动已经数十年了。其间，团队获得了十多项国家级"纵向课题"和数十项"横向课题"，获得了十几项省部级以上国内奖及一项海外奖。在高校这个尚可用为"公器"的平台上，我们团队通过这些体现中国人民大学"实事求是"校训的研究和高校间的联合课题调研，已经带出来数百名学生，锻炼了一批能够深入基层调研，并且有过硬发表成果能力的人才，也推进了分散在各地城乡的试验区的工作水平。

由此看，当代大乡建由各自独立小单位组成，虽然看上去是各自为政的"四无"体系——"无总部、无领导、无纪律、无固定资金来源"，却能"聚是一团火、散是满天星"，做出了一般海外背景或企业出资的非政府组织"做不到、做不好，做起来也不长久"的事业。诚然，这谈不上是赞誉我们团队的治理结构，因为各单位难免时不时发生各种内部乱象。但，乡建参与者无论转型为NGO（非政府组织）还是NPO（非营利组织），都仍愿意留在大乡建之中，否则再怎么干得风生水起也难有靠自己的思想水平形成"带队伍"的能力！若然，则乡建改良事业得以百年传承的核心竞争力，恰在于"有思想创新，才能有人才培养，才有群体的骨干来带动事业"。君不见：20世纪乡村建设大师辈出、试验点竟以千数，21世纪新乡建则学者咸从、各界群众参与者更有数十万！

这就是大众广泛参与其中的另一种（alternative）社会历史……

由此看到：发展中国家为主的"世界社会论坛"（World Social Forum）打出的口号是"另一个世界是可能的"（Another world is possible）；而在中国，我们不习惯提口号，而是用乡建人的负重前行，在大地上写下"另一个世界就在这里"（Another world is here）。

人们说，20 年就是一代人。从 2001 年算起，我们发扬"启迪民智，开发民力"的前辈精神，在新世纪海内外资本纵情饕餮大快朵颐中勉力传承的"大乡建"，作为大众广泛参与的社会改良事业已经延续 15 年了！再坚持 5 年，就是一代人用热血书写的历史了。

作为长期志愿者，大家都辛苦，但也乐在其中！吾辈不求回报，但求国仁永续。唯愿百年来无数志士仁人投身其中的乡建事业，在中华文明的生生不息中一代代地传承下去。

以此为序，上慰先贤；立此存照，正本清源。

温铁军

丙申年甲午月

公元二〇一六年六月

第六次产业革命即将到来

中国农业大学　胡跃高

工业革命起，农业之论隐。自 17 世纪初以来，科学成为显学，由欧洲起源，逐渐遍布全球，随即传统农业退却，对农业的关注度日益减少。关于农业的研究成为一种碎片化的存在。这一时期，如果有人试图集零为整，展现世界农业真相，就会面临着重重困难。这是迄今为止世人仍在迷雾中寻找农业道路，百家争鸣、莫衷一是的原因。

乡村是城市的根基，农业是工业的基础。近 300 年来工业革命一枝独秀，人口规模持续增长，不断地、越来越大口地吞噬农业与乡村，使工业化规模与城市化群愈加庞大。直至今日，贪婪的工业革命之后人们突然发现，世界乡村已经彻底衰落，农业破败不堪，其成长的自然生态资源与人类社会资源基础即将告罄，期期不复存在。工业革命已经登顶，前行就是断崖！对于人类历史发展而言，工业革命的确积累了一定的财富条件与知识基础。然而面对着今日困境，恰似一个青年，使足全身力气向前奔去，突然发现自己见到只是茫茫大海，再次身处极度贫乏之中。这就是今日世界农业历史发展面临的基本局面。

人类文明史是一部探索进步的历史。工业文明陷入绝境，意味着新文明时代的到来。世界已经处于工业文明向生态文明的转型之中。

今日世界农业与乡村问题凸显，农业渐成显学。关于农业的理论研究成为时代发展的必然要求。《从农业1.0到农业4.0》的作者就是在这样的背景下开启自己艰难的航程的。

这是一部既有理论深度、又有实践广度的研究著作。书中案例与研究论据引证，呈现出当代信息大交流、大融合的本色，展现出了世界农业的多姿多彩。在上述意义上，该书具有开拓性与时代性。乡村研究工作承载着开辟农业新时代的任务，是一次积极的尝试。

钱学森讲，21世纪是地理系统建设的世纪。钱学森以此为着眼点，创立了产业革命的理论体系，他指出：信息革命是20世纪50年代以来开启的第五次产业革命，以农业型的知识密集型产业为核心建设任务的第六次产业革命即将到来。钱学森还指出，第六次产业革命大约在2021年开始，2050年前后完成，届时中国将消灭三大差别，社会经济将名列世界前茅。现在看来，钱学森的这一思想认识与国家的生态文明、乡村振兴战略高度统一。《从农业1.0到农业4.0》的研究工作推进了人们对生态文明战略与乡村振兴战略的认识，也推进了人们对第六次产业革命的认识。

1999年，德鲁克曾经指出："我们生活在一个意义深远的转型期，在这个时期发生的变革，甚至比19世纪中叶第二次工业革命带来的变化或大萧条时期和第二次世界大战引发的结构性调整更为彻底。"而在1973年汤因比就指出："我们正在接近一个道德上的分叉点，它与2000万或2500万年前人类和类人猿道路上的生物学分叉一样具有决定性意义。"21世纪是生态文明建设的世纪，因而是乡村振兴、城乡和谐的世纪。这也是一个因建设任务巨大而无比伟大的世纪。祝愿作者再接再厉，继续将研究工作更加深入地进行下去。祝愿更多的读者成为参与者加入国家农业与世界农业的理论与实践的建设中来。

乡村兴则中国兴

中共中央党校（国家行政学院）　张孝德

回溯历史，始于18世纪60年代的工业文明已经完成了自己的使命，这就是利用科技和市场的力量，有效地解决了高效率生产的问题，即如何以最低的成本实现产品生产最大化的问题。然而，历史也证明近代以来的工业文明是属于少数国家独享的文明，是一种让全球埋单，使少数国家享受的高成本、高能耗，并且已经陷入高风险的文明。传统经济学认为财富增长等于幸福增长的假定失灵。现代工业文明带来的财富增长并没有带来幸福增长，反而带来了全球生态危机和农业困局。《从农业1.0到农业4.0》以人类文明发展受气候变迁巨大影响之竺可桢假说破题，以最新的"浙江人"考古发现为依据，从宏大的历史和地理叙事视角论述了气候变迁、浅表地理资源决定的多样性农业起源与东西方人类文明的差异，让人们重新认识农业文明对人类文明和人类可持续发展的重要意义，从国际比较视野和历史维度归纳世界农业"三分天下"的格局，构建农业理论研究的中国话语。

中华文明属于农耕经济主导的文明，农耕经济的载体不是城市而是乡村。中国作为世界巨体量的大国拥有很多资源，而且拥有自己独特的文明历史和文化。如果继续跟着西方走，重复西式损人利己地让全球埋单的工业文明，那么中国与世界其他各国面临的前景就是走向共同的毁灭。目前一些主流学者讲中国的现代化就是实现工业化，要超越美国。我认为这个目标定位，不符合时代的要求，也不符合这样一个巨体量大国的身份。中国的崛起，对人类的贡献不应该是重复西方的工业文明。中国作为世界大国，无论是为了自己，还是为了人类，中华民族伟大复兴的内涵，必须是一条新文明之路，一条不是让全球为中国埋单，而是中国要为人类文明做贡献的新文明。党的十八大提出生态文明建设，是一个新文明模式的创新。

中国几千年的文明演化规律是：乡村兴则中国兴。

东方文明和西方文明，属于两种不同类型的文明。西方文明源于古希腊，城市的定义就源于拉丁文。西方人认为文明只在城市，乡村并不代表文明。可是在中国，离开乡村我们能解读中华文明从哪里来吗？从古罗马到中世纪的欧洲乡村是真正的奴隶社会，只不过中世纪是农奴，西方真正获得自由的农民是近代以来农业革命之后才出现的。而中国，从5000年前至今的乡村都是自由民。譬如《诗经》中表述民间爱情的"风"，如果那时中国乡村是一个奴隶社会，没有自由的人能够写出"思无邪"的爱情？中国的历史不是农民创造的，难道是奴隶创造的吗？

乡村携带着中华文明的基因，隐藏着中华文明演化的原动力，这个概念通行于东亚。乡村遇工业文明衰、逢生态文明兴。按照工业文明的经济形态，乡村无法承载高效率的发展；但按照生态文明的要求，乡村具有城市没有的诸多优势。党的十八提出的生态文明新时代，将是中国"第三次农村包围城市"的时代。乡村优势体现在：可再生能源优势，未来乡村将实现新能源自给自足；自然资本优势，习近平总书记的"两山"理论讲的就是生态文明时代乡村绿色产业发展的优势。未来乡村经济将由货币资本转向自然资本，特有文化资源使乡村具有迈向低碳生活的优势。乡村特有的低碳、低消费、互助关系、幸福度最大化，是 21 世纪生态文明时代最经济的生活。

中华五千年传统文明与已经开启的生态文明在能源形态、价值观、文化特征等方面具有天然契合性。生态文明和回归可持续的农业文明才是中华民族的伟大复兴之路。

前言
生态化与农业转型的初步解读[①]

据说人类得以超越任何其他生物种群的发展成为地球主宰的内在动力是"贪婪"?!

无论我们是否心甘情愿地接受这种带有自我反思性质的判断，在别人已经转向、使用"生态足迹"（Eco-print）[②] 来衡量生态化改进，用"食物足迹"（Food-print）[③] 来鼓励市民关注农业的可持续发

---

① 前言由温铁军、唐正花、张俊娜、邱建生、罗加铃共同完成。

② 生态足迹，最早由加拿大生态经济学家里斯于 1992 年提出，再由其博士生瓦克纳格尔进一步完善的一种理论和方法。目前较为通用的概括和表述是：生态足迹指特定数量人群按照某种生活方式所消费的自然生态系统提供的各种商品和服务功能，以及在这一过程中所产生的废弃物需要环境吸纳，并以生物生产性土地（或水域）面积来表示的一种可操作的定量方法。参见沈佐锐《生态健康企业的法规意识和道德规范及生态足迹研讨》，《中国生态学学会2011 年学术年会论文摘要集》，中国生态学会 2011 年，第 137 页。

③ 食物足迹，通常是从个人和国家层次衡量食物消费对生态的影响。在计算食物足迹时，会用到许多不同的指标，但大部分计算都是基于食物生产占用的陆地或海洋面积、二氧化碳排放量、家畜饲料以及总用水量这些指标的综合。参见 TED Studies《我们饮食中存在的问题：肉类以及我们的"食物足迹"》。

展之际，我们却还在 GDP 竞争中乐此不疲！在"消费主义"① 派生的资源枯竭环境破坏中醉生梦死！尤其是最近几百年的工业文明，因其伴随着被确立了"内在政治正确"的各类资本主义而不惮激进。何况，因符合马克思主义基本原理揭示出少数人积累大量财富，而已经在 21 世纪演化出来的"单极化"霸权②主体为了对抗大多数处于弱势而穷下去的国家和族群，便只能操控世界最强大的暴力机器，在以国家为单位的全球金融资本阶段的恶性竞争中高举"单极化"大旗、呐喊着"哈姆雷特"③ 的生死之问……更有以全人类利益的名义创新科技发展达致造神高度的"科学主义"境界，竟然罔顾众所周知的"霍金警告"④ ！与此同时，这种激进造成的巨大代价按照

---

① 美国著名学者斯特恩斯在梳理消费主义的历史进程时曾这样指出，18世纪60年代的消费革命催生了消费主义文化，也使消费社会在一些经济较发达的西欧国家诞生。随后，它开始向美洲大陆蔓延。"在1850年，美国的消费主义已经与欧洲国家并驾齐驱。至1880年，学徒（即美国消费者）开始教师父，已勾勒出美国消费者的领导地位。"概言之，消费主义文化蔓延的基本路径是西欧–美国–全球，其特征就是"将新商品的开发以及消费者对新商品的欲求变成社会经济生活的核心部分"。参见董玲《西方消费伦理研究评述》，《东南大学学报》（哲学社会科学版），2015年17（03）期，第22—26页、第146页。

② 美国的总体战略是加固美洲后院，加强欧洲盟友关系，强化日本的"工具"作用，控制中东、中亚能源基地，拉拢印度，遏制中俄，建立一个由美国主导的、用西方政治经济模式和价值观念一统天下的单极世界。

③ 《哈姆雷特》是由英国剧作家威廉·莎士比亚于1599—1602年间创作的一部悲剧作品。戏剧讲述了叔叔克劳狄斯谋害了哈姆雷特的父亲，篡取了王位，并娶了国王的遗孀乔特鲁德。哈姆雷特王子因此为父王向叔叔复仇。参见百度百科。

④ 英国剑桥大学著名物理学家，现代最伟大的物理学家之一，斯蒂芬·霍金的六大警告：全球变暖是人类面临的主要问题之一；全球变暖不能摧毁人类的话，小行星撞击地球就会毁灭人类；人工智能将完全取代人类，理性开发人工智能；人类最大的问题就是暴力，它能摧毁地球上的一切，如世界大战；外星人很可能会毁灭我们；人口过剩可能会导致人类灭亡，人类很难再活1000年。资料来源：悟空科学世界，《霍金在去世前给我们留下了六个警告，知道是什么吗？》见https://baijiahao.baidu.com/s?id=16137623223122200623&wfr=spider&for=pc。

沃勒斯坦的"世界体系论"① 的理论规律第次向下转嫁，也导致了全球严重的生态危机和农业的全面衰败；鉴于世界上大多数依存生态和农业的人群属于发展中国家，也就无可避免地因承载这种代价而深陷于弱势群体的发展陷阱之中而不能自拔。

霸权国家不可能悬崖勒马。承载巨大代价的发展中国家大部分也不可能走出"依附"困局。只有长期维护国家政治经济主权独立的占全球人口五分之一的中国，有能力做自觉调整，推进工业文明向生态文明的转型。

我们提出农业 1.0 到农业 4.0 的演进分析②，有内在解释逻辑的提法，目的在于体现中央提出的新发展理念：创新、协调、绿色、开放、共享。这五个关键词对当前中国现状和问题很有针对性，但也正是因为在实践中做得还不到位、或者做起来很困难，中央才要

---

① 沃勒斯坦在其"世界体系论"中将全世界分成三种区域，一种是核心区域，一种是边缘区域，还有一种是居于二者之间的半边缘区域，这三个区域形成了一个三元的世界分工体系。沃勒斯坦认为，世界经济体的这三个不同区域被派定承担特定的经济角色，发展出不同的阶级结构，因而使用不同的劳动控制方式，从世界经济体系的运转中获利也就不平等。其中，核心地区总是以较高水平的机械化、高技术而获得较高利润和较高工资，边缘地区提供的则大多是初级产品、农产品或资源，而半边缘地区则表现为一种核心和边缘的混合体，一方面剥削边缘区域，另一方面又受到核心区域的剥削。按照沃勒斯坦的观点，边缘地区或国家被卷入世界资本主义体系的过程就是边缘化。参见聂玮《沃勒斯坦"世界体系论"与中国当前的国际地位》，《河北学刊》2012 年 32（06）期，第 220 页。

② 前言中的这部分内容是国家社会科学基金重大项目"作为国家综合安全基础的乡村治理结构与机制研究"（批准号 14ZDA064）、国家社科基金年度项目"粮食金融化与我国粮食安全战略研究"（批准号 14BGJ048），以及北京市社科基金重点项目"城乡二元结构下改善社会治理研究"（批准号 15FXA003）阶段性成果。张俊娜、邱建生、罗加铃作者参与讨论，并据温铁军在中国第七届、世界第六届社会生态农业 CSA 大会上的开幕式演讲和 2015 年 10 月 29 日在密云县北庄镇乡村干部学习中央五中全会的辅导报告等记录稿整理成文，由温铁军修改定稿。

特别提出。

据此，若从党的十八大确立的生态文明战略上看农村地区现在的问题，当前的主要变化是从中国人 20 世纪努力进入工业化、用工业方式改造传统农业的农业 2.0 版的现代化，进步到二十世纪生态文明需要的农业 3.0+4.0 版的现代化。

世界上农业 1.0 时代趋向于大规模农场的集约化经营，是早期西方殖民化派生的模式。演化到与当代生态文明结合的农业 3.0+4.0 时代，不同地区发展的机遇是不同的。(参见图 1)

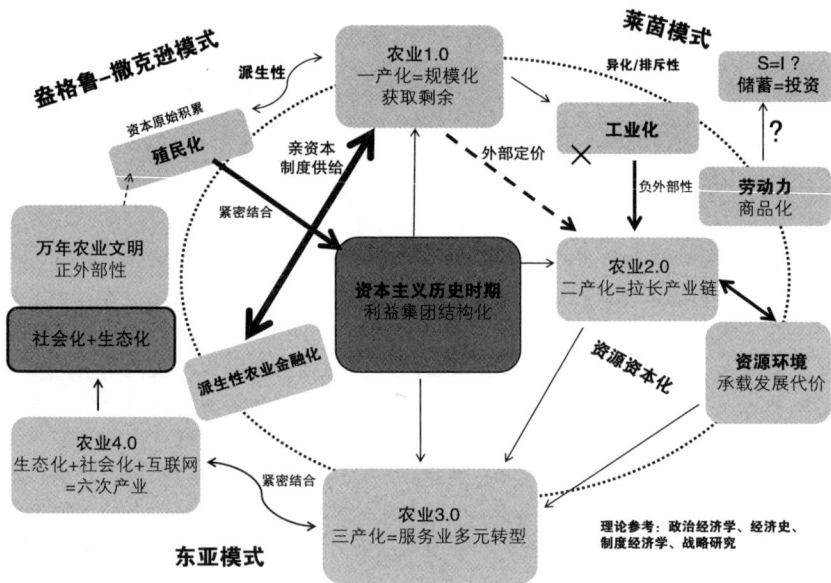

图 1　农业 1.0—4.0 的演进

图 1 中，右上角的问号是对发展经济学的核心理论"储蓄 S＝投资 I"提出的质疑：通过工业化改造传统农业的方式，尽管能够形成食品产业链，但国内外的研究都表明，直接生产者的收益在产业链中占比一般都低于 10%。这就不可能使农业劳动力的工资及其所在

的农业地区的储蓄增加，因此，也就没有带动当地金融投资来发展经济的可能性。这，其实也是大多数发展中国家不能进入工业化的解释。

在中国，占国土面积70%的是山区、半干旱草原和高原，因受地理气候约束而不可能通过农业的1.0的规模化和农业2.0的设施化来提升农村产业结构。有些地方盲目跟风，确有不顾约束条件这样做的，失败案例也很多。本文认为，此类地区应该实事求是地下功夫搞好农业3.0或农业4.0，才有优化产业结构的发展机会。

一、农业1.0与殖民化

西方人从16世纪起搞了300年殖民化，占领了几块大陆——北美洲、南美洲、大洋洲3个大陆，以及非洲大部分地区，在这几个通过殖民掠夺占领的大陆上，西方宗主国推行的主要是大种植园和大农场。这就是农业1.0。虽然只是殖民化的结果，但后来却在这个经验基础上形成了农业现代化理论，遂有把农业单纯作为第一产业这个概念。因为，农业资源的规模化扩张意味着绝对地租总量增加，有利于资本深化，主要对接西方宗主国的资本原始积累。农业1.0版主要是殖民化的结果，发展出来的就是大规模的农场。也因此，在中国照搬来的西方教科书上描写的农业规模经济、集约化大生产模式，在非殖民地条件下就很难形成。

比如，美国是一些学者经常强调的榜样，但这些学者却从来不提那里的原住民占美国现在3亿多人口的不到2%，被集中在亚利桑那戈壁沙漠地带的原住民保留区里。殖民化造成原住民没有权益，所以美国的大农场几乎全部是由外来的白人当农场主。由此，美国的

"Farmer"本意是农场主，这个农场主的概念到中国被错译为农民。而中国的农民本来应该翻译为"Peasant"。只不过，西方在殖民地大陆上已经实现了农民的历史性终结（End of peasantry），于是，那里就只有农场主（Farmer）。

与全球化有关且非常有现实意义的是：只有维持西方教科书给定的农业1.0版的规模化大农业，才能与美国"粮食金融化"的全球化战略直接结合。

西方在进入金融资本全球化时代之后，农业1.0版的大农场虽然集约化程度高，却长期亏损，需要政府支付很高补贴才能维持运营。例如，美国每年用于农场主的补贴是数百亿美元。但是，石油和粮食是20世纪70年代布雷顿森林体系解体之后美元长期占据世界储备和结算货币地位中的两个"锚"，于是，控制此类低收益甚至负收益的粮食生产大农场，就成为农业类跨国公司在世界农产品期货市场上做多空投资的基础。也就是说，跨国公司在农业生产领域的亏损由政府补贴，使得跨国公司能够直接在全球期货市场上做金融投机获利。亦即，跨国公司只能在占有较大农业市场份额的条件下，才足以左右国际价格。

每当美国的量化宽松政策释放出大量流动性的时候，都会流向粮食市场造成价格暴涨，由此直接导致发展中国家进口粮食，进而进口通货膨胀，演化为发展中国家的经济危机和社会动乱。

可见，这个时期的农业1.0，主要服务于金融资本阶段霸权国家的全球战略。

在西方推行殖民化时期，亚洲的印度已经属于"远东"，中国则更是被称为遥远的东方。因此，总体上没有像美洲、大洋洲和非洲那样被西方人全面殖民化，亚洲就属于世界上唯一的原住民大陆。中国人口 100% 都属于亚洲原住民，只有少数华人被"卖猪仔"贩运到美洲。无论谁想学美国或澳大利亚的农业 1.0 版大农场，恐怕就得先学殖民化，把中国原住民减到 5% 以下才搞得了。

放眼亚洲，在这个原住民大陆上一般找不到农业 1.0 版的大农场国家。亚洲只有一个岛屿国家是农业 1.0 版的大农场，那就是被西方人殖民长达 400 年之久的菲律宾。但，即使在菲律宾也没有哪个大农场主是原住民，基本上都是外来殖民者。这也说明至少有一部分原因是在殖民化早期原住民不被西方殖民者认为是人类。

东亚的日本是单一"大和民族"的原住民，虽然早已经高度现代化，但乡村还是小农经济，农户平均占地规模 2—3 公顷。要靠综合性农协来垄断经营所有农村地区的二、三产业才能维持日本"三农"的可持续发展，这就是日本模式的"农业 2.0×3.0"，被日本学者称为"农业 6 次产业"。我国最近才把这个概念搬过来，却难以理解其综合性农协属于全方位的高度垄断组织的实质内涵。

类似的农业模式之所以被统称为"东亚模式"，是因为还有曾被日本殖民化的韩国和中国台湾。虽然日本后起殖民化在与西方列强的竞争中失败了，但世界农业领域的东亚模式却保留下来了。

大农场只在殖民地条件下才有。原住民的小农户经济要靠综合性农协才能维持。这个道理本来是基本常识。

中国也有个别地区，如东三省、内蒙古和新疆等有条件搞农业 1.0 版的规模化大生产。但我国国土面积 70% 是山区，无论谁搞单一作物的区域化种植都会破坏生态环境。因此，大多数地方只能放弃农业 1.0 版的现代化想象。

二、农业 2.0 与工业化

农业 2.0 版的现代化，意味着进入工业化时代之后要用工业的生产方式改造农业，一般叫作设施化农业、工厂化农业。可以称之为"农业二产化"。

但这不仅在中国，而且在大多数国家都属于严重亏损的和高补贴的；并且在欧洲国家和在东亚的日本、韩国，以及中国台湾地区，二产化农业因严重污染土壤和水体，造成对资源环境的严重破坏，因而正在退出。

中国大陆现在农业 2.0 版现代化的主要经营方式，是 1998 年遭遇生产过剩之后开始提倡的"大型工商企业下乡推进农业产业化经营"，本意是要在农业 1.0 版的规模化和集约经营的基础上，进一步靠企业经营拉长产业链，增加农业投资人的收益。但中国大部分农区没有条件搞殖民化的农业 1.0，外部投资人即使得到政府支持也难以跟分散小农经济打交道；由此造成大量的对抗性社会矛盾和群体性冲突事件。

实际上，中国用工业化方式改造农业的客观结果，一方面是产量的增加，另一方面伴随大宗农产品商品化，出现了食品质量劣化。

此外，由于中国没有条件搞成规模化的农业 1.0，所以大部分农业 2.0 都遭遇外来企业与分散小农户交易成本过高的矛盾；近年来颓势显露，呆坏账大量增加……

总之，既然海内外的农业现代化 2.0 版的经验和教训都很多，那就应该强调绿色创新需要"开放"的思维，加强对海内外农业现代化正反两个方面经验的比较研究……

三、农业 3.0 与三产化

农业 3.0，也可以称之为"农业三产化"；是把农业直接和第三产业结合。

农业 3.0 首先是发展和各地自然、社会等资源条件高度结合的多元化农业。

其一，农业绿色化，要包括景观休闲旅游和教育文化等；其二，要制度创新，使得依托在地化自然资源生存的老百姓获益，自主地构建能够共享长期收益的综合性合作社制度；其三，要政府协调才能实现共享，纳入金融保险房地产饭店业等非农业务，其收益通过合作社返还本地老百姓。

山区的地方政府和村级干部要考虑的是当地村民自主地把自然资源变成了三产化农业的资产，大家因共享收益而自觉地维护资源环境。并且，山区要保持山清水秀，就不能轻易改变原生态的作物结构。欧洲的地方政府立法鼓励农业多样化种植，禁止农户成片调整作物结构。因为景观农业要求四季有景，如果改成单一品种大面积种植，就只有一季景观，另外三季游客不来，地方就没收入。

山区多样化景观维护好了，下一步就是搞休闲旅游农业。这就需要我们保留乡土文化。要有乡土建筑艺术和十里不同风的传统文化，那就得有题材，把城里人吸引来。进而发展到养生农业。

工业化时代讲究"时间就是金钱，效率就是生命"。在生态文明时代则改为追求绿色可持续。于是，在慢城中的慢生活就需要慢食。与中国的养生农业吻合。城里人来要吃有机产品洗胃，喝山泉清水洗血，呼吸山间空气洗肺，在青山绿水之间养生则洗心。

农业三产化，主要是以景观农业为基础实现休闲旅游和养生农业作为绿色经济的主题，通过自然资源的三产化重新定价获得高于一产农业和二产农业的收益。山区比平原地区有更好的条件实现跨越式发展。

发展农业 3.0 就是立足现有资源的绿色创新。对城里人开放要靠在地化的品种注册本地化标志，最适合本土资源环境的就是品质最好的，具有本地化的健康养生作用。要把此作为绿色发展的指导思想，才能作为题材吸引城里人来养生。村社和农户可以把最能够产生这种作用的生产本地化产品的土地变成对市民出租的土地，一年一收租。这样，农民的资产性收入就是稳定的。

应该发动农民开发本地化知识和乡土文艺演出。还有传统的乡村五行八作的工艺学习，城里人学习农村的工匠怎么制陶，怎么做木匠活，这些传统技艺代表文化多样性资源得到了复兴的机会。带动本地化知识发掘及其文化传承，演化为本地化的乡土教育和文化，要靠广泛发动本地群众和外来者的共同参与。

这些，在过去靠招商引资搞出来的二产化农业中都是没有的内容。

大多数地方政府都要"协调"，改变追求招商引资搞农业 1.0 和 2.0 的工业化思维。如果没通过协调实现共享，也没对城里人开放，这个绿色创新就难以发展。

所以，以上讲农业 3.0 的"三产化农业"，也是打造未来农业 4.0 的绿色发展的序曲。接着就是要进一步借助互联网工具，实现农业 4.0 的"社会化+生态化"。

四、农业 4.0 与互联网

在中国应对全球化挑战之中率先提出生态文明的国家战略的指导

下，我们应该提出农业现代化的 4.0 版——社会化生态农业。这是在农业 3.0 版的基础上，全面推行农业的社会化和生态化。促进农村经济回嵌乡土社会、农业经济回嵌资源环境，最终达至"人类回嵌自然"的生态文明新时代。

当前可结合官方强调的政策创新："农业需要一、二、三产业融合"的指导思想，使之成为农业 4.0 的政策基础。在国际比较上，这就相当于东亚模式的改进版：社会化生态农业 = 日、韩和中国台湾地区的 6 次产业+互联网。

一般人经常说的是"互联网+"农业，但这不是创新。我们提出的是符合官方政策思想的"绿色创新+互联网"，主要是三产化的农业 3.0 版使用互联网+这个工具，在促进资源节约环境友好的"两型农业"的基础上，进一步纳入农业多功能性所内含的教育文化、历史传承等非经济功能。同时也要把乡村四季景观和乡土文化，以及有机题材、本地化标志等纳入休闲旅游养生等进行多元开发。

发展社会化的生态农业，一定要从农民和市民的需要出发，政府应该通过购买服务的方式推进乡村建设志愿者长期不懈的工作，促进市民与农民的互助合作，搭建城乡良性互动的桥梁。

农业 4.0 版的所谓政府协调，就是要构建资源节约和环境友好型农业，就得促进城乡结合广泛参与的社会化农业，共同维护生态化农业内涵的综合性、包容性发展。有这些生态文明内容，再利用"互联网+"，推进的就是农业 4.0 了。

首先要看到"搭便车"的机遇。近 20 年间，从 IT 到互联网创业成本极低。这个时代发生过 IT 泡沫崩溃的危机，意味着今天我们所使用的互联网系统提供的便利早已经被支付过成本。

一是在冷战时代，为了准备星球大战，美国政府大量军事投资于

网络化条件下的生态农业与城乡和谐模型

（无需广告的健康的食物）

有机蔬菜	农业教育 + 市场营销	家庭会员
肉禽蛋等	电子商务系统	团体会员
粮油副食	快速物流系统	礼品会员
其他食品	客户服务系统	其他消费者
	社会监督 + 农业体验	

（低成本"信用"体系与合理价格）

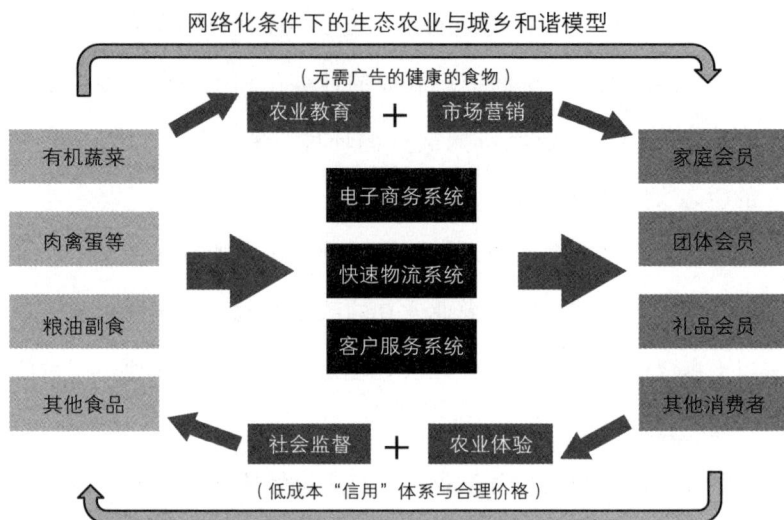

图2 社会生态农业体系：应对中产阶级多样性+分散化+小规模消费方式

IT 领域，由此军事开支形成了 IT 产业的最初研发投入。1991 年苏联解体，冷战结束，军事技术大量转为民用，这些政府前期投入就成为沉淀成本。

二是当个人电脑普及带来"信息高速公路"概念兴起时，大量的投机资本涌入，造成 IT 泡沫，虽然 2001 年泡沫破掉之后也造成沉淀成本，但是留下来良好的硬件设施如 GPS 网络、海底光缆等。

这两次成本都不由后来者支付，就留下了互联网产业低成本搭便车的空间，创业者可以低成本地进入/退出互联网领域。

其次，中国社会是个稳态社会。主要因为 60 年来两次以家庭为单位给农民分了地，所以占总人口 60%的基层社会是小土地所有者，也是小资，没有赤贫，所谓相对贫困是现金收入能力低。经过三四十年的发展，在小资基础上产生了中等收入群体。这一群体已经占总人口的 30%以上，5 个亿左右，是美国中产阶级总量的 2.5 倍，是欧洲的两倍，因而是世界最庞大的中产阶级人群。其农产品消费上最为集中的需求是"安全"，此外是个性化、定制化。这就是中国农业4.0的外在条件。

互联网这个工具最容易和那些天天泡在网上的城市中产阶级结合。

北京是中等收入群体人口占50%以上的城市。据统计，北京本地户籍人口现在是1000多万，加上那些没被统计进来的共有2000多万。如果只按本地户籍人口算，中等收入群体超过50%，意味着北京至少有600万以上中产阶级，这些人是未来发展农业4.0的社会化参与者。

这个城里人下乡自救的"去城市化"趋势20世纪80年代在美国、欧洲发生，称为"波波族"。到东亚的日、韩、中国台湾是90年代。中国大陆进入21世纪后也有发生。

所谓农业4.0，是要利用互联网更大程度实现市民广泛参与的"社会化生态农业"，而社会化生态农业本身又是中华文明传统之基本内涵。通过乡村的绿色创新吸引城里人到山区来。现在是资本过剩，钱压在城里人手里用不出去了。所以应该规定下乡的人每户只能长租一个院，不搞二地主。

如果有意识地从高校的学生社团吸引一些愿意下乡支农的学生到村里来，让他们使用"互联网+"来聚人气，那就要关心这些能下乡的年轻人，让他们扎得下来，把他们的优势跟农村资源环境结合，形成多样化的社会活动，构成聚人气的条件。那就要继续社会化创新，搞"社会参与式的食品安全保障体系"。什么食品安全体系都不可能达到社会参与式的安全水平。学生社团下乡如果在某个村里常住，打出去的本地标志就是生态化的，因为有社会参与为食品安全做保障。如果市民在这儿搞生产，消费者同时也是生产者，这儿的东西一定是最可靠的。

要保持生态文明的多样性内涵，不能按照工业文明的思维搞单一的、统一的设计。农业4.0的发展理念是维护资源环境，由此形成多元化自然景观，构成吸引城里人休闲旅游养生的条件。这些题材能够提升农业3.0新的环保型"四洗"消费——洗胃、洗肺、洗血、洗心，开展"三慢"运动——慢食、慢城、慢生活。

总之，农业4.0版的绿色现代化是世界的目标，"三慢四洗"是农村创新的题材，借此达到资源共享。如果老百姓都能得到资源性资产在绿色开发中再定价的收益，那就是实现全面小康的重要路径。

本书共五章。要义如下：

第一章，指导思想：以人类文明发展受气候变迁巨大影响之竺可桢假说为楔子，以最新的"浙江人"考古发现为据，论述上古时期人类农业文明起源的差异性及其演化，提出了气候变迁对依托浅表地理资源的农业群体的直接作用；据以形成的是本书颇具创新性的指导思想——去线性化的历史观。

第二章，模式差异：论述近代资本主义时期的世界农业可归纳为殖民地国家大农场农业的盎格鲁-撒克逊模式（Anglo-Saxon），欧洲宗主国中小农场农业的莱茵模式（Rhein），以及未被西方彻底殖民化的原住民农业的"东亚模式"的"三分天下"的格局；提出东亚无法照搬殖民地大农业模式，唯有生态化转型才能使农业在全球竞争压力下实现可持续。

第三章，问题分析：梳理了中国延续千年的传统农业一直是生态环境友好、有机和可持续发展的，国家工业化、地方政府工业化、全球化对其制度性改造，以及生物化、化学化和机械化对其技术性改造，导致发展面临危机；对中国农业做可持续发展回归，是在当代生态文明战略转型语境下的题中之义。

第四章，案例研究：农村生态资源因其内生性的结构性黏连性而具有不可分割性，重构集体经济组织和"三级市场"制度设计是农村生态资源价值化的理论基础，以浙江丽水的生态产品价值实现探索，宁夏隆德李士村"以投转股"和集体经济发展，重庆城口岚天乡依托农村生态资源推进"三变"改革，贵州罗甸为单株海南黄花梨颁发不动产权证并尝试开展产权交易为案例介绍了农村生态资源价值化的地方实践。

　　第五章，经验借鉴：简介了国内外农业可持续发展的丰富经验，通过国际比较视野研究，指出了农业可持续发展的前进方向。

　　据此，生态化是人类文明的出路，也是农业走出困境进入可持续发展的题中之义。美国国家人文与科学院院士、生态经济学家小约翰·柯布博士曾指出"中国给全球生态文明建设带来希望之光"。盼望本书成为生态化和农业可持续研究的"星星之火"。

第一章
气候与农业：东西方文明
起源肇始的优劣分界线

一、楔子：从"竺可桢假说"看气候变迁与
人类文明历史

1972年年初，中国科学院时任副院长、院士竺可桢，在主流社会普遍相信"人定胜天"的特定时期，发表了《中国近五千年来气候变迁的初步研究》，称其为"一生专门研究的一个课题"。文章中文版经《考古学报》刊发后引起巨大反响并得到高层重视，"国内外学者不断索函该文"[①]。这一研究成果是开创性的，他首次以历史时期而非地质时期的气候变迁为对象，研究了气候在中国不同历史时期的变动。鉴于其对不同区域历史发展路径显著差异的客观原因分析，不同于长期占据思想界主流的"冷战意识形态"，因此可称之为"竺可桢假说"，作为我们研究生态化与可持续农业的思想资源（见图1-1）。

---

① 葛全胜、方修琦、郑景云：《中国历史时期温度变化特征的新认识——纪念竺可桢〈中国过去五千年温度变化初步研究〉发表30周年》，《地理科学进展》2002年第4期，第311—317页。

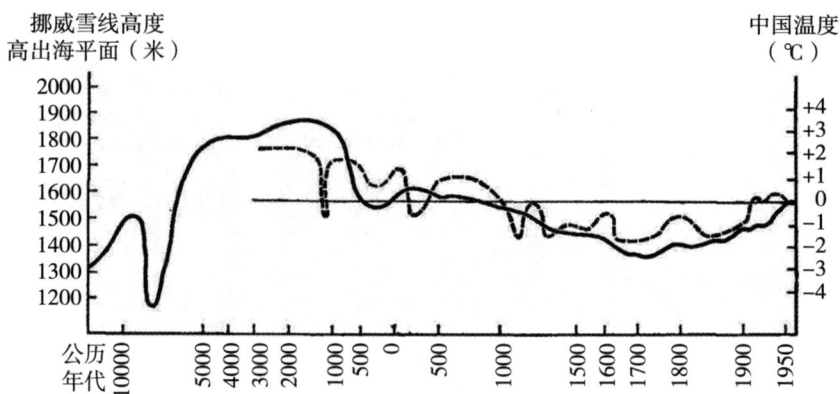

注：竺可桢根据考古和文献物候资料绘制的中国温度变迁图与现代观测手段
　　结果的比对。
　　雪线高度以米计，目前挪威雪线高度在1600米左右。
　　温度以摄氏度计，以0线作为目前温度水平。
　　横线时间的缩尺是虚数的，越至左边缩尺越小。

图 1-1　1 万年来挪威雪线高度（实线）与 5000 年来中国温度（虚线）变迁图①

　　图 1-1 中的实线为挪威雪线高度，虚线为 5000 年来中国温度。温度以摄氏度计，以 0 线作为目前温度水平。横线时间的缩尺是虚数的，越至左边缩尺越小。竺可桢指出中国的数据和欧洲的数据走势基本一致，但欧洲的气候变化要稍滞后，二者走势同步的原理在于都受西伯利亚冷空气的支配。

　　竺可桢主要针对西方学术界主流的形而上的气候学论点（即认为可根据几十年的气候观测准确地推算过去和未来很长时间的气候数据，认为地球的气候是不具有历史内容、不具有发展的性质的），在同位素监测等现代年代推断技术手段发展刚刚起步、地球物理和气象理论发展不充分的情况下，以历史唯物主义方法，利用考古资料、古文献提

---

　　① 竺可桢：《中国近五千年来气候变迁的初步研究》，《中国科学》1973 年
第 2 期，第 15—38 页。

供的物候学资料、方志资料、近代以来的仪器观测资料，开拓性地提出了中国历史时期气候变迁的基本框架和趋势，并将其初步与历史发展的不同阶段相结合①，这是难能可贵的。

虽然此前有西方学者如亨廷顿，1907 年在其名著《亚洲的脉搏》中提出的气候变迁导致匈奴西进的假说②；后有埃及考古学家发现，过去 1 万年间尼罗河流域摩里斯湖水位变动的曲线和埃及王朝兴衰时期非常一致，水位低下时就会发生混乱，新的王朝就此诞生③。但竺可桢的《中国近五千年来气候变迁的初步研究》一文提供的证据之丰富、对考古证据和古文献证据利用之富有创造性、论证手段之综合、论证方法之严密谨慎，都是前作所无法比拟的。

以竺可桢文章最后与冰芯研究结果的比照为例，格陵兰岛冰芯研究方法由丹麦学者威利·丹斯加德于 1954 年提出，以格陵兰岛挖掘出的远古冰层中氧同位素为分析对象，根据各时期降雪形成的冰层中各氧同位素的比例来推测当时的气候。以这种方法得到的 5000 年以来的历史气温数据，和竺可桢根据物候观测得出的中国历史温度变迁的趋势大体一致（见图 1-2）④。

虽然竺可桢未在文中展开论述不同历史时期的气候变迁与历史事件和社会发展之间的具体关系，但任何接触到这一研究的人都能感受到文中隐含的一个历史唯物主义的假说，或称之为一种理论潜力，即

---

① 竺可桢：《中国近五千年来气候变迁的初步研究》，《中国科学》1973 年第 2 期，第 15—38 页。

② Asia T. P. O, 1908. "The Pulse of Asia: A Journey in Central Asia illustrating the Geographic Basis of History", *Nature*, 1908（4）, pp. 252-254.

③ ［日］田家康：《气候文明史》，范春飙译，东方出版社 2012 年版。

④ 王宁练、姚檀栋、秦大河：《冰封的气候年鉴：从水稳定同位素到冰芯古气候——1995 年 Crafoord 奖获得者 Willi Dansgaard 教授成就解读》，《中国科学：地球科学》2016 年第 10 期，第 1291—1300 页。

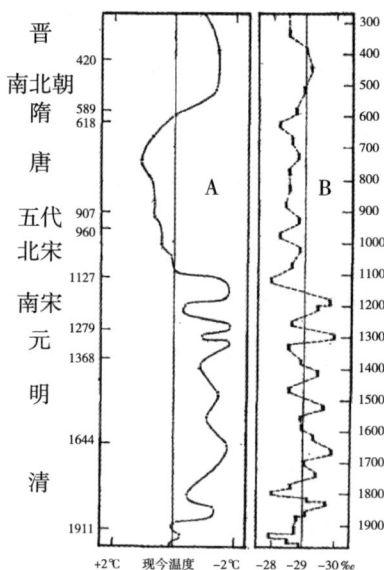

图 1-2　竺可桢根据考古和文献物候资料绘制的中国气温变迁图
与氧同位素观测手段结果的比对①

　　人类文明的发展，在人类社会自身蕴含的根本推动力量之外，还受到气候变迁的巨大影响，甚至是左右历史进程的影响。

　　我们目前所处的气候期，是在地球长时段历史中最稳定的时代（现代暖期）。那些历史上人类认为不正常的气候现象，放在更长的时间尺度下其实才是地球气候的正常现象。即便如此，近 3000 年来相对温和的气候变化已经对人类的命运产生了极大的影响。以竺可桢假说开创的传统来审视当今世界面临的气候变化问题，可以预见的是，类似的气候变化将对当今的人类命运共同体带来同样大的挑战。

　　具体来说，我们所处的气候变化环境在中短期内，是一个或急或

---

　　①　竺可桢：《中国近五千年来气候变迁的初步研究》，《中国科学》1973 年第 2 期，第 15—38 页。

缓的暖化阶段。联合国政府间气候变化专门委员会（Intergovernmental Panel on Climate Change，简称 IPCC）以 1980—1989 年的平均气温为基数，计算到 2000 年全球平均温度已经上升 0.4℃，预计 2000—2025 年将再上升 0.5℃，到 2100 年，与基数相比上升幅度为 2℃。我们所处的时期可以称为前所未有的急剧的温暖化时期①。

与一般公众认知的气候变暖是一个缓慢过程不同，没有科学证据能够表明当下的暖化也会呈渐进的态势。反而回顾地球气候的历史，如"新仙女木期"②的急剧降温的某一阶段，平均气温在 10 年中可以下降多达 7℃。加剧不确定性的主要因素是以下事实：当前地球大气中的温室气体已经超过了过去 60 万年任一时期的峰值的 130%，主要原因就是化石燃料的使用。③

20 世纪初以来，全球气候经历了冷-暖-冷-暖的 4 次大规模波动。1990 年以来，全世界二氧化碳的排放量增长了近 50%。仅在 21 世纪初以来的 12 年间，北极地区的温度就增长了 1.6℃。根据 IPCC 第 5 次报告，从 1880 年到 2012 年，地表平均温上升了 0.85℃；从 1901 年到 2010 年，全球海平面上升了 19 厘米。报告称，"不减少温室气体排放会给社会带来各种威胁，包括粮食短缺、难民危机、大城市和整个

---

① IPCC, 2014. AR5 Synthesis Report：Climate Chang, https://www. ipcc. ch/report/ar5/syr/.

② 新仙女木期（Younger Dryas）：仙女木是生长在高山寒冷干燥地带的蔷薇科植物。20 世纪 30 年代丹麦学者在北欧沼地不同年代沉积层中发现了反复出现的仙女木花粉痕迹，这被认为是寒冷化时期存在的初步证据。到了 20 世纪 40 年代，随着新技术的应用，通过放射性碳同位素法才识别出几种较新的仙女木花粉年代为距今 1.29 万年，以及之后的 1300 年，这一全球普遍气温骤降的时期因此被称为新仙女木期。（Liu and Kang, 2006）

③ IPCC, 2014. AR5 Synthesis Report：Climate Change, https://www. ipcc. ch/report/ar5/syr/.

岛国被洪水淹没，动植物物种大灭绝。"①

美国国家海洋和大气管理局（National Oceanic and Atmospheric Administration，简称 NOAA）2012 年的一项研究表明，美国部分海岸海平面增速已经超过全球平均水平的 6 倍；北大西洋暖流把温度较高的表层海水带到了欧洲，由于北极降水量的增加、冰川加速融化，大量淡水流入了北大西洋地区，预计到 2100 年北大西洋暖流将被截断，导致欧洲温度下降 5℃—8℃，而同时全球气温上涨 1.4℃—5.8℃。

生态危机之下，与生态环境密切相关的农业首当其冲，大自然对人类无度的破坏索取做出不可逆的频繁惩罚不断发生。除非这个世界按照生态文明转型的制度变革要求达成"人类命运共同体"的共同守则，推进农业不拘一格地向生态化的绿色生产方式转变。

人们都看到：一方面，世界农业形势严峻，全球气候每上升 1℃，粮食产量就下降 5%②，这还没有考虑到伴生气候灾害的影响；另一方面，越来越多的后发国家按照发达国家的资本主义制度体系，特别是殖民地大陆以农业作为获利手段，由此造成环境灾难的趋势就愈加恶化。

这个恶性循环在最近半个世纪愈演愈烈。

1981—2002 年，由于气候变暖，全球玉米、小麦和其他主要农作物的产量平均每年少产 4000 万吨；全世界每年丧失 1200 万公顷耕地，还有 52% 的农业用地受到不同程度土壤退化的影响。自 1990 年以来，

---

① IPCC, 2014. AR5 Synthesis Report: Climate Change, https://www.ipcc.ch/report/ar5/syr/.

② Center for Science and Environment, 2018. IPCC's Special Report on Global Warming of 1.5°, https://www.cseindia.org/ipcc-s-special-report-on-global-warming-of-1-5-c-9056.

约75%的农作物已从耕地上消失，农业系统的抗灾能力和可持续性受到冲击。同时，农业部门要为世界40%的人口提供生计，26亿人直接依赖农业生活，全球约5亿个旱作小农农场提供了发展中国家80%的食品消费。当前世界上已经有8.05亿人生活在饥饿当中，而就是这样一个脆弱的面临挑战的农业系统，到2050年还需要为新增的20亿人提供食物，"全球粮食和农业系统必须做出深刻改变"①。但最具约束性的矛盾与人类历史和史前任何时期不同，今天人类面临的人口压力、气候压力空前巨大，根据联合国人口司（United Nations Population Division，简称 UNPD）2017年的数据，全球总人口正以每年8000万的速度增长，数倍于中国隋唐时期、欧洲中世纪末期全球总人口规模，而如今人类已经无他处可供迁徙。

农业部门不仅受到生态危机的冲击，农业资本深化的生产方式的不可持续也是生态危机的诱发因素。典型例子如20世纪美国中部农业带开发与墨西哥湾生态的关系。根据美国地质调查局（United States Geological Survey，简称 USGS）的一项研究，1985—2014年，墨西哥湾缺氧窒息区的平均面积达13650平方公里，最大的缺氧窒息区面积出现在2002年，约22000平方公里。大范围的缺氧窒息区内鱼虾绝迹、贝类罕至，这种情况对渔业、旅游业及生态环境都是极大的破坏。农业生产方式是这一危机的主要原因，导致墨西哥湾地区富营养化的氮、磷元素主要来自密西西比河大规模农场的农业污染物。②

---

① Center for Science and Environment, 2018. IPCC's Special Report on Global Warming of 1.5°, https://www.cseindia.org/ipcc-s-special-report-on-global-warming-of-1-5-c-9056.

② Alexander R B, Smith R A, Schwarz G E, et al, "Differences in Phosphorus and Nitrogen Delivery to The Gulf of Mexico from the Mississippi River Basin", *Environmental Science & Technology*, 2008（3），pp. 822-830.

20 世纪以来，由于人口增长和农业作为金融资本全球化获利基础的支柱产业的确立，美国在中部大平原地区大力发展农业，尤其是中部玉米带[1]。高强度的农业开发主要包括化肥的使用、农业排水设施的建设、沼泽地的开垦等。墨西哥湾的农业污染物排放量中，70%以上的氮、磷来自农业生产，其中粮食作物生产贡献了66%的氮和43%的磷，牧草生产贡献了5%的氮和37%的磷。墨西哥湾的淡水主要来自密西西比河。夏季的密西西比河水量充沛，水温较高，河水流入海洋后与原先的海水产生了密度差，再加上夏季风浪较小，墨西哥湾海水很少存在上下流动，形成下层海水与上层淡水的分层现象。由于分层明显，底层的海水得不到空气中氧气补给，溶解氧含量较低，导致了上述渔业危机。[2]

土地作为"财富之母"，以及作为农业活动的基础和人类食物的源头，在人类文明发展过程中的很多时期是严重缺乏保护的。在历史上，"除了很少的情况，文明人从未能在一个地区内持续文明进步长达30—60 代人以上……把坡地、山林和峡谷森林中有用的树木尽量多地砍伐或焚烧；过量地在草场上放牧，使之殆尽；捕杀了林间绝大多数野生动物；灭绝了大多数的鱼和水中生物。人类任凭风雨侵蚀土地，掠走农田中最有生产力的表土，听凭被冲蚀的泥沙堵塞河流，沉淀于水库和渠道"[3]。中国的数千年农耕文明延续，主要靠小农村社制下的

[1] 大资本控制的美国大规模农业的产出占世界粮食市场约四成，是为金融资本投资粮食期货在多空交易中获利的基础。

[2] Alexander R B, Smith R A, Schwarz G E, et al, "Differences in Phosphorus and Nitrogen Delivery to The Gulf of Mexico from the Mississippi River Basin", *Environmental Science & Technology*, 2008 (3), pp. 822-830.

[3] 延军平、黄春长、陈瑛:《跨世纪全球环境问题及行为对策》，科学出版社 1999 年版。

多元化综合经营与自然多样性之间客观存在着的和谐共生关系。最近半个世纪的农业生产方式随着资本主义改造传统农业的进程实现了资本深化的根本性转变，虽然取得了产出增加的成就，但也造成了比此前各时期全球污染形势更为激进的后果。

根据中国相关部门 2014 年公布的《全国土地污染状况调查公告》，中国耕地的土壤点位超标率为 19.4%，其中轻微、轻度、中度和重度污染点位比例分别为 13.7%、2.8%、1.8% 和 1.1%，主要污染物为镉、镍、铜、砷、汞、铅、滴滴涕（Dichlorodiphenyltrichloroethane，简称 DDT）和多环芳烃。其中，中重度污染合计占 2.9%。如果按照当时的全国耕地面积推算，耕地污染面积达 5878 万亩（环境保护部、国土资源部，2014；1 亩 ≈ 667 平方米）。2001—2012 年，中国的农药使用量、生产量从 69.6 万吨增加到 354.9 万吨，粮食产量常年增长的背后是肥料跟农药的支撑。截至 2013 年，中国土壤有机质平均含量已经降低到 1.0%，明显低于欧美国家 2.5%—4% 的水平。中国耕地中60%—70% 的面积存在某种限制因素，诸如侵蚀、干旱缺水、渍涝、盐碱、板结等。①

中国农业施到土壤中的化学肥料高达世界平均水平的 3 倍，平均施肥量达到 434.3 公斤/公顷，化肥施用量是世界警戒线 225 公斤/公顷的近 2 倍，造成了土壤的酸化；加上以煤电为主要能源带来的酸雨，更加剧了土壤的酸化。表现为 pH 值下降的土壤酸化会加速营养元素的流失，导致重金属元素的活化、改变土壤微生物群的活性、影响作物根系发育和养分吸收、滋生植物病虫害等，对农业可持续发展和人

---

① 赵其国、滕应、黄国勤：《中国探索实行耕地轮作休耕制度试点问题的战略思考》，《生态环境学报》2017 年第 1 期，第 1—5 页。

类健康构成严重威胁。[①] 中国农业大学 2010 年的研究表明，中国农田在 2010 年之前的 20 年中，pH 值下降了 0.5，酸量在原有基础上增加了 2.2 倍，其中经济作物体系土壤酸化比粮食作物体系严重。然而在自然界中土壤的酸化是很缓慢的过程，土壤 pH 值每下降 1 个单位通常需要上千年。中国粮食年产量增长 60% 的过程，也是氮肥消费量翻倍的过程，过量施用氮肥导致的土壤酸化、温室气体排放和地下水硝酸盐污染等问题已成为全球集约化农业可持续发展的严重威胁[②]。中国北方一些蔬菜大棚由于长期过量施用氮肥使土壤 pH 值由原来的 7—8 降低到 4—5，病虫害严重发生，蔬菜品质和产量显著下降，一半以上的氮肥养分进入地下水造成饮用水硝酸盐污染。南方部分红壤的 pH 值已经降到 3—4，造成玉米、烟草、茶叶等农作物的大量减产甚至绝收。这类问题不仅出现在中国，在世界各地的集约化农业生产中也普遍存在[③]。本团队在以"农业产业化"闻名的地区了解到，有些重资产的农场近年来主要从西伯利亚进口土壤，借由"节土种植"方式来维持农业产出。

2019 年 8 月 8 日，IPCC（联合国政府间气候变化专门委员会）发布了《气候变化与土地特别报告》。这是继 2018 年 10 月的《全球升温 1.5℃特别报告》后，IPCC 于第 6 评估周期内编写的第 2 份特别报告。

---

① 蒋高明：《食品消费信心下滑展望生态农业》，《环境教育》2011 年第 6 期，第 14—18 页。

② 高春雨、邱建军、李虎等：《麦-玉轮作系统施肥调查与配方施肥温室气体减排量估算——以山东省桓台县为例》，《农业环境与生态安全——第五届全国农业环境科学学术研讨会论文集》，农业部环境保护科研监测所、中国农业生态环境保护协会 2013 年 6 月，第 631—636 页。

③ 李文卿、江荣风、陈顺辉等：《不同施氮处理对烤烟生长和植物碱积累的影响》，《中国烟草学报》2010 年第 2 期，第 55—60 页。

这份报告首次聚焦于气候变化与土地，由 52 个国家的 107 位专家编写，介绍其主要结论的《决策者摘要》已于 2019 年 8 月 7 日在日内瓦经过各国政府签署。

该报告指出，土地已经承受着越来越大的人类压力，而气候变化正在加剧这些压力。只有减少包括农业在内所有领域的温室气体排放，才能将全球变暖温度控制在 2℃ 以下。土地是人类赖以生存的源泉和基础，多个领域都在共同使用土地，人口增长和经济发展对土地产生了很大的压力，"特别是很多的管理方式并不可持续"。由于气候变化，这个压力正在加重。"气候变化在已有压力的基础上加重对各个类型土地的共同压力"。报告还指出，可持续地使用土地可以有效地应对气候变化，但这个方案并不完美，我们不能仅依赖通过对土地的管理来应对气候变化，更好的土地管理有助于应对气候变化，但不是唯一的解决办法。如果将全球变暖温度控制在 2℃ 以下，减少所有领域的温室气体排放至关重要。

除了指出土地是关键资源外，《气候变化与土地特别报告》还关注到了荒漠化和土地退化、粮食安全和土地与应对气候变化等领域。其中，粮食安全是报告广受关注的议题之一。报告指出，气候变化已经在破坏粮食安全、影响作物产量，使某些地区的畜牧业生产力下降、增加某些地区农业病虫害的风险。如果排放不受控制，粮食危机即将来临，而热带和亚热带地区将最先受到冲击。报告指出，气候变化对不同气候带的影响不同。总体而言，对于多数中低纬度地区，气候变化趋势本身会对粮食安全产生不利影响。在高纬度地区，增温可能在一定程度上对作物生长有利。但另一方面，报告清晰地指出，气候变化带来的气候极端性在所有的气候带都有所增加。对中国来说，气候变化确实带来粮食生产的不确定性，灾害明显增加。但是中国的农业灾害早期预警和灌溉工作比较到位，农业管理和抗灾能力强，粮食产量仍在增加。

在人类命运共同体面临气候、生态挑战的背景下，习近平总书记提出："锦绣中华大地，是中华民族赖以生存和发展的家园，孕育了中华民族 5000 多年的灿烂文明，造就了中华民族天人合一的崇高追求……纵观人类文明发展史，生态兴则文明兴，生态衰则文明衰。工业化进程创造了前所未有的物质财富，也产生了难以弥补的生态创伤。杀鸡取卵、竭泽而渔的发展方式走到了尽头，顺应自然、保护生态的绿色发展昭示着未来。"[①] 这一论述根植于中国的历史，并直接指向了绵延五千余年具有生态文明底色的中华文明。

二、呈现"重瓣花朵"结构的中华早期文明

（一）优于西方的东方农业文明起源模式

20 世纪上半叶，伴随着世界各地的新的考古发现，关于人类文明起源的理论取得长足进展，然而同一时期的中国积贫积弱，并没有在世界上发出很强的声音。梁启超在《二十世纪太平洋歌》中热情洋溢归纳的"四大文明古国"概念并未被世界尤其是西方所接受。一般认为，西方文明起源于"肥沃的新月地带"（The Fertile Crescent），其提出者为美国芝加哥大学埃及学专家詹姆斯·布雷斯特德。他在《早期世界历史》中提出，"这个肥沃的新月地带大约呈半圆形，向南开放，

---

① 《习近平在 2019 年中国北京世界园艺博览会开幕式上的讲话》，2019 年 4 月 28 日，见 http://www. xinhuanet. com/politics/leaders/2019 - 04/28/c _ 1124429816.htm。

西端位于地中海的东南角，中央位于阿拉伯地区正北部，东端位于波斯湾最北边"①。他的这一表述在当时的英语出版物中广为流传，最终成为对这个区域的通称，并被称为"文明的摇篮"（Cradle of Civilization）。在犹太教、基督教和伊斯兰教信仰中，肥沃的新月地带常常与"伊甸园"的地理位置联系在一起，的确是人类文明的起源之一。

在当时的西方学术视野中，肥沃的新月地带是农业、城市、贸易、科学、历史，以及有组织的宗教等一切文明要素的发祥地。这个地区包括今天的以色列、巴勒斯坦、黎巴嫩、约旦、叙利亚、伊拉克东北部和土耳其南部，历史上因底格里斯河和幼发拉底河河水泛滥而在沿岸形成适于农耕的肥沃土壤，正如《圣经》中描述的"流淌着奶和蜜"一般。科学考察确认至今还有 68 种野生植物继续生长于这里的山区，小麦也最有可能是在卡拉卡山区被驯化出来的，时间在距今10500—9500 年前。然而 20 世纪以来，这个现在被称为中东的地区成了世界上"最暴力的地区"之一，在现代历史中，由石油、土地、宗教和权力导致的战争不断发生②。

西方农业文明基于这一起源，因西亚两河流域面积狭窄致使作物单一，社会文化在此基础上演化为一元论思想，信奉一个真理，"条条大路通罗马"。而在当下要理解中国、理解中华民族的伟大复兴，只有跳出西方中心论的视角，才能"打通上下五千年"。对本课题来说则需要打通万年农业文明。概而论之，中华文明在起源时期的地理分布就是围绕"四河"（江、淮、河、汉）加"四湖"（太湖、鄱阳湖、洞庭湖、洪

---

① Breasted, Henry J, "Ancient Times. A History of the Early World by James Henry Breasted", *The Art World*, 1918（4）, p. 337.

② Scheffler T, "'Fertile Crescent', 'Orient', 'Middle East'：The Changing Mental Maps of Southwest Asia", *European Review of History*, 2003（2）, pp. 253–272.

泽湖）展开的，并因区域广大而有多样性作物和多元文化①。

以农业为载体的中华文明在起源上的多样性，首先表现在空间上分布广阔，覆盖了众多地理气候带。从新石器时代一直到夏王朝，各时期各类型的遗址在空间分布上极为广阔，以中华大地的水系为基础，中华农业文明分布在地理、气候条件极为不同的广大空间上，具备不同的生产生活方式和文化类型。

在此不妨作一个空间上的东西方比较："两河"流域滋养的肥沃新月地带，鼎盛各时期可灌溉面积在 1.5 万—2 万平方公里之间，1970年，可灌溉面积已经减少到不足 2000 平方公里。可供比较的是，目前黄河流域的灌溉面积为 5.06 万平方公里（流域耕地总面积为 12.6 万平方公里）。若把中国的"四河""四湖"的灌溉面积相加，则不止百倍于西亚"两河"流域；在这个广袤区域生存的古代人类驯化野生物种更是不计其数。据此我们可认为，中国农业从起始之际就呈现出生态文明的多样性，由此决定着社会的多元化和哲学思想的多元论，以及"多神共存"互不排斥、儒释道三教合一的信仰体系。

中国地区新石器时代的考古发现，早期文化遗址多发现在华南，新石器中期遗址则在黄河流域大量被发现，覆盖了中国"二、三级阶梯"交界的大部分地区。考古发现表明，这一时期的农业聚落已经存在颇为可观的剩余产品，比如河北武安磁山的遗址中，有容量 10 万斤（1 斤＝0.5 公斤）的粮食仓储设施，长江下游稍晚的河姆渡文化遗址也有 10 万斤以上的水稻储存设施。②

---

① 温铁军：《生态文明与比较视野下的乡村振兴战略》，《上海大学学报》（社会科学版）2018 年第 1 期，第 1—10 页。

② 张之恒：《中国新石器时代遗址的分布规律》，《四川文物》2007 年第 1 期，第 50—53 页。

在多样的气候地理条件下，中国的早期文明在新石器时代就发展出了丰富多样的"文明圈层"，主要包括六大文化区，被称为"重瓣的花朵"结构[①]：

- 中原文化区，以渭河流域为中心的商周文化
- 甘肃青海文化区的戎羌文化
- 以山东丘陵地区为核心的东夷诸族文化
- 长江中游的三苗和楚文化
- 长江下游的越文化
- 辽河大凌河流域的燕辽文化

围绕着中原文化区的"花瓣"的，还有距离较远、关系较疏的第三个层次的文化区，比如福建的石山文化、广东石峡文化等，它们呈辐射状散落在中国各区域。如果按照亚区计算，新石器时代至青铜器时代可划分出 10 个文化区，分为华北、华南两大谱系[②]。到新石器时代晚期，文化遗址大量出现，各地都发现了定居村落，知名的文化如黄河流域的仰韶文化、大汶口文化、小河沿文化、马家窑文化，辽河流域的红山文化，长江流域的大溪文化和屈家岭文化。

在这种更大的空间考察尺度下，"四河""四湖"地区为主的对中华文明的这种简单归纳，尚不能从地理上概括中国早期文明起源的地理特征，至少还应包括辽河、珠江流域等。

黄河流域作为中华文明的核心，主要是由于早期农业随全球气候暖化而蔓延开来，黄河流域绝大部分地区覆盖着原生或次生的黄土，

---

① 严文明：《文明起源研究的回顾与思考》，《文物》1999 年第 10 期，第 29—36 页。

② 严文明：《文明起源研究的回顾与思考》，《文物》1999 年第 10 期，第 29—36 页。陈星灿：《中国史前考古学史研究 1895—1949》，社会科学文献出版社 2007 年版。

平原开阔，土层深厚，林木较稀。这种有利的自然条件使黄河流域最早得到大规模开发，黄河流域在相当长时期内是全国经济政治重心所在。这种早期农业文明分层而向心的花瓣结构，"以华夏族为主体，同周围许多民族、部族或部落保持不同程度关系的政治格局……这种格局把统一性和多样性很好地结合起来，而且产生了强大的凝聚力。即使在某些时期政治上分裂割据，这种民族和文化的凝聚力也毫不减弱，成为中国历史发展的鲜明特色"①。

从早期文明分布、起源的空间广度来看，这里仅以我国中部地区的汉水流域为例，可以一窥中国早期文明分布之广泛、地理气候条件之丰富多样；相关材料也能从一个侧面体现出气候对早期文明的重要影响。

汉水是长江的重要支流，两岸有众多支流和湖泊网络。汉水水系发源于天水市齐寿山，在陕西略阳县境内汇入嘉陵江，流长210余公里，流域面积9569平方公里。从齐寿山至礼县为上游，汉水上游的河谷盆地属于秦岭山地山间断陷盆地，由于地势平坦，水源丰富，土地肥沃，为史前及以后人类活动提供了优越的自然条件。②

早在新石器时代，汉水就形成了下游稻作区、上游水旱兼作区的格局。距今7200—6400年前，其间气候干旱（这一时期的干旱是全球性的），气候变化可能促使这一区域的人类从采集经济向农业经济过渡。③到距今6300—5000年前的仰韶文化时期，汉水上游气候温暖湿润，是1

---

① 严文明：《文明起源研究的回顾与思考》，《文物》1999年第10期，第29—36页。

② 苏海洋：《距今3800—8000年期间西汉水上游农业开发与环境变迁》，《农业考古》2016年第6期，第32—39页。

③ 吉笃学：《中国西北地区采集经济向农业经济过渡的可能动因》，《考古与文物》2009年第4期，第36—47页。

万年来最适宜的时期，聚落分布密度达到史前时期的最大值。

截至2018年，汉水上游发现仰韶时期文化遗址61处[①]，龙山时代文化遗址51处，周代文化遗址47处[②]。从早期农业起源角度看，汉水流域最早的水稻遗存是在陕西的李家村何爱湾遗址发现的，距今约7700年，但这不一定是汉水流域最早的水稻遗存。[③] 汉水流域的水稻遗存有16处，上游7处，下游9处，除了水稻遗存还有粟的遗存。

从同一区域文化层的丰富性和工具的发展程度来看，仅李家村文化遗址中就发现李家村文化、仰韶文化、屈家岭文化、龙山文化、石家河文化、大溪文化等不同类型的文化。在下王岗遗址中的每一文化层人们都发现了家猪骨骼和野猪的骨骼区别已经十分明显，这显然是因为经过了长期的饲养。这类遗址中还出土了大量的石斧、石铲、石锄。

汉水中上游处于亚热带向温暖带过渡的区域，气候的变化影响稻作农业的兴衰与进退，当"气温升高、降雨量增加，来自汉水下游的稻作农业向上游推进，旱作农业退缩；当降温期来临，稻作文化退缩，旱作农业文化向南扩张"[④]。2008年《西汉水上游考古调查报告》"再

---

① 距今5000年前后存在极端气候事件，可能是强烈降温和气候变化引发的频繁洪水，随后仰韶晚期文化去向不明。有研究提示关注汉水流域早期文明因争夺盐资源而展开的战争，暗示这种战争和文化类型嬗变，是汉水早期文明式微的原因。(早期秦文化联合考古队，2004)

② 苏海洋：《原始农业推动甘青地区文明起源》，《中国社会科学报》2018年11月12日。

③ 其他研究表明，在最终冰期之后的升温阶段，湖南道县玉蟾岩和武夷山以北的万年仙人洞即有稻谷遗存，并有人工栽培的痕迹，随后还有湖南澧县澎头山和八十垱遗址的栽培稻谷遗存的发现。有资料指称，人类驯化野生稻的最早遗迹是在1.2万年前的鄱阳湖地区。

④ 鲁西奇：《历史时期汉江流域农业经济区的形成与演变》，《中国农史》1999年第1期，第35—45页。

次强调仰韶文化在该流域的发展的连续性特点……并提示从气候变化上去寻找原因"①。气候变化对新石器文明的影响很强烈，但并不绝对，比如仰韶文化从汉水中上游对下游的控制时期，也是历史上的温暖期，因此文明发展并非完全受气候制约，即便对于生产力不发达、更容易受自然环境影响的新石器时期文明也是如此。

同时需要注意到，直到今天，汉水流域的农业生产仍然保持着下游稻作、上游水旱兼作的大体格局，这种传承本身也是值得深思的——即使在人类文明高度发达、社会组织高度复杂的现代社会，地理气候因素仍然发挥着重要的影响。另外值得一提的是，在后来的各个历史时期，中国广大地域不同的气候地理环境给文明的发展带来了很大的回旋余地和韧性，比如在宋元之际，黄河、淮河流域农业生产因战乱遭到严重破坏，而汉江流域的农业在同一时期得到了显著发展。②

以上对汉水流域早期文明的简述，是为了说明与西方文明肥沃新月地带的单一起源不同，中国文明在起源上跨越了众多气候地理区域，仅汉水上下游就分为两种农作区，并在史前时期形成了复杂的互动。当然新石器时代围绕中国"四河""四湖"产生的早期文明也和西方早期文明一样，在距今5500多年的寒冷期冲击下衰落了（有观点认为从距今1.3万年起，人类不得不多次重新学习和发展农业）。

（二）良渚考古：一场改写了世界认知的考古盛宴

英国历史学家约瑟夫·汤因比在《历史研究》中，考察了中国黄

---

①　甘肃省文物考古研究所：《西汉水上游考古调查报告》，《文物》2008 年第 4 期，第 43 页。

②　李倩：《元代汉水流域农业和工商业发展初探》，《江汉论坛》2004 年第 11 期，第 104—108 页。

河下游农业文明起源，并认为"人类在这里应付的自然环境挑战要比两河流域和尼罗河流域严重得多"①。黄河流域在这种自然挑战之下，哺育了中国最早具有国家形态的组织。

不止如此，最新的考古发现表明，中国最早具有国家形态的组织可能在长江下游。良渚文化遗址、良渚古城及周边水利设施等一系列考古发现展示了中国早期文明的成熟度和社会组织的复杂程度，一方面说明东方早期国家并非如西方那样形成于奴隶制时代的战争需求，而是"以水立国"；另一方面，也拓展了关于黄河流域中华文明起源与核心的学说。

经过1936—2019年持续80余年的考古发掘和研究，今天我们已经能对良渚文化进行一个较为全面的把握。总体来说，"良渚文化是距今5300—4300年的中国早期文明，良渚古城是其都城"②。2007年，考古学家发现了良渚文明的"都邑"——良渚古城。之所以称之为都邑，是因为它具备完整的由内而外的宫城、王城、外郭和外围水利系统，占地300万平方米的良渚古城内，共发现河道51条。以良渚古城遗址作为中心的良渚文化或良渚文明最盛期面积近4万平方公里，面积超过同时期的埃及文明，因此被称为"广域王权国家"③。

通过对良渚遗址附近古环境的研究，人们推测距今7000—5100年，这一地区的水位逐渐下降，部分较高的地方开始形成陆地；距今

---

① ［英］阿诺德·约瑟夫·汤因比：《历史研究》，郭小凌、王皖强译，上海人民出版社2010年版。

② 王宁远、刘斌、闫凯凯：《杭州市良渚古城外郭的探查与美人地和扁担山的发掘》，《考古》2015年第1期，第14—29页。

③ 严文明：《以考古学研究为基础，多学科探讨中国文明起源——在2012年张家港"中国文明起源与形成学术研讨会"闭幕式上的讲话》，《东南文化》2012年第3期，第8—10页。

5100—4300 年是这一地区的文明发祥期，今天发现的诸多良渚文化遗址即诞生于这一时期；距今 4300 年后水位再度升高，良渚文化也随之沉入水底。[1]

2007 年至今的考古发现进一步表明，良渚古城外围存在相当规模的复杂水利工程。通过对良渚古城外围地区的遥感影像分析，考古学者认为良渚古城外围水利工程选址极为合理，以最小的工作量改造了附近山体，在山口处筑坝蓄水，发挥了"防洪、运输、调水、灌溉"[2] 等功能。良渚古城的外围水利工程包括一系列长堤和水坝，分为四大工程群，这些建造于良渚文化早期的堤坝工程高 2—7 米，宽度可达 20—50 米，残存长度从数百米到数公里不等，建筑土方量约为 260 万立方米，加上古城遗址的土石方量超过 1000 万立方米，是埃及胡夫金字塔的近两倍，控制面积超过 10 平方公里。这些水利工程规模可观，承载的降水量达到百年一遇。以其燕子窝-秋坞-石坞-蜂蜜弄坝群为例，坝群形成的积水盆地库容 550 立方米，承载降水量 820 毫米。[3]

良渚文化的水利工程是中国现存最早的大型水利工程（比古文献线索指向的大禹治水时期还要早 1000 多年），也是世界上最早的拦洪水坝系统，体现了东亚湿地稻作文明的需要，与西亚两河流域蓄水灌溉的水利模式形成鲜明对照。后者的水利设施主要是以小麦灌溉为目的的水渠、水窖和池塘。良渚文化的这种拦洪水坝无论从修建还是利

---

① 史辰羲、莫多闻、李春海：《浙江良渚遗址群环境演变与人类活动的关系》，《地学前缘》2011 年第 3 期，第 351—360 页。

② 刘建国、王辉：《空间分析技术支持的良渚古城外围水利工程研究》，《江汉考古》2018 年第 4 期，第 111—116 页。

③ 王宁远、刘斌、闫凯凯：《杭州市良渚古城外郭的探查与美人地和扁担山的发掘》，《考古》2015 年第 1 期，第 14—29 页。

用的角度来看，都需要更复杂的管理方式和更强的组织能力，因此有考古学者判断，"良渚古城是中国境内最早进入国家形态的地点"①。

良渚文化遗址中还发现了外地木材，在轮式交通和配套道路出现之前，这些木材最有可能是通过水运方式运输过来的。在卞家山和莫角山发现的码头遗址和出土木桨佐证了良渚文化水运的发达。相关考古学者通过历时数年的发掘研究，在其考古调查报告中总结认为，"良渚人在外围兴建水利防洪设施，使整个遗址群能够趋利避害，兼得山泽之利而无水患之虞，使区域经济得到极大发展……大规模的水利系统建设涉及复杂的组织机构和人员管理，也为日后良渚古国的管理机构和人员建设提供了经验和借鉴"②。

2019 年 7 月 6 日，第 43 届世界遗产大会上，中国提交的"良渚古城遗址"项目被列入世界遗产名录，成为中国第 37 处世界文化遗产。此前世界主流学术界一直认为中国的文明史只能向上追溯到殷商时期，也就是距今 3500 年左右，位于黄河流域。然而联合国教科文组织世界遗产委员会（United Nations Education, Scientific and Cultural Organization World Heritage Convention）认为良渚文化遗址"揭示了中国新石器时代晚期在长江下游环太湖地区，曾经存在过一个以稻作农业为经济支撑的、出现明显社会分化和具有统一信仰的区域性国家。良渚古城遗址的考古发现，也改写了世界对于中国文明史的认识"。

可见，中华早期的国家政治文明是被农业发展及其水利工程的需求而"形塑"出来的；而进入此类国家形态的起点，则因为良渚古城

① 刘斌、王宁远、陈明辉：《从考古遗址到世界文化遗产：良渚古城的价值认定与保护利用》，《东南文化》2019 年第 1 期，第 8—15 页。
② 刘斌、王宁远、陈明辉：《从考古遗址到世界文化遗产：良渚古城的价值认定与保护利用》，《东南文化》2019 年第 1 期，第 8—15 页。

等一系列世界公认的考古发现被提早至距今5000年左右。

（三）空间优势：东方文明胜过西方文明的根本原因

中华文明起源上的特质，首先是空间上分布的广阔，覆盖了众多地理气候带，并因此产生了作物多样性、文化多样性等；其次是早期文明的成熟度和社会组织的复杂程度。中国的地理气候带的生物多样性促成了早期农业社会的多样性。进入历史时期后，随着国家政治建构与稳态村社的演化过程，形成了以亚欧大陆东端中国为主的、南北两大不同文明的冲突，即北方游牧区和南方农业区的冲突，政治国家在这种延续了两千多年历史性的冲突中发生了巨大变异。

对比同时代的东西方政治国家的变迁原因可知，西方的罗马帝国的核心地区像一只深陷于地中海的靴子，尽得海上贸易之利，因而是商贸立国。在先后打败其商道竞争的老对手埃及和迦太基、占据北非之后，其国土围绕地中海区域呈环状，周边被武力征服的内陆则属于奴隶农作地区，在公元前后的气候温暖期，农产品增量促使其贸易成熟发展。不过，在气候寒冷化时期，当欧洲历史上被称为"日耳曼蛮族"的北方人全面南下劫掠谋生之际，环状的罗马帝国因没有防御纵深而很快陷落，欧洲此后不久进入"千年黑暗"的所谓中世纪。

但这个在欧洲演化的历史，显然不可能覆盖全世界。

在高山大海和冻土带阻隔着的东方形成的秦汉帝国却"重农抑商"，最初就是农业立国；秦初设立郡县制、秦亡却有"汉承秦制"，早在2000多年前就告别了欧洲封建制度。中国与古罗马最大的不同，在于中国的国土疆域状如一块巨大的饼，覆盖着中国地理的第二、三级阶梯，并且因西部内陆的多个气候带比沿海更为频繁而发生冷暖变化，不得不长期与中亚草原游牧区域形成类似地质学板块撞击式的互动。这也是自战国时期北方诸侯发动民众修长城、组建独立于天子的军队、演化为国家间的征伐的原因。

由此看中国 5000 年农业文明的传承之所以没有被毁灭，是因为中国自秦汉以来拥有庞大的"饼状"国土面积，得以对域内任何民族的农业生存方式构成防御纵深来加以保护，并因此种超越一般部族村社的共同需求而具有相对有效的国家动员体系（可追溯到早期文明的水利工程）。

因此，也可以说农业文明和"以水立国"形成的"举国体制"并非哪个帝王人为建立的，而是中国历史长期存在的这种国家类型所内生的体制特性，正是这个特性，使中国作为政治国家延续的时间远比历史上的西方国家更长。

另一个重要的线索是农业国家的兴衰与气候变化直接相关。中国到秦实现大一统的气候背景是中国战国时期全球的寒冷化[1]，这导致了北部诸侯国开始修建长城，构成了沿着 400 毫米等降雨线的游牧/农耕两种文明的分界线[2]。

三、气候影响着早期文明的兴盛与衰亡

人类主要依赖不同气候带覆盖下的浅表地理资源谋得生存发展。地球浅表层是一个非常复杂的巨系统，由岩石圈、水圈、大气圈和生物圈等共同组成。在地球 46 亿年的历史时期中，气候和陆地环境自始

---

[1]　即距今 2300 年前后因太阳黑子活动减弱导致的全球的急剧降温。

[2]　温铁军：《生态文明与比较视野下的乡村振兴战略》，《上海大学学报》（社会科学版）2018 年第 1 期，第 1—10 页。

至终都在不停地变化，形成了千差万别的地表资源环境，为生命及文明的孕育创造了多样性的时空条件。

相对稳定的地质长周期和气候环境为人类的出现及文明发展提供了生存空间、自然资源，但同时地缘格局和气候的周期性变化也深刻地影响着附着在大陆上的人类历史进程。诚然，人类从原始形态到文明演进，一直在被动与自觉地应对因自然、社会所带来的巨大危机的挑战。在现代化阶段，全球安全和治理面临的主要问题是工业化、全球化和金融化等资本主义内生性矛盾；而漫长的前现代阶段，则主要受宏观气候条件下不同资源禀赋所孕育的多元文明碰撞的影响。

20 世纪以来，学术界逐步将气候变化纳入人类文明历史兴衰的研究之中，发现气候经常以常变、异变、渐变、突变的方式作用于人类社会，人类的生产生活秩序一般是适应自然环境的常变和渐变而形成的，而其突变和异变往往会打破这样的秩序，给人类社会带来灾难，抑或导致文明的衰落乃至毁灭，但同时也会激发出人类应对这种全球性气候环境变化的智慧创造，促进人类生产方式、经济形态及组织形态的转变。

早期社会形态和演变历史的千差万别，根本上可归结于不同气候带覆盖下农业文明演化的差异。在各种各样特定的自然环境中，人类结成村社组织，形成社会制度，人类早期思想也在这一特定生存基础之上萌芽。气候变化和地理约束对很多人类早期、中古历史时期的大事件起到了决定性作用。

表1-1　气候变迁与人类历史①

气候时期	时间	特征	历史事件
1. 最终冰期末期	距今1.7万—1.29万年	地球气候开始变暖，逐步走出冰河时代，大量动物和人类开始向高纬度地区迁徙	人类原始农耕活动在亚欧大陆的西端和东端分别有所发展。在最终冰期，全世界人口达到200万—300万人。至新仙女木期前，由于气候暖化，全球人口增加到850万。人口压力和气候变化促使早期人口迁徙和农业发展
2. 新仙女木期	距今1.29万—1.16万年	为最终冰期到暖期的过渡期，特征为气温迅速降低。据推断，其中有10年内平均气温下降7℃的急剧寒冷化时期，世界各地进入严寒期，地球两极和青藏高原的冰盖开始扩张，变暖期迁徙到各高纬度地区的动植物大量死亡，随后动物的体形开始变小	随着气温降低、人口增加，人类开始收集种子，"无奈之下，走上农耕道路"
3. 前北方期和北方后冰期（温暖期）	距今1.16万—5500年	距今1.13万—8200年前有一定范围、短时间的寒冷化时期，分别持续200年和400年，其余时间基本走势是温暖化	见本节正文
4. 全新世最适宜温暖期	距今5500—2800年前	长期温暖安定的时代，北半球持续数千年炎热。北半球中纬度平均气温比当今高2℃—3℃，气候湿润，对于中国尤其是长江流域，这一最适宜温暖期来得可能还要提早至距今6500年前。但即使在适宜温暖期，每700—800年就会发生一次长达百年的极端寒冷化和随之而来的长期干旱	温暖期导致地中海海水流入黑海，黑海沿岸洪水泛滥，构成大洪水神话的历史背景。流民将农业技术传播到西欧和高加索地区，有研究认为美索不达米亚平原的文明是黑海移民的后代

---

① 参见［日］田家康：《气候文明史》，范春飙译，东方出版社2012年版。

气候时期	时间	特征	历史事件
			5500 年前幼发拉底河下游的苏美尔人为了对抗周期性的干旱，开始普及灌溉农业，在挖掘沟渠与农业生产之间的劳动力分配产生了明显的季节节律，因此社会运转的调节导致了阶级分化。这一时期的古代都市乌鲁克出土了最早的刻有楔形文字的黏土板，是西亚地区最早的城市国家。 距今 4200—4000 年前，极端寒冷化导致了苏美尔王朝和古埃及王国的崩溃。距今 3500—3000 年前，全球大规模的火山喷发致使气候寒冷干燥，导致地中海文明的衰落（希腊、波斯之间的特洛伊战争发生在这一时期）。 这一时期是中国汉水流域的仰韶文化到黄河流域殷墟夏商文化大发展时期
5. 太阳活动低下寒冷化时期	距今 2800—2300 年	距今 2800—2300 年前这两个时点前后，由于太阳黑子活动减弱，地球上都发生了极端的寒冷化	这一时期是世界民族大迁徙的时代。生活在中亚草原的游牧民族因为气候干旱难以为继，因此南向中国、西向多瑙河盆地前进。 距今 2800 年左右的气候寒冷化对中国历史有巨大影响，同期中国处在周厉王时期，那是中国近 5000 年来最冷的时期，研究者认为气候变化导致北方游牧民族的入侵和春秋时代的开启。其连锁反应

（续表）

气候时期	时间	特征	历史事件
			是，公元前473年和334年，吴国、越国相继灭亡，长江流域的政权后继无人，直到东晋以降，江南地区才又开始得到大规模开发。 有记载的人类思想初次重大革新都发生在距今2800年前的寒冷化之后
6.公元前后温暖化时期	公元前300—550年	阿尔卑斯山冰川开始缩小，受地中海气团影响，欧洲开始变得温暖湿润并多有暴雨。中亚降水也有所增加。东亚地区大体趋势相同，但在此期间有两次持续数十年的洪水、干旱频发时期，还有淮河结冰、连年谷麦不收的记载。这一时期终结于公元6世纪中叶的全球火山喷发造成的降温	古罗马受益于公元前后600年间气候的温暖化而创建了罗马帝国，又因寒冷期到来而陷入混乱。 公元6世纪气候变化加之"黑死病"流行打击了东罗马帝国；中东地区人们放弃了美索不达米亚文明早期的灌溉系统；当今法国、英国的雏形形成，欧洲历史从古代开始进入中世纪。 中亚地区降水充裕，游牧民族生活水平提高，汉代加强经略西域，丝绸之路交易更加活跃。但公元1世纪后多发洪水和干旱的时期，北方鲜卑等民族南下压力增加，内乱增加，进入三国乱世。 公元6世纪气候异变的同时，隋王朝结束了东汉以来300余年的分裂

气候时期	时间	特征	历史事件
7. 中世纪气候最适宜期	公元6—13世纪	由于太阳活动的活跃化（IPCC第4次报告推算当时太阳活跃水平与20世纪相当），加上没有大规模火山喷发，从公元9—13世纪全球气候相当温暖	欧洲人口急速增加并达到饱和状态，为14世纪气候恶化、生产力下降带来的灾难埋下伏笔。中国进入温暖的时期要晚于欧洲，如公元6世纪南北朝时期长江流域贵族建造"冰房"用的是自然冰，当时的平均气温比20世纪低1℃—2℃，中国的温暖化迟至公元7世纪。中国气候转寒是在12世纪初期，金人从东北入侵华北代替辽人，占据淮河和秦岭以北，宋朝南迁，北京西山农历九月遍地皆雪
8. 小冰期	公元14—19世纪	包括沃尔夫极小期（太阳黑子活动低迷）等四个极小期，太阳黑子减少的时期恰好都是寒冷化程度加深的时期。其间四个特别寒冷的时期分别是公元1350年前后、1450—1570年、1645—1715年、1770—1830年。小冰期的特征是全球气候并非平稳下降，而是在可与20世纪相比的温暖甚至炎热后迎来严酷的寒冬，气候变化剧烈	第一个极小期内，全欧洲发生了歉收和大饥荒，谷物产量下降了1/3。欧洲发生了马丁·路德的新教改革。第四次极小期中，法国大革命发生之前的4年间，英法两国农业因异常气候大幅歉收，气候恶化是造成农民陷入贫困的部分原因。拿破仑军队失败的1812年是第四次极小期寒冷的顶点。第一个极小期内，中国处在元朝末期，黄河发生大洪水，传染病大范围暴发流行。中国在第二个极小期内，青藏高原气温下降、冰河大幅前进，黄河流域降温干燥，南方降温，太湖、洞庭湖结冰次数高于其他历史时期。中国在小冰期中最寒冷的时期是1650—1700年，是清王朝最初的50年，此时期长江以南用于进贡的柑橘绝收

（续表）

气候时期	时间	特征	历史事件
9. 现代暖期	1900 年至今	20 世纪初以来，全球气候经历了冷－暖－冷－暖四次大规模波动，但总体来看气温上升。以 10—30 年为单位来看，存在从温暖化向寒冷化倒退的时期。其中 20 世纪 20—30 年代气温上升最显著，40—60 年代是寒冷化的倒退，70 年代开始气温再度回升，80 年代温暖化的趋势开始非常显著，并且速度之快前所未有，其中人为因素占重要部分	现当代世界历史在此处从略

（一）再看北纬 30 度：世界文明生命线的真实含义

梁启超在 20 世纪初提出的 "四大文明古国" 有一个共性，即都分布在东半球北纬 30 度附近，包括埃及尼罗河流域、西亚两河流域、南亚印度河流域和中国的黄河流域，除了黄河流域处于季风带以外，其他地区都处于现在的沙漠气候区。不过在起源时期并非如此，撒哈拉沙漠地区极端干燥炎热的气候形成也只有不到 2000 年。

早期人类文明集中在亚非大陆上，在人类文明繁衍的客观地理空间分布上有一个明显的特点，即高原、山地主要集中于中低纬度地带，如青藏高原、阿尔卑斯山、安第斯山脉等，平原或低矮山地主要集中在高纬度地带，如广袤的西伯利亚平原。从早期人类基本生存依赖的温度条件和地理空间条件上看，中低纬度地带不仅有适宜的温度，其地形防护也为早期人类提供了基本的生存条件。

作为文明发祥地的欧亚大陆的宏观地理面貌，主要形成于中生代、新生代的阿尔卑斯－喜马拉雅造山运动，这是地质历史上最年轻的造山地质运动，共同定义了欧亚大陆的地貌。因阿尔卑斯山和喜马拉雅山升起，整个欧亚大陆发生巨大隆起，而以中央部分上升最大，隆起过程中出现强烈拱曲、断块和沉降，构成线状延伸，巨大的褶皱山系横贯亚欧非三大洲，大大影响了欧亚大陆东西方的地理格局。

在大陆的西方，阿尔卑斯造山运动使古地中海大大缩小，形成现今地中海周围的阿尔卑斯山、比利牛斯山、阿特拉斯山等山系及巴尔干半岛，高加索山、扎格罗斯山、喜马拉雅山等山地升起，古地中海东段消失，欧亚大陆连成一片。同时也使欧洲整体上成为一个巨大的半岛，地中海连绵高山带、北欧大平原、大西洋沿岸区自南向北地势降低，高峰和丘陵把欧洲分割成许多不同的区域，地理空间相对局促，没有地域纵深。[1]

阿尔卑斯山两侧的欧洲是温带地区，夏季气候适宜，全年雨水充沛，从西到东，从北到南，变化巨大。在西边和西北，周边海洋的调节作用使冬季比较温暖，夏季相对凉爽；向东，亚洲板块的大陆性气候逐渐明显，冬季越发酷寒多雪，时间长达数月；往北，冬季越来越长，越来越冷；往南，气温愈加升高。欧洲温带的降雨大部分是由西北风带来的，自西北，向东、向南逐步递减，而在海拔较高的地方又增加。

在欧亚大陆中国的这一端，6500 万年前，印度板块和欧亚板块之间发生了一次剧烈的碰撞，类似的碰撞在那之前的 5 亿年中发生过很多次，但只有这一次造就了地球上最年轻、海拔最高的"世界第三

---

① 许靖华、何起祥：《薄壳板块构造模式与冲撞型造山运动》，《中国科学》1980 年第 11 期，第 1081—1089 页。

极"——青藏高原。这一地质事件造就了我们今天中国这一区域的地理地貌，形成了人们熟知的三级台阶构造。在这一地质事件中，青藏高原急剧隆升至 2000 米以上，由于大高原对大气环流的热力和动力作用，蒙古、西伯利亚一带的冬季因此不易再受暖平流的影响，冷空气因而得以聚集成为强大的冷高压。位于青藏高原以南的印度次大陆因地形屏障受到冷空气的影响较小，热低压得以维持、兴盛，因此印度季风和东亚的现代季风环流系统得以建立，且其强度和影响范围不断随高原的继续升高而加大。撞击的余波进一步塑造了云贵高原、内蒙古高原和黄土高原，是为第二级台阶。在此以下，以大兴安岭、太行山、雪峰山为界，东南方海拔 500 米以下的区域构成中国的第三级台阶。

中国东南部和撒哈拉沙漠本同处于北纬 30 度亚热带区域，但是由于青藏高原的形成，高原地表吸收的太阳能不断加热空气使其上升，在低空形成大面积的低气压区域，这个高原空气泵不断地俘获着南亚季风和东亚季风，使其进入南亚和东亚大陆。正因为原本后劲乏力的东亚季风能够深入中国腹地，才使得长江中下游及以南地区具备了成为鱼米之乡的前提条件。西北干旱区的形成也起源于此，强劲的西风绕过青藏高原，沙尘颗粒落在太行山以西，形成了厚度超过 400 米的黄土高原。高原高空高寒，水汽凝结形成大量降雪。根据中科院青藏高原研究所 2019 年第二次青藏高原科考数据，青藏高原上的冰川面积占全国的 80%，湖泊面积占全国的 50%，加上众多的地表河流、地下水，形态各异的水资源构成中国乃至亚洲江河的水源地。其中最夺目的就是中华民族的母亲河，约 5464 公里的黄河与约 6397 公里的长江，以势如破竹之势顺三级台阶而下，哺育了中华文明。同时发源于青藏高原的大江大河自北向南流淌，穿越中国西南山区峡谷，经过崇山峻岭，下游形成广阔的冲积平原和三角洲。相比欧亚大陆西方，除了高耸的青藏高原形成地缘防护外，客观上山水相连的中国大陆和中南半岛构成了古老文明发展的巨大地理纵深空间。

（二）"封燕然山兮"：气候大变迁与农牧之战

中亚草原及其周边地带游牧民族与东亚、西亚其他文明的互动，是世界历史的重要线索，这一线索背后的重要驱动因素即是全球的气候变迁。

在多元化的人类文明起源中，西亚、东亚的原生农业文明逐步扩散到欧洲、东南亚，形成次生农业文明，伴随着的还有处于欧亚大陆之间在西伯利亚高纬度地带形成的广阔草原游牧文明，这两种文明系统在几千年的历史长河中相互交流碰撞，在一进一退之间推动着历史的进程。在千年和百年的周期性气候变化下，气候冷周期、北方游牧民族南下对农耕社会造成挤压性破坏，导致民族冲突和政权更迭；气候暖周期、农业带的北移和扩张，农耕和游牧社会常常会因为土地和财富陷入争夺战争。

2017 年 8 月，内蒙古大学蒙古学研究中心和蒙古国成吉思汗大学联合考古团队宣布，他们在今蒙古国中部发现了《后汉书》所记载的公元 83 年东汉与匈奴"燕然山战役"的重要证据——班固所书的《封燕然山铭》。此前中、蒙、俄三国专家从阿尔泰山一路向北搜寻都没有结果，此次发现石刻的地点在今蒙古国境内的杭爱山，距离雁门关已有 1800 公里。来自中原的农民骑兵的确曾如此深入游牧民族的腹地。这场决定性战役终结了中原农耕王朝与游牧民族数百年的战争，使得匈奴离开了漠北高原，向西迁徙，直至顿河、多瑙河流域，并在随后三四百年的冲突中不断向罗马帝国施压，最终成为罗马帝国灭亡的原因之一①。

在中国北方，历史上农耕与游牧社会的并存是一个令人瞩目的历史现象。中国游牧社会产生在公元前 3000 年左右的北方草原地区，在农业从华北传播到这些草原地区后，加上气候的突然变冷，草原地区可狩猎的动物减少，人类开始畜牧。从其开端，游牧和农耕两种社会就像一枚硬币的两面。中国古代的游牧部落和游牧民族是在中原地区由原始社会向阶级社会过渡的同时或以后逐步形成的。不是先有游牧经济后有农业经济，畜牧经济的真正发展尤其是游牧部落的形成，往往在农业经济有了相当发展之后②。游牧民族并非完全不需要农产品，在其内部基本上脱离了种植业的游牧部落，要以外部农业部落的存在作为其存在的条件。

游牧文化具有一定的排他性，游牧需要广阔的牧场，因而也就需要扩展，到一定程度后就会和过定居农业生活的居民发生冲突。在相当长时期内，中原地区这种矛盾并不尖锐。中原自身生长的和周边地区进入的为数不多的分散的游牧部落，这时在中原还有广阔的回旋余地，不致同农业民族发生经常性冲突，即使有冲突，威胁也不大。从黄帝时期到西周中叶，与中原华夏族抗衡和争斗的主要不是北方的戎狄族，而是南方的苗蛮族和东夷的一部分。从生产结构的角度考察，基本属于农业民族范畴内的粟作文化集团与稻作文化集团的斗争。从西周中期以后到春秋初年，情况有所变化，随着全球气候因太阳黑子活动减弱而寒冷化，西戎强大的游牧部落群迅速向中原腹地推进，由

① 温铁军：《生态文明与比较视野下的乡村振兴战略》，《上海大学学报》（社会科学版）2018 年第 1 期，第 1—10 页。

② 李元放：《我国古代的畜牧业经济（续）》，《农业考古》1985 年第 1 期，第 284—290 页。

于拥有大畜群这一巨大优势，他们的攻势一时使华夏诸国疲于奔命，华夏族的农业文化经受着巨大的历史考验，所谓"南夷与北狄交，中国不绝若线"。①

然而到春秋中期已经可以看到游牧民族向中原农耕文明靠拢。进入战国时代，侵入中原的戎狄族绝大多数已被华夏诸国兼并和融合，或被斥逐于中原以外，仅存的中山国也逐步接受了农业文明，后为赵国所灭。这样，中原地区延续千年之久的华夷杂处局面就基本上结束了。与此同时，游牧民族在北方获得了很大的发展，到战国后期，北方原来互不统属的分散的游牧部落逐步聚集成大的部落联盟，最主要的是匈奴与东胡，此时农耕民族统治区和游牧民族统治区明显隔开来的格局就基本形成了。秦始皇把匈奴逐出河南地，连接和修筑万里长城，标志着这种格局被进一步固定下来②。

在其后的历史中，农耕社会北进方面，通过一系列对外战争，汉王朝的疆土北拓至阴山，西扩至玉门关，从而保护了原有的农耕地免受匈奴的侵扰。随后为了保卫这一胜利果实，不得不移民百万，设置大量郡县，在阴山、河套以南包括鄂尔多斯高原进行屯垦戍边，将数十万平方公里只宜畜牧游猎、不宜农耕的干旱区开辟成农耕区。隋唐是中国历史上又一个强大的统一帝国，屹立于东亚有 300 年之久。它的经济基础就是发达的农耕业。唐代的边患来自北突厥和西边的吐蕃，所以，唐代前期在边区始终驻有强大的边防部队，守卫边疆。要维持庞大军队的生存，唯有在这些干旱和半干旱区进行屯田，因而将这一

---

① 李根蟠：《略论春秋以后我国畜牧业的发展——兼论我国封建社会农牧关系的特点及其演变》，《东岳论丛》1980 年第 4 期，第 56—61 页。

② 李根蟠：《略论春秋以后我国畜牧业的发展——兼论我国封建社会农牧关系的特点及其演变》，《东岳论丛》1980 年第 4 期，第 56—61 页。

区域改造为耕作区。特别值得注意的是，汉代和隋代边疆局势的缓和，都伴随着气候的明显转暖①。游牧民族南下方面，北方民族的入侵导致了中原王朝历史上曾经有过三次从黄河流域向长江流域大规模移民的浪潮，包括西晋末年的永嘉之乱、唐代中期的安史之乱，以及唐末至宋金之际的靖康之乱。这三次大规模北方人口南移，促使南方山区被大量开辟。

早期中国的北方粟作和南方稻作两大农业体系涵盖的地理面积非常大，远大于两河流域和尼罗河流域，这赋予了中国早期农业文明宽广的基础、广阔的回旋余地，以及抗风险力。同时这一农业文化圈外围都还是采集狩猎经济，没有强势文化，地位巩固，这是和西方早期文明的显著不同。西方尽管有的地方发展程度很高，但比较脆弱，野蛮民族入侵往往带来毁灭性打击。比如西欧蛮族入侵罗马帝国以后，在占领者与当地居民共同建立的农牧并重的经济中，游牧民族和农业民族的界限泯灭了。

而在中国，入侵中原的戎狄族却被从事农业的华夏族战胜并同化，中原因而保持和巩固了以种植业为主的文化。西欧处于军事民主制阶段的蛮族面临的是奴隶制度日暮途穷的罗马帝国，处于初期奴隶制的戎狄族面临的却是中原处于上升时期的郡县制度。这在很大程度上决定于两个地区自然条件的差异，中国北方和西方广阔的草原沙漠区给游牧族提供了巨大舞台。

总之，由于种种地缘因素，两河流域的文化、古埃及文化、古印度文化都中断了，而多样性下的延续性成为中国文明的特点。

通过观察气候变迁与历史的关系，人们发现农业文明时期大致的

① 邹逸麟：《运河在中华文明发展过程中的作用》，《浙江学刊》2017年第1期，第64—72页。

模式是气候只要变暖，就会导致农耕文明向北扩张；相反，气候只要变冷，就意味着游牧民族全面南下。人类不同生存方式的向南和向北的移动，带来了人类社会的根本性变化。以中国为例，农耕文明在亚洲是灌溉农业，人们要聚落而居，需要大量劳动力共同劳作，因此形成了"多子多福""安土重迁"等观念①。而北方的游牧民族在广阔的草原逐水草而居，一旦北方变冷，游牧民族就得全面南下，抢掠农耕民族贮藏的粮食，同时造成人口锐减。不过这种周期性的入侵往往止于各大山脉。

农业稳态社会和游牧流动民族之间是一个长期互动的过程。反之，每当气候温暖化，农业社会也会发生对游牧民族的驱逐。如本节最初提到的汉武帝逐匈奴于大漠以北，匈奴部族事实上沿着欧亚大陆向西，把欧洲北方部落向西南部不断地挤压，进而西欧北方的日耳曼人被挤压进入了意大利半岛，成为压垮病入膏肓的罗马帝国的"最后一根稻草"②。演化出东西两大文明早期互动的起因，在于气候变化造成南北两大文明的互动导致世界发生了结构性改变。不过，这些随着气候变迁研究而提出的人类历史演变的新假说，仍然需要大量研究来证明。

（三）探究东西方文明差异的本质

目前认为欧亚大陆的两个农业起源核心大致在同一时期起步。这两个农业核心内容有所不同。西亚农业的核心是小麦和大麦，而东亚农业的核心是粟和水稻。从整个人类文明发展史来说，最主要的是两

---

① 这本不是一个负面的概念，而是一种生态、生活、生产三位一体的农耕文化存在的方式。

② 温铁军：《生态文明与比较视野下的乡村振兴战略》，《上海大学学报》（社会科学版）2018 年第 1 期，第 1—10 页。

极，即以西亚两河流域为根基发展起来的两河文明和以东亚大两河（前文也称"四河四湖""六河"）流域为根基发展起来的东方原生多样性文明。这是两个独立起源的文明体系，在早期也基本上是自行发展的，只是到了西汉和罗马帝国的时期才发生具有重要意义的接触和交往。此后，这两个文明体系本身的发展和相互关系，便构成了世界历史的主要内容。

西亚农业起源以"肥沃的新月地带"即底格里斯河和幼发拉底河流域为核心，东亚以中国长江和黄河流域等地区为核心，形成了最早的较为成熟的农业社会。随后，西亚、东亚的两大类原生农业文明逐步扩散到欧洲、日本和东南亚，形成次生农业文明，伴随着的还有处于欧亚大陆之间在西伯利亚高纬度地带形成的广阔草原游牧文明。人类早期文明的发展得益于地球较长周期因地质和气候等古地理环境的演化而客观形成的地表资源，正是以多样化的地理空间和自然环境为基础，才孕育出这些不同形态的生存方式。

在欧亚大陆的西端，众多山系围绕着美索不达米亚冲积平原，沿着这一地势，发源于土耳其东部的底格里斯河和幼发拉底河基本呈西北-东南走向。据考证，底格里斯河和幼发拉底河是发源于传说中"伊甸园的四条河"中的两条，它们起源于亚美尼亚的群山，自西北向东南汇入波斯湾，上游为山地，下游为冲积平原。美索不达米亚平原也遭受了周期性的河水泛滥，海拔 4500 米高的扎格罗斯山脉和托罗斯山脉积雪融化引发特大洪水，这也是两河的水源。幼发拉底河全长 2800 公里，底格里斯河全长 1900 公里，两河上游距离很近，不足百公里，到了今天下游入海口已合二为一，流域面积约 50 万平方公里（黄河流域面积约 80 万平方公里）。

两河流域的低地泛滥平原是处于干燥环境下的水分充足的冲积地。

水源主要来自土耳其东部的积雪，泛滥程度、大小决定于积雪融化的快慢，泛滥的时间常在4—6月。从水源头到三角洲距离很短，泛滥较北非的尼罗河更猛烈。泛滥特点为"不定期，不定量"。这种泛滥特点也对当地居民的文化有所影响。同时，两河流经大片的沼泽地时河水大量蒸发，在到达狭窄的入海口前，沉淀了许多盐分，一直有土壤盐碱化的问题，灌溉系统一旦中断，大片平原迅速成为贫瘠的盐碱地，在公元1000—1900年，就有大片古代的耕地被弃置①。公元前10000年开始，冰期刚刚结束，人类开始在西亚两河流域定居繁衍。公元前9000年前后，在这一地区的梅勒法斯等地出现了古老的农业聚集区。公元前8500年前后，新石器时代的人们开始以种植农作物作为主要食物来源，作物主要是小麦和大麦。小麦是最早的农作物之一，属于两年生植物，冬季需要经过低温才能满足其生长发育，春季则需要大量水分。当时的人们通过利用河水自然节律或者灌溉工程，使得热量和水分得以配套，小麦得以大规模种植。因为西亚两河流域面积狭窄，所以形成的是以单一作物小麦为主的食物体系②。

从公元前7000年开始，美索不达米亚平原上已经有了成规模的粮食生产活动。距今7500—5500年前，两河流域处于全新世最适宜期，此时气候湿润，海岸线向内陆扩展的距离长达180公里，南部冲积平原地势较低、沼泽密布，人类只适合居住在北部地势较高但比较干燥的区域，那里可以维持小聚落的生存，却不易形成大的文明区，因而后来形成了城邦密布形态的文化区。小麦起源于这一肥沃的新月地带，

---

① Rosenberg M, "The Mother of Invention: Evolutionary Theory, Territoriality, and the Origins of Agriculture", *American Anthropologist*, 1990 (2), pp. 399-415.

② Ofer Bar-Yosef, Anna Belfer-Cohen, "The origins of sedentism and farming communities in the Levant", *Journal of World Prehistory*, 1989 (4), pp. 447-498.

最初被驯化的栽培小麦有两个品种，即一粒小麦和二粒小麦。幼发拉底河和底格里斯河流域形成的原生农业，伴随气候暖化而向欧洲拓展成为次生农业①。

今天这个世界上，由于西方殖民化扩张，形成整个北美、南美乃至于整个大洋洲、大部分非洲，都以小麦粉为主食，其根源就在于西亚两河流域原生的小麦农业。两河流域也是山羊和绵羊的起源地，这种"小麦+羊"的有畜农业传播到尼罗河流域形成古埃及文明，传播到印度河流域形成了古印度文明。两河流域的农业文明作为原生农业文明与其相区别。

小麦和东亚原生农业文明也有密切的互动，并最终在汉代取代了新石器时期以来的粟作农业。在距今 8000 年前后，二粒小麦向东传播到伊朗高原北部与里海东南部之间的河谷地区，又与当地自然生长的粗山羊草发生了杂交，形成了新的品种，即今天广泛种植和食用的六倍体小麦。考古研究显示，在距今 7000 年前后，小麦已经东传到中亚地区的西南部，但意外地停滞了数千年后才继续向东进入东亚地区。小麦向东传播受阻的主要因素是西亚和东亚的气候特点不同。然而小麦终究还是继续向东传播，并进入中国古代文明的核心区域——黄河中下游地区，随后逐步取代了本土农作物品种粟和黍，成为中国北方旱作农业的主体农作物，形成后来中国"南稻北麦"的农业生产格局。②

在一段时期内，西亚曾经被看作世界农业唯一的起源，早期农业

① ［美］欧弗·巴尔-约瑟夫、赵志军、翟少冬：《近东地区农业的起源》，《南方文物》2014 年第 3 期，第 5—10 页。

② 赵志军：《小麦传入中国的研究——植物考古资料》，《南方文物》2015 年第 3 期，第 44—52 页。

文明从这个原点出发，缓慢地、波浪式地传播到世界各地。但最近几十年间世界各地大量的考古新发现表明，人类在美洲、东亚等地开始从事生产性经济的时间远比以往的猜测要早得多①。

不仅如此，不同地区作物类型之间存在的显著差异，也使得研究者们逐渐认识到农业起源可能是多源的，至少西亚和中东、中美洲、东亚等地区都是相对独立的原生农业文明中心。在亚欧大陆的东端，原生农业文明覆盖了中国四河流域，即江、淮、河、汉，可称为"四河文明"，或者所谓"大两河文明"。这一区域的稻、黍（粟）、豆、桑四大作物代表东方对人类农业文明的四大贡献。这主要是因为东方四河流域面积宽广，又是沿着三级地理台阶而下，且被五大气候带所覆盖，所以东方农业在距今12000年前的起源之初就是多样化的。原生中国的农业品种占全球20%—25%，但在向东北亚和东南亚拓展出去的次生农业地区，则是以稻米为主。②

作为巨大地理单元的中国，其地形复杂，气候带多元，水文、土壤、植被等条件各异，按照自然条件可以划分为七八个大区，每个大区又可进一步分为多个亚区。这种自然的差异造成了中国史前文化的"千姿百态，谱系繁杂"③。12000—13000年前，中国进入全新世阶段，史前文化进入早期新石器时代。这一时期，长江流域、珠江流域、东南沿海和云贵高原地区的文化圈，在工具方面多为大型打制并局部磨

① 陈星灿：《黄河流域农业的起源：现象和假设》，《中原文物》2001年第4期，第24—29页、第42页。

② 陈淳、郑建明：《稻作起源的考古学探索》，《复旦学报》（社会科学版）2005年第4期，第126—131页。温铁军：《生态文明与比较视野下的乡村振兴战略》，《上海大学学报》（社会科学版）2018年第1期，第1—10页。

③ 严文明：《中国史前文化的统一性与多样性》，《文物》1987年第3期，第40—52页。

光的石器，同时生存方式发生了分化，一部分人仍然以狩猎采集为生，也许学会了制陶和养猪，但是没有农业；另一部分人走入河沼，创造了以稻作农业为基础的文化区。同时期的华北和黄土高原地区已经存在较为发达的旱作农业，已经普遍使用磨制出来的细石器；而在东北北部、蒙新高原、青藏高原，由于气候的干燥寒冷，仍然以狩猎采集为主。多元化体现为采集狩猎与农业杂处，水旱作杂处。①

在距今 7000 年左右的仰韶文化鼎盛时期，现为干旱草原的青海湖周边地区年降水量达 600 毫米，温度比现在高 3℃ 左右。这一时期的黄河中下游也处于比较温暖湿润的环境。此时期季风降水几乎波及全部地区，植物生长空前茂盛，华北平原的湖泊水系大发展。在距今 6000—5000 年前，由于气温降低，中国北方地区普遍出现绿叶阔叶林减少，针叶树种增加，海平面下降的现象②。但即使在这一时期，在中国北方也发现了丰富的亚热带动植物存在的证据。黄河中下游地区处于气候带交界地区的生态过渡带，生物多样性丰富，种群密度高，有利于物种的变异和进化，有利于人类对早期物种进行选择和驯化。其得天独厚的土壤条件是农业发展的基础，黄土的养分涵养能力很强，常保有一定的肥力，被气流从亚洲内陆搬运过来的黄土颗粒均匀细小松散，使得早期粗糙的农业工具易于入土耕作。

另外，距今约 4000 年前的全球降温事件，终结了持续 3000 余年的温暖期，在这一时期旱作农业区迅速扩张，农牧交错区向北推进 300 公里。这对华北文明区的影响"包括黄河下游龙山文化的衰落、

---

①　孔令平：《关于农耕起源的几个问题》，《农业考古》1986 年第 1 期，第 28—37 页。

②　陈雪香、吴文婉：《多学科交叉研究古代植物遗存——农业起源与传播暨中国植物考古学新进展国际学术研讨会会议综述》，《中国农史》2013 年第 6 期，第 133—136 页、第 72 页。

甘青地区发达农业经济体系的解体、内蒙古老虎山文化的中断、燕辽地区小河沿文化的衰落"①。气候变化对华南谱系文化的影响是通过洪水事件,长江三角洲成为一片汪洋,良渚文化出现明显断裂,假说可从良渚文化层之上的淤泥层得到支持,历史文献中对大洪水的描述也比比皆是。②

关于东方农业文明代表性作物——水稻的起源,此前推测的起源中心有长江中下游地区、华南地区、印度恒河流域等。③ 2011 年,美国华盛顿大学和纽约大学开展了一项大规模的 DNA 研究,得出的结论是栽培稻的起源时间很可能在 8500 年前,而粳稻和籼稻的分化则要晚至 3900 年前,所以粳稻和籼稻彼此的亲缘关系比它们和任一现存野生稻居群的亲缘关系都要近④。这和考古证据吻合——野生稻最早在长江中下游地区被驯化为粳稻,之后传到印度,通过与野生稻的杂交在恒河流域转变为籼稻,最后再传回中国南方。因此研究支持水稻起源于中国的观点,水稻栽培技术在中国这个原始中心和印度这个次生中心同时得到发扬,这是目前较为受认可的水稻起源图景。

作物多样性方面,中国历史上栽培植物和家养动物种类繁多。其中很大一部分是本土驯化的。中国起源的栽培植物多达 136 种,占全

① 吴文祥、刘东生:《4000aB. P. 前后降温事件与中华文明的诞生》,《第四纪研究》2001 年第 5 期,第 443—451 页。

② 张修龙、吴文祥、周扬:《西方农业起源理论评述》,《中原文物》2010年第 2 期,第 38—47 页。

③ 张佩琪:《论水稻起源的环境条件与历史背景》,《农业考古》1998 年第1 期,第 3—5 页。

④ J. Molina, M. Sikora, N. Garud, et al, "Molecular Evidence for a Single Evolutionary Origin of Domesticated Rice", *Journal of Agricultural Biotechnology*, 2011 (20), pp. 8351–8356.

世界 666 种主要粮食作物、经济作物以及蔬菜、果树的 20.4%。[①] 虽然随着研究的深入，作物起源学说陆续有补充发展，而中国作为世界作物起源中心之一的地位始终为研究者所公认。

仍以小麦为例，它本不适应黄河流域雨雪稀缺的自然条件，也不适合南方的环境，中国先民为了发展这种在复种中处于枢纽地位的作物，在耕作、栽培、育种、收获、保藏、加工等方面采取了许多特殊措施，创造了一系列相关工具和技术。小麦从引进到发展成中国第二大粮食作物，成为中国农作物体系中不可分割的一部分，花了 3000 多年时间，克服了许多困难。在农作物方面中国先民有着兼容并包的胸怀。

气候地理条件和农耕、游牧两大文明早期的样貌，无疑对文明的后续发展演变有着重要作用，但往往这些条件被简单解释或者忽视了。比如 18 世纪法国政治思想家让·博丹在《国家六论》中称："肥沃土地上的人们往往软弱，而贫瘠的土地则使人有所节制，并因而更加细心、谨慎、有事业心。"具有法家倾向的管仲在《管子》中也有类似的表述："沃土之民不材，淫也。瘠土之民莫不向义，劳也。"在这里我们着重强调了气候地理条件对早期发展形态的决定性影响，并非想要提出一种气候地理决定论，正如马克思在《资本论》中提出的论断："自然资源可划分为生活资料的自然资源和生产资料的自然资源。在文明初期，生活资料的自然资源具有决定性意义；在较高的发展阶段，生产资料的自然资源具有决定性意义。"

气候地理约束和文明早期样貌在早期具有决定性影响，而各个文

---

① 李根蟠：《中国农业史上的"多元交汇"——关于中国传统农业特点的再思考》，《中国经济史研究》1993 年第 1 期，第 1—20 页。

明社会随后的历史演变，其根源性驱动需要从社会结构本身中去寻找。在以农业形成社会生存方式的四大文明古国之中，只有中国的华夏文明一直延续着。历史上的小农以家庭为单位聚居于村社的制度类型是和东部太平洋季风降水的不平衡从而迫使中国人建设水利系统高度相关的，中国地处多个复杂气候带，要想形成农业的长期生产，就一定要有水利。村社的自治方式是以水利共享形成聚落而居，这与间作套种的农业管理又是高度相关的。①

几千年来，中国不仅有因水利成村的聚落，还有以水立国的德治传承。我们认识到，由气候和地理所决定的生存文化内在的差异性，在中国的经济、政治、文化乃至于精神信仰方方面面都有表现。

中华文明数千年传承说明一个新时代的转型概念：坚持生态文明，是中国上下五千年来历史演变的客观结果，不是主观选择。中华民族几千年来拥有多样性的生存方式，包括社会方式、经济方式、文化方式，而复杂多样的气候地理条件、农牧社会的冲突融合、早期文明的多点起源等因素使得中华文明在历史时期的多样性的持续性得以发生和发展。

回顾探究气候变化与人类历史的关系，比较东西方农业文明起源和发展的路径，我们愈加认识到，"遵循天人合一、道法自然的理念，寻求永续发展之路"② 是当今人类追求生存发展的唯一选择，也是中国作为具有 5000 余年文明历史和生态文明传统的政治国家对全人类的责任。

---

① 温铁军：《生态文明与比较视野下的乡村振兴战略》，《上海大学学报》（社会科学版）2018 年第 1 期，第 1—10 页。

② 习近平：《共同构建人类命运共同体——在联合国日内瓦总部的演讲》，2017 年 1 月 18 日，见 http://www.xinhuanet.com/world/2017－01/19/c_1120340081.htm。

第二章
世界农业发展与美欧亚"三分天下"

不同气候带覆盖下浅表地理资源多样性的自然环境与历史文化传统，以及孕育出的经济、社会、文化、政治等不同的形态，加之作为西方现代化模式的资本主义前史的"殖民化"客观进程，导致世界农业在当代形成了差异化显著的、各自具有难以照搬的鲜明特征的三类发展模式。

一、盎格鲁-撒克逊模式：殖民地国家的大农场农业

"盎格鲁-撒克逊"最初只是一个民族或国家方面的概念，后来在经济发展模式上形成"盎格鲁-撒克逊模式"。具体而言，盎格鲁-撒克逊国家通常是指美国、英国、加拿大、澳大利亚、新西兰、爱尔兰、墨西哥、菲律宾等国家，这些国家所用的语言大都为英语，其国内主要民族源自历史上的同一个民族，它们在政治经济方面具有许多明显不同于其他国家的共同特征。盎格鲁-撒克逊模式主要是对这些国家所实行的发展模式的总称。

盎格鲁-撒克逊模式以市场经济为导向，以个人主义和自由主义为

基本理论依托，强调自由和民主，推崇利润至上的发展目标，因此这一模式又叫作"自由资本主义模式"。这个模式最先是从英国开始的，因为英国是世界上最早进行产业革命，继而确定资本主义制度的国家。不过，相比英国而言，美国体现出的特征更为典型，所以一般以美国为代表。这种模式在20世纪80年代英国撒切尔夫人和美国里根总统执政期间体现得最为明显。农业发展中的盎格鲁-撒克逊模式是以美国、加拿大、澳大利亚等为代表的大农场农业，国民人均土地与农场人均耕作面积大，由此能够以简单生产力扩张和土地规模经营为导向，据此他们执着地信奉自由竞争和个人主义理性。

（一）殖民屠杀与盎格鲁-撒克逊模式的形成

在历史上，英格兰的土地先后由许多古代民族入据，包括伊比利亚人、不列颠人、罗马人、盎格鲁-撒克逊人、丹麦人和诺曼人等。这些古代民族在英格兰这片土地上经历了不断冲突和融合。[1] 470 年，罗马帝国灭亡，罗马军团撤出英格兰后，盎格鲁-撒克逊人成为英格兰的主要民族。15 世纪，航海大发现开辟了新航路，殖民主义登上历史舞台。16—18 世纪，以大英帝国为代表的盎格鲁-撒克逊殖民体系被推行到全世界范围，其独特元素及特征被拓殖者和管理者带到海外并保留下来。不难看出，盎格鲁-撒克逊国家有典型的殖民主义背景，当今的民族是当初殖民者的后裔，因而盎格鲁-撒克逊模式也需要在这一背景之下解构。整体上看，盎格鲁-撒克逊模式最为典型的就是外来殖民者作为农场主，靠大规模减少原住民人口而形成的大规模农业。盎格鲁-撒克逊社会当年以坚船利炮"开疆拓土"，四处抢夺殖民地资源。

---

① 王兴业：《对盎格鲁-撒克逊人播迁不列颠的历史研究》，华东师范大学2005 年硕士论文。

他们到底掠夺了多少财富现在无法统计，但可以肯定的是，这些财富为其实现市场经济发展的原始积累打下了坚实基础。比如，北美大陆包括澳大利亚的发展，与其说是殖民，不如说是对原住民的种族灭绝，因为北美曾是印第安人的家园，有过灿烂的阿兹特克文明、玛雅文明。美国的原住民——印第安人在殖民之前人口达到8000万，被殖民以后人口锐减到52万，美国原住民人口不足总人口的2%。[①] 现在主要居住在亚利桑那戈壁沙漠的保留地。巴西、阿根廷和澳大利亚等国家也把原住民人口减少到5%以下。今天英语国家有色人种面临的那些种族歧视问题，根本不能等同于单纯的民族问题，其解决方式与难度也不可能与民族问题同日而语。

表2-1 1990年美国人口组成（单位：百万）[②]

	总人口	白人	黑人	拉美裔	亚裔	印第安人
数目	248.8	188.4	29.3	22.4	6.9	1.8
比例	100%	75.7%	11.8%	9.0%	2.8%	0.7%

不管怎样，当盎格鲁-撒克逊人成为新大陆的主人后，土著人有的被残杀殆尽，有的沾染上传染病群体性死亡，剩下的一步步被逼入狭小的区域内，接着盎格鲁-撒克逊人占据了他们的土地，由此形成天然人少地多的国情条件乃至优势。进而，在美国南北战争期间，总统林肯颁布《宅地法》，鼓励人们几乎是以"跑马占地"的方式圈占中西部的土地，成本几乎为零，由此推动了"西部开发"，形成新的资本投资与财富积累的热潮，还解放了奴隶，缓解了社会矛盾。之后，美

---

① 王希:《多元文化主义的起源、实践与局限性》,《美国研究》2000年第2期,第44—80页。

② 王希:《多元文化主义的起源、实践与局限性》,《美国研究》2000年第2期,第44—80页。引文数据有误,引用时已作修订。

国开始加速推进工业化。美国人最早发明农用拖拉机等机械的主要目的或第一目的不是节省人力，而是农场主拥有的土地规模实在太大，劳动力缺乏，从一开始就地多人少，农场主想开发土地，想种植，但雇不到人。

可以说，作为殖民地的新大陆在近代史上先是原住民逐渐消失，进而纷纷成立移民国家，其中以盎格鲁-撒克逊人为主的欧洲人居于主体与主导地位，后来非洲人与亚洲人主动或被动地迁移过去，他们要服从由盎格鲁-撒克逊人创造的制度法律，说英语，学习西方文化。直到今天，新大陆各国依然保持着"人少地多"的资源禀赋特征。同时，在他们成功地推进工业化与城市化后，农业产值与农业从业者在整个国家中比重都不高。因而，基于历史条件，他们形成并保持与推广着今天人们看到的大规模的农场农业，不仅包括美国、加拿大、澳大利亚、新西兰等国内的大农场，而且包括很多发展中国家的种植园。

其实，这种大农业模式不仅体现在这几个发达国家。在盎格鲁-撒克逊模式下，大量投机性金融资本直接介入农业产业链，并且通过对农产品期货和现货交易制造多空大战而获利，通过金融手段瓦解发展中国家的农业发展体系，从而输出其资本主义农业发展模式。由于农业金融化是全球化的组成部分，于是，在发展中国家中，像巴西、阿根廷、墨西哥乃至菲律宾等，也被动改造成为盎格鲁-撒克逊模式的农业类型。表面上看，发展中国家大农场起因与生产方式跟发达国家是一样的，但是，它们的农业经济乃至土地大都受到国内大资本，特别是西方发达国家跨国大资本的控制，事实上是盎格鲁-撒克逊模式的附庸或翻版。故而，我们一方面将此类国家的大农业模式归类于盎格鲁-撒克逊模式，但另一方面要指出，跨国公司控制的大农场虽然在发展中国家的土地上经营，也有大量农业产出，但主要投入国际市场，按其控制的市场份额及其在期货和金融市场中的运作形成资本收益，而不会为农场所在的发展中国家解决贫困或饥荒问题做贡献。也就是说，有大农场的发展中国家，并没有因大规模农业产业化而做到"把饭碗端在自己手里"，这类国家也没有条件实现农业安全。因此，发展中国家尤其需要注意的是掌控大宗农产品期货交易的金融化。

美洲大陆和大洋洲的大农场农业模式天然带有新大陆殖民地的属性。总体上看，这种大规模、产业化的农业模式是去本土化、去原住民、单一化的，是新大陆殖民地特殊条件下历史演化的产物，是殖民掠夺乃至种族屠杀的历史结果，也是今天产业资本和金融资本扩张、圈占土地、控制发展中国家农业的现实体现，由此导致土地的集中兼并乃至奴隶劳作。盎格鲁-撒克逊模式产生的前提比较血腥与残忍，现实的形态很多是非正义的，由此，从其源头与形成过程上看，条件非常特殊，尤其是不符合旧大陆原住民国家的基本国情，目的与结果都无法说是合理的，满足不了公平发展的要求，因而，盎格鲁-撒克逊模式对于其他国家，特别是在新时代针对中国"生态转型与农业可持续"而言，不具有借鉴与推广的意义。

（二）从美国农业看盎格鲁-撒克逊模式的特征

新大陆殖民地的土地具有资源规模化的客观属性，由于殖民地占领当局不承认原住民部落对资源的权益，鼓励主要来自欧洲的白人殖民者进入原住民领地去"开拓新大陆"，致使大量资源被外来殖民者占领，依附于原有土地上的原住民仅少量留存。由此，外来殖民者在广阔殖民地上发展的农业天然地拥有人少地多的优势，顺理成章地进行简单生产力外延扩张，形成规模化的现代农业。进而，以美国的农业为例，发展到今天，盎格鲁-撒克逊模式呈现出以下主要特征：

1. 规模化经营

美国是人少地多的国家，丰富的自然资源、优越的自然条件是美国农业发展的一个非常重要的因素，人均耕地达 8667 平方米，远高于全世界平均水平。1999 年美国农业用地面积为 418 万平方公里，占土地面积的 45.67%，有耕地 177 万平方公里，人均 0.64 公顷，永久性草地 239 万平方公里。加上美国是个移民国家，人口相对不多，从事农业生产的更少。因此，可以形成大规模农场农业，一般大田作物，比如玉米、棉花、小麦、水稻、大豆的种植规模都在数千上万亩，而且规模还在继续增大，经营者一般是家庭农场。"现在大约有 200 万个，平均经营面积为 0.81 平方公里，最多的达 80.94 平方公里，农场又分独有、合作、公司三种形式"①。这样的规模是中国这种小农经济居于主导地位、人均耕地资源少的国家不能照搬的。

表 2-2　美国农场数量和规模变化②

年份	农场数量（万个）	农场平均规模（平方公里）
1880	400	0.54
1900	570	0.59
1920	600	0.59
1940	640	0.68
1960	369	1.20

① 杜楠等：《美国农业现代化历程及其对中国的启示研究》，中国农业科学技术出版社 2017 年版。

② 数据来源：根据美国农业部数据整理得到。参见杜楠等《美国农业现代化历程及其对中国的启示研究》，中国农业科学技术出版社 2017 年版。

（续表）

年份	农场数量（万个）	农场平均规模（平方公里）
1980	244	1.72
1990	214	1.87
1997	222	1.74
2002	213	1.78
2007	220	1.69
2012	211	1.76

2. 机械化生产

土地耕地面积大，自然不可能靠人工去种植管理，于是，美国农业机械化水平很高，基本上全部实现了机械化作业，不仅收割、种植实现了机械化，日常的管理也由机械代劳，甚至已经高度信息化、自动化。其实，"一个多世纪以来，美国农业经历了以机械力、电力代替了人力畜力的过程。农业机械的发明与应用，促进了农业机械化。美国在1940年基本实现农业机械化，役畜动力占农田总动力的比重由20世纪初的75.5%下降到6.96%。20世纪60年代后全面进入机械化，农业劳动生产率比19世纪提高了10倍多。1988年，每个农业劳动力平均负担耕地0.6平方公里，平均可养活80人"[1]。因此，虽然农业劳动力人均产出较高，但土地单位产出较低，管理还是比较粗放的，不如东亚小农经济的精耕细作单位土地面积的产出高。

---

[1] 蒋和平：《美国建设现代农业模式的借鉴及启示》，《建设我国现代化农业的技术经济问题研究——中国农业技术经济研究会2007年学术研讨会论文集》，中国农业技术经济研究会2007年。

3. 单一化种植

土地规模非常大，机械化水平非常高，决定着美国的农业倾向于单一化种植、专门化生产、区域化布局，即在一块开阔的土地上，只能种植一种作物，甚至在一个地区只能发展一种种植项目，这样便于机械化操作与日常管理，也有利于实现农产品的商品化，但不可能采用在田间进行套种、间作、中耕等耕作方式。因此，它的种植结构与生产方式都是单一的，常常是集中连片的土地上种植的是一种作物，比如小麦、棉花与玉米。与之配套的是农业生产服务的社会化，即由专门的机构与公司提供各种服务与生产资料。"美国 50 个州中，没有一个州种植全部 7 种主要作物，美国最主要的农作物——小麦、玉米、大豆等只有 35 个州种植；夏威夷和缅因州分别专注于发展旅游业和养殖业，不种植任何农作物。"① 因此，美国形成了专门的农业生产带，比如小麦带、玉米带、棉花带等。

4. 市场化销售

这种大规模、机械化的农业所生产的东西，不可能是自给自足的，绝大部分是供销售的。美国农业从一开始商品率就非常高，是世界最主要的农产品出口国，影响着全球的农产品供需平衡与市场价格。因此，美国农产品市场体系非常健全，农产品对外贸易比较发达。"2014年，美国谷物总产量 44293.25 万吨，出口量 8733.76 万吨，出口量占总产量的 19.7%，是世界第一大谷物出口国，其中，小麦产量 5539.54万吨，近一半用于出口。大豆产量 10801.37 万吨，占世界总产量的

---

① 杜楠等:《美国农业现代化历程及其对中国的启示研究》，中国农业科学技术出版社 2017 年版。

35.0%，其中，出口量 5204.66 万吨，占产量的 48.2%。"[1]

5. 高投入，高消耗

规模化、机械化农业必然需要大量物质资源的投入，是一种资本密集型的农业，其中最重要的是需要农药与化肥等大量投入作为支撑，因而盎格鲁-撒克逊模式被称为"石油农业"，是一种不可持续的农业。"美国向来重视农业投资，农业投资比工业投资大。每生产 1 美元农产品需 8 美元投资，而钢铁工业只需 0.5 美元。20 世纪 80 年代，每年农业财政投资为 350 亿美元，在总预算中高出政府对工业投资的 1.2 倍，20 世纪 90 年代，每年农业投资增至 500 多亿美元，在联邦政府预算中仅次于国防开支占第二位。美国农业是典型的'能源集约农业'，是'一种把不能消费、不能更新的能变为可供消费的食物和纤维的转化系统'，从投入到产出，再到加工、储运、销售，整个过程都以无机的矿物资源特别是靠石油来支撑。美国每年生产 3 亿吨粮食，要消耗 6000 万—7000 万吨石油、80 万吨钢铁，同时消耗大量的磷、钾等肥料。中国、印尼、缅甸等亚洲国家用 0.05—0.1 卡热量可以生产 1 卡热量的食物，而美国则需 0.2—0.5 卡的热量才能生产 1 卡热量的玉米、大豆、花生等。美国每人一年中消费的食物是用 1 吨汽油生产的。如果世界各国都采用这种能源集约的农业生产方式，那么占全球目前消耗量 50% 的汽油要用来生产食物，全球的石油储备在 15 年内就要告罄。"[2]

---

[1]　杜楠等:《美国农业现代化历程及其对中国的启示研究》，中国农业科学技术出版社 2017 年版。

[2]　郎秀云:《现代农业：美国模式与中国道路》，《中国乡村发现》2008 年第 2 期，第 143—148 页。

（三） 思考："盎格鲁-撒克逊模式" 的不可持续性

1. 对生态环境的影响

盎格鲁-撒克逊模式是高投入的农业，需要大量的农药与化肥，并要求在规模化、成片化的土地上耕作。大量现代农业要素的急剧投入、追求资本收益的规模化农业不可避免地带来农业面源污染和食品质量安全的双重负外部性的问题。这些负外部性问题是单极化追求产量和收入带来的必然结果。当外部资本进入土地，将土地的多元功能简单化地变为第一产业生产功能时，意味着不仅经济收益被占有，还需要支付大额的社会成本。然而，资本不会承担这样的社会成本，通常就以生态资源破坏的形式呈现出来。除了农业过剩和生态破坏之外，资本农业还具有自然风险、经济风险、政治风险、社会风险等多重风险集中爆发的危险。美国艾奥瓦州大泉盆地从 1958 年到 1983 年的 25 年间，地下水中的硝酸盐浓度增加了 3 倍，31 个州存在化肥污染地下水的问题。美国现在每年使用的杀虫剂和除草剂为 2.04 亿—2.27 亿千克，最先进的过滤系统也无法完全把它从饮用水中排除干净。大面积的连年单作，加之长期的机械耕作，造成每年 31 亿吨土壤流失。平均来说，艾奥瓦州农民每生产 1 蒲式耳 （1 蒲式耳≈35.238 升） 玉米，要流失 1 蒲式耳表土。到 2001 年年底，美国的土壤侵蚀面积达到 27.92 万平方公里，占现有耕地的 20%。[①]

当弱势的农民无法承受过载的负外部性的时候，最终就把此类制度成本转嫁给无法发声的生态环境。依赖资本拉动的增长，结果只能

[①] 郎秀云：《现代农业：美国模式与中国道路》，《中国乡村发现》2008 年第 2 期，第 143—148 页。

是不断破坏生态系统的稳态性。越是资本密集产业，生态环境污染问题越是严重。英美模式长期向弱势产业和生态环境转嫁危机，致使此类农业的双重负外部性不断演化升级，严重威胁社会稳定和安全。

2. 金融化对发展中国家的成本转嫁

以美英为代表的盎格鲁-撒克逊模式推崇市场竞争和自由贸易，政府对其较少干预，资本可以自由流动。虽然资本助推了农业产业链加长并借此从中获利，但从另一方面来说，自由放任式的市场经济将形成市场至上、脱嵌于社会消费主义的先天缺陷。

规模化的大农业是与"粮食金融化"的全球战略相吻合的。规模化大农业虽然经济产出大，但是仍然存在着长期亏损的问题，需要依靠政府的补贴才能维持运作。农业跨国公司依赖行业垄断优势，在资本市场上进行多空投资，以此左右粮食的国际价格。当金融资本核心国家的资本流动性过剩时，就会造成粮食市场的价格暴涨，使得金融资本成为服务于国家霸权的工具。当前的全球化竞争，本质就是国家之间金融资本的竞争[①]。金融资本以国家信用作背书，通过全要素资源的定价机制和分配机制，实现金融垄断权利的收益。

欧美国家高度发展的现代经济结构导致其新增信用无法用于实体经济的发展，只能涌入金融领域，从而引致危机产生。以 2008 年金融危机为例，美国政府向市场上注入巨额流动性，不仅大幅抬高了石油价格，还造成生物能源生产崛起。石油价格从低谷时期的 40 美元/桶，陡然上涨到 130 美元/桶。大量的土地和农业资源被用于生物能源生产，遂导致粮食短缺和大规模饥荒。过剩的资本进入金融市场，直接

---

① 温铁军、刘亚慧、袁明宝：《创新农地金融制度》，《中国金融》2018 年第 10 期，第 57—59 页。

推高石油和粮食价格，导致粮食进口国的粮食价格陡然上升，酿成粮食危机，引发社会动荡。

由此可见，资本过剩导致下层的农民社会生活成本增加，尤其是贫困人口承受着危机转嫁的后果。从表面上看，世界范围的饥饿问题是粮食供给短缺所致，但是在本质上是金融资本恶性竞争的客观结果。

盎格鲁-撒克逊模式长期以来向农村、生态环境递次转嫁危机。经过数次产业转移，盎格鲁-撒克逊国家先后进入了追求流动性获利的金融资本阶段。[1] 在20世纪70年代，大农场农业模式遭遇到生产过剩危机，其成本向发展中国家转嫁。由此，盎格鲁-撒克逊国家的负债转嫁为发展中国家的负债。一方面，金融资本的过剩，通过原材料的价格波动和农业金融投资等方式逐步向农民和生态环境转嫁危机；另一方面，产业资本过剩通过产业链延伸的方式将农产品过剩传导到全球农产品产业链，进而商业资本过剩渗透到各产业链环节导致恶性竞争，使得农民难以获得高利润，生活成本居高不下。

进入21世纪以后，在产业过剩和商业资本过剩的条件下，金融资本异化于实体经济，在生态资源价格要素低谷寻求资源资本化的超额收益。盎格鲁-撒克逊模式推进殖民化过程中以农业提供剩余，获得工业化原始积累，因此农业成为第一产业的主体。[2]

所以，放在历史的视角中，考虑到人类社会的公平正义和永续发展，特别是在生态文明新时代，"殖民地农业"早已开始显示出它的局限与不足，因此根本不具有普适意义与推广价值。

---

① 温铁军、张俊娜、罗加铃：《金融资本全球化背景下的国家竞争》，《理论探讨》2017年第3期，第78—84页。

② 温铁军、刘亚慧、袁明宝：《创新农地金融制度》，《中国金融》2018年第10期，第57—59页。

二、莱茵模式——欧洲宗主国的中小农场农业

（一）成本转嫁与莱茵模式的形成

"莱茵模式"是由法国经济学家米歇尔·阿尔贝尔最早提出的。莱茵模式国家的典型发展道路是通过革命推翻封建统治建立国家，并通过对外军事扩张形成殖民经济体系，通过殖民化控制当地的资源和主要市场，获得经济利益。但是，由于莱茵模式基本上局限于欧洲对外殖民的宗主国，其成因也就很清楚了：一方面靠大量人口外流，相对改善了资源与人口的比例，使其资源禀赋条件优于一般亚洲原住民国家；另一方面其海外殖民化收益源源不断地返回母国，对民众的带动与溢出效应也非常明显。由此，这些国家有条件面向全民来构建以社会保障为基础的"福利体系"，这使得老欧洲内部的资本主义制度更有社会性，意识形态上就显得更具人道主义，政治上就能更多体现出人权和民主特点。在悠久的历史文化背景下，莱茵模式推崇社会市场经济理念，强调有社会保障的资本主义市场经济，注重公平和秩序。政府参与到经济社会的互动中，是一种参与型政府模式[1]，利用具有明显再分配性质的税收政策和福利政策实现社会的和谐与公正。

莱茵模式强调财产权的分散和社会公平。与盎格鲁-撒克逊模式相比，莱茵模式更强调社会保障体系的建立，在政策制定过程中体现着人文价值和社会平等的根本理念，兼顾人、环境、社会的利益，追求

---

① 李俊生：《盎格鲁-撒克逊学派财政理论的破产与科学财政理论的重建》，《经济学动态》2014年第4期，第117—130页。

长期可持续的绿色发展，践行"以人为本"的价值观。莱茵模式的经济政策也被称为"政府引导型市场经济"，其核心是运用价格机制对各类资源进行有效配置，发挥市场机制的作用。政府尊重经营主体的自主权，并在不妨碍自主经营条件下，适当对市场经济进行干预和控制，以发挥恰当的调节作用。在因市场经济无节制发展而造成社会底层群体与精英群体的收入不均衡时，政府会运用社会福利机制，克服贫富悬殊、失业、通货膨胀造成的各类社会问题。

德国奉行的社会市场经济是莱茵模式的典型代表，较多强调共同体对于个人的社会生活具有重要意义。通常情况下，欧洲农业的基本制度能够保障集体利益优于个人利益，注重社会公益和社会福利事业。欧洲各国具有悠久的社会主义运动传统，政府在宏观调控时，将较多的公共资源向住房、教育，以及医疗等方面倾斜。

该体制需要支付巨大的制度成本，当老欧洲的殖民地宗主国无力支付成本的时候，还是会用各种名义向发展中国家转嫁的。

莱茵模式的资本主义发展经历了以下几个阶段：第一阶段（二战后到20世纪60年代中期）：在这个时期，欧洲掀起自由主义的思潮，并在政府政策中作为核心理念发挥主导作用；第二阶段（20世纪60年代中期到80年代初期）：经历经济危机，自由主义思潮吸纳与凯恩斯主义相关的理念，形成与凯恩斯主义结合的制度道路；第三阶段（20世纪80年代以后）：在经济自由主义影响下，政府逐渐减少干预，走向市场化和放松管制的阶段，在形成对新自由主义意识形态附和的同时，仍然勉力维持自身的社会保障和福利主义体制。

莱茵模式农业是以莱茵河畔的德国、法国、瑞士、挪威、瑞典等大规模向外转移人口的宗主国为代表，对应的农场模式是中小农场的市民农业和绿色农业。随着向外殖民化的扩张，欧洲国家大量人口外迁，客观上形成了欧洲人地关系较为宽松的资源环境，资源相对丰富，故而形成小农场经济。莱茵模式被称为温和的资本主义，它在农业上比较认可社会农业、生态化农业、绿色农业，强调绿色农业生产方式。

（二）莱茵模式的特征

老欧洲的乡土社会文化传承没有被现代化所摧毁，在农业发展中仍然顽强地发挥着重要作用。

1. 政策鼓励合作社，分配体现"劳动产权"与人文关怀

重视老欧洲乡村文化传承的莱茵模式比较多地强调合作主义，个人的地位相对弱化，通过个体组成群体，再由群体组合成社会，保留着合作主义的文化因素。欧洲现有的社会、文化共识与多元主义精巧结合，形成了莱茵模式话语体系和政治格局。

2. 农场规模较小，市民参与度高

欧洲境内很少有像殖民地那种过多集中人口的"超级城市"，各地推崇的是城乡融合与绿色发展。这种莱茵模式之下的市民农业形态蓬勃发展。市民农业是在大中城市的郊区，开辟小块农田出租给市民，市民通过打造田园景观，亲自耕种劳作，享受回归生态和田园生活的乐趣，避免城市的污染和喧嚣，通过农耕活动缓解工作压力和烦恼。种植蔬菜瓜果的并非纯农民，而是市民。

市民农业有两条发展脉络，第一种是中产阶级为了追求生活品质和与自然环境的接触，在郊区农场进行耕作；第二种是19世纪工业革命兴起的时候，在工人运动的推动下，工会与资本家谈判，租赁土地

用于种植蔬菜瓜果，用于改善工人的经济收入和生活品质。市民农业既满足了现代社会市民回归自然、回归生态的需求，又承担了环境绿化、低碳环保的任务，注重环境保护和绿色发展。

一般而言，在莱茵模式国家，农村的环境较为优美，景色宜人。在农业耕种时，注重对土地的统一整治和保护。为了有效保护乡村的自然生态环境，欧盟制定的各项环境保护政策较为严格，农业除了粮食生产功能以外，还具有生态保护功能，包括生物多样性、土壤、地下水等方面的保护。政府不断推进土壤肥力方面的项目，一方面有助于提高农业生产力，另一方面有助于土壤质量的维护。从历年的农业政策来看，欧盟的农业政策转向于农业环境保护、土壤保育、土地绿化、生物多样性保护等。

3. 农业科技高度发达，农产品品质高

在欧盟各国，农业科研和技术推广投入大，注重创新精神的培育。尤其是新品种培育、农业基础设施建设、病虫害防治等方面，取得良好成效。在对农民的培训上，不断加大力度。在生物新技术产品、食品加工等方面取得了一系列的重大成果。因而，欧洲的农产品品质较高。同时，欧洲的农产品在生产、加工、运输、销售等环节都有严格的监控，一旦出现食品安全问题，相关责任人将受到严厉惩罚。莱茵模式的食品安全监管体系极为复杂和严格，经过层层把关，欧洲的农产品总体而言是安全的。基于规范成熟的标准体系，欧盟的农产品实现了健康、安全、可追溯。莱茵模式强调提高农产品质量，从而增强农产品的国际竞争力，使得农产品能够在激烈的国际市场中站稳脚跟。

4. 享受高额的政府补贴

在政府补贴下，欧洲农民的收入较高，以德国为例，德国的家庭农场大部分在 0.5 平方公里以下，每户农民人均收入约合 31.5 万欧元①。但是，欧盟财政干预市场价格，大幅补贴农产品出口，价格支持和出口补贴难以预测资金规模，预算压力增大，给财政带来了巨大负担。1992年改革以后，欧盟将价格支持转变为直接补助模式。欧盟制定绿箱政策，除了农作物面积补贴和畜禽养殖的规模补贴以外，还有休耕补贴、绿色补贴等，各类补贴占农民年均收入的七成左右。同时，欧盟引入农业收入保险，不仅稳定了农产品供给，也保障了农民收入。

（三）绿色主义与欧洲农业转型

欧洲的农业作为欧亚大陆人类文化演进的重要组成部分，没有被激进现代化摧毁，反而有一种凤凰涅槃的演变，成为欧洲人"自立于世界民族之林"的内涵性与具有多元文化特征的"绿色主义"的缘起。

1. 初期的绿色农业政策支持

随着农业生产大发展，农业生产对生态环境的破坏越来越显著。欧盟较早意识到环境污染问题，并且制定政策关注生态环境的保护。20世纪 20 年代，以德国和瑞士为代表，欧洲逐步探索绿色农业。莱茵模式绿色农业支持体系较为成熟，注重保育土壤，维护生态系统的可持续性，通过建立环境友好的生产方式，构建人与生态环境的和谐统一。

---

① 李晓俐、陈阳：《德国农业、农村发展模式及对我国的启示》，《农业展望》2010 年第 3 期，第 50—53 页。

2. 老欧洲的"共同农业政策"

1962 年，欧共体制定"共同农业政策"（Common Agricultural Policy，简称 CAP），保证农产品稳定，缓解农业保护支持政策带来的农产品过剩和财政负担过重的问题。[①] 20 世纪 70 年代，欧洲的产业资本和人口空间结构发生巨变。产业资本借助第二次世界大战后的和平红利迅速扩张并导致生产过剩，产业资本大规模外移，在发展中国家获取"要素价格低谷"机会收益，助推西方的金融资本经济转型升级。人口空间结构也发生了改变。借乡村中小企业创办的契机，大量市民下乡发展市民农业，欧洲的中产阶级回到乡村发展农场，出现了城乡大融合。

3. 绿色主义的兴起

20 世纪 80 年代以后，绿色主义在欧洲兴起并成为潮流，成为欧洲农业政策转型的典型标志。这场绿色运动是以中产阶级为主体的。1987 年，在《单一欧洲法令》中，增加了生态环境保护的相关条例。在此框架下，法国制定了一系列限制农药、化肥的政策法规。1991 年，欧共体制定了《欧共体农业条例 2092/91》。1992 年，《欧洲联盟条约》也包含了环境保护政策。同年，德国以《欧洲有机农业法》为基础，推行《联合联邦州改善农业结构和海岸防护协议》，补贴有机生产者，其后 2003 年成立"有机农业计划和其他可持续农业计划"，补贴绿色生产行为，并设立有机农业创新奖。德国发展有机农业组织，建立有机农业标准体系，明确在农业各个生产环节的有机认证监督和

---

① 冯勇、刘志颐、吴瑞成：《乡村振兴国际经验比较与启示——以日本、韩国、欧盟为例》，《世界农业》2019 年第 1 期，第 80—85 页。

管理。在政策的支持下，德国绿色农业迎来发展期，有机农业的面积从 2000 年的 0.55 万平方公里（占比 3.2%）增加到 2016 年的 1.25 万平方公里（占比 7.48%）。[1] 德国是世界上最大的有机食品生产国[2]和世界第二大有机食品销售国。[3]

（四）欧盟共同农业政策

欧盟共同农业政策是应对气候变化，保护生态环境，实现农业可持续发展的农业支持政策之一，在欧洲取得了良好的成效。欧盟共同农业政策包含交叉遵守机制（Coss-compliance）、绿色直接支付（Greening Payment）和农村发展方案（Rural Development Programme）。[4]

20 世纪 80 年代以前，欧共体的共同农业政策很少关注生态环境。1984 年开始，农业生产中增加了使污染者承担环境保护费用的原则。为了保护环境，从 1991 年开始制定法律规范农药的登记和评审，进口农药需要完成植物保护产品（Plant Protect Product，简称 PPP）法规的登记以后才能正常生产和销售。欧盟成立后，更加注重生态环境的保护，努力构建人类与生态系统的和谐发展。欧盟推动农业绿色发展是农业发展领域的一场深刻革命。农业绿色发展不仅保护了生态环境，更从产业链增值收益中让农民增收，这种收益大于粗放式或者规模式的发展方式所带来的收益。

---

① 吴文浩、周琳、尹昌斌等：《欧美有机农业补贴政策分析——基于农业生产环境视角》，《世界农业》2019 年第 2 期，第 36—42 页。

② 桑跃花：《中国有机食品与德国有机食品之经济比较性研究》，《中国农村经济》2007 年第 1 期，第 134—136 页。

③ 吴文浩、周琳、尹昌斌等：《欧美有机农业补贴政策分析——基于农业生产环境视角》，《世界农业》2019 年第 2 期，第 36—42 页。

④ 高海秀、王明利：《欧盟农业绿色发展机制及对中国的启示》，《农业展望》2018 年第 10 期，第 18—22 页。

在欧盟共同农业政策演变中，起着重要推进作用的是乌拉圭回合谈判。在此之前，农产品由于是初级产品，未被列入"自由贸易体系"。乌拉圭回合谈判中，农产品贸易产品谈判是最为艰难的谈判议程。在美国等国家的压力之下，欧盟不得不履行承诺。此后，欧盟对共同农业政策进行大幅度改革，将黄色补贴和蓝色补贴转为绿色补贴。在此背景下，莱茵模式不得不走向注重农产品质量的道路，只有如此，才能在与盎格鲁-撒克逊大农场模式的国际竞争中获得生存机会。其实，欧盟共同农业政策是莱茵模式最终演化的一个部分。

（五）思考：莱茵模式的难解顽疾

欧洲各国为了摆脱第二次世界大战以后的经济萧条、农产品供应缺乏、农业产业结构不合理等困境，推行欧盟共同农业政策，在很大程度上解决了农产品短缺的难题，平滑了农产品市场价格差异，并大量出口农产品，在国际市场中占据一定的市场地位。但是莱茵模式也存在一系列的问题。

1. 政府财政负担过重

以德国为代表的莱茵模式在追求经济利益的同时，更注重社会责任的承担。通过社会保障体系和税收福利政策，实现了增长与分配之间的某种平衡。但在西式民主的政治体制中，这种平衡又不可避免地暴露出财政透支和增长动力不足的问题。高税收、高国债、低投资、低消费，使得莱茵模式国家陷入恶性经济社会循环[1]，巨大的福利负

---

① 丁纯：《盎格鲁-撒克逊模式与莱茵模式的比较——20世纪80年代以来德、法和英、美经济表现和成因分析》，《世界经济与政治论坛》2007年第4期，第41—48页。

担拖累着经济。尤其是 20 世纪 80 年代以后，世界格局发生巨大变化，随着新自由主义的兴起，莱茵模式的国家由于较高的福利政策使得国家财政陷入危机。即便推行国家 "后撤" 改革，也难以在短时间内解决问题，改革也一度搁置放缓。各国福利制度面临危机，引发社会动荡。

2. 农业生产力难以提高

欧洲人口大量外移，人口老龄化严重，农业从业人员大幅减少，年轻的农业继任者越来越少。农业需要持续性的艰苦劳作。原来从事农业生产的家庭中，年轻人进城务工，有大量的农民放弃农业转而从事其他更高工资水平的工作。同时，欧洲的农地面积有限，人少地少，难以提高农业生产力。离农的劳动力进入城市寻找就业机会，也会给城市带来就业压力和社会福利负担。

3. 内部利益分配不公

欧盟成员国在共同农业政策中的财政收支是统一制定的，但是存在权利和义务不均衡的问题。以法国为例，法国是共同农业政策的最大受益者，承担欧盟预算的 17.5%，享受欧盟农业补贴的 25% 左右；但德国承担了共同农业财政预算的 29.2%，却只得到 14.8% 的补贴资金。利益分配不公，就会引发各个成员国之间的矛盾。欧盟共同农业政策对农产品进行出口补贴，进行价格干预，这就鼓励各国盲目扩大农产品生产，造成了农产品过剩和恶性竞争。

三、东亚模式：中日韩为代表的东亚原住民农业

与两种西方农业模式具有实质不同且明显地对立的是以中国、日

本、朝鲜半岛（下文将以韩国为例）等为代表的东亚模式。其与西方模式之所以明显对立，是因为在欧洲中心主义的殖民化早期，东亚比欧洲人定义的所谓"远东"还要更远，没有被西方完成"殖民化"占领，东亚政治国家的历史也远比西方大多数称为国家的历史要悠久许多。由此，这些有漫长国家历史的乡村居民仍然以原住民为主，人们世世代代生活在这片地理区域中，其生存性的农业与自然界和谐共生构成的生态文明也得以延续了数千年而没有中断，成为人类历史上唯一的一块创造过且在继续创造着生态化辉煌文明的地区。

当然，东亚农业模式主要以中国为代表，甚至是以中华文化为中心的。人们都知道"中国以占世界7%的土地养活了世界21%的人口"这句话，这当然不仅是现代中国发展成就的约束条件，更是中国人唯有艰苦奋斗才能自强不息的文化自觉基础。诚然，历史上，只要大一统的国家政治得以建立并且稳定地维系一个时期，就伴随有人口繁衍增长，这导致中国只要处于稳定时期就存在人多地少的国情矛盾，且由此而形成了应对这种国情矛盾的既精耕细作又维护资源永续的可持续农业模式。当然，若简单化地按照今人偏好大农业标准所需要的生产力与技术水平去评判，东亚农业模式远不及今天西方的农业发达。

从历史上看，中国在清朝之前的每个朝代都维持着数千万的人口数量，宋代人口总量（南北合计）开始过亿。到了清朝大一统的国家政治形态延续280多年，国土面积扩大，继而推行"移民实边"，加之免除人口税的"摊丁入亩"等政策，人口规模更是达到4亿。

与人口规模在世界占比最高相一致的是，在殖民化推进的以西方崛起作为"宏大叙事"的近代史之前，中国的经济总量一直占据世界的1/4至1/3，不仅长期维持较大规模的对外出口及贸易顺差，还带动东方传统文化对外传播，西方记述或流传下来的中国古代文明更是辉煌灿烂。

总之，当代中国领导人提出中华民族的伟大复兴中国梦，当然包括中国长期维系生态化可持续为主要内涵的东亚农业模式，数千年来它为人类历史作出了突出贡献。并且，这个贡献包括"中国是世界上栽培植物的重要发源地和农作物品种资源最丰富的国家。据国外学者的研究报告，目前世界上栽培植物大约有1200种，其中200种直接发源于中国。① 令人啧啧称羡的以中国为主体的东亚地区是怎么做到生态化可持续发展的呢？简单说，农业经济的稳定发展和可持续是其最重要的基础与原因。

（一）小农经济与东亚模式农业的形成

基于资源环境与社会历史条件，东亚自古以来的农业都是小农村社制经济。诚然，对于何谓小农经济及与它相关的村社共同体，以及在当代全球化挑战下的前途命运怎样等问题，学术界长期存在争议，不同的学者给出了不同的回答。对此本书不可能全面引述，只能挂一漏万予以归纳。

简单一点说，东亚小农经济是指以家庭为单位从事小规模农业与手工业生产的经济形态，具有自担风险、自负盈亏的经济运行机制。进而，在农业生产中，根据小农家庭对土地是否拥有所有权可以分为：自耕农经济、佃农经济与雇农经济。其中，自耕农最为普遍且为东亚农业模式存在的基础，其在农业可持续经营与管理上的实践活动也最具有代表性。借助村社聚居传统作为载体构建起了无所不包的综合性合作制度体系，才得以形成不同于欧美的农业模式。

---

① 贺耀敏：《中国古代农业文明》，江苏人民出版社2018年版。

为探究东亚模式的形成和演变，下文将对自耕农业做具体分析与研究。

1. 自耕农业：东亚模式的根本特征

如前所述，自耕农业是东亚传统小农经济的一种，与其他小农经济类型的区别主要在于"是否占有土地"。因而，"自耕农指的是既不租入又不出租土地，依靠家庭成员劳动进行农业经营，必要时使用雇用劳动作补充的这部分农民"①。从事的农业生产便是自耕农业。与之对应，租种别人（主要是地主与国家土地）的农业经营形态是佃农经济，靠在他人土地上劳作以谋生的农业形态是雇农经济。但，实际上自耕农不像定义这么严格。历史上"自耕农的成分相当复杂，在前人的调查统计和研究中，自耕农通常包括经营地主、富农、中农，以及只有少量土地，衣不蔽体，食不果腹的贫农，只要是经营自有土地者，均可归入这一范畴"②。由此，可以简单地说："只要拥有小规模的土地且一般不雇用他人而是自主经营的农业经营形态都可以被称为自耕农业，进而可以认为自耕农业是小农经济中最基本、传统农耕文明中最普遍的经营形态。因而，自耕农经济是具有某种独立性的个体经济，封建社会自耕农始终存在且占有相当的比重。他们是封建赋役的主要承担者，是封建国家的经济基础之一。"③ 自耕农业也是传统社会政治稳定的基础，如果大部分农民都拥有土地，且能够自给自足，旱涝保

---

① 史建云：《近代华北平原自耕农初探》，《中国经济史研究》1994 年第 1 期，第 92—104 页。

② 史建云：《近代华北平原自耕农初探》，《中国经济史研究》1994 年第 1 期，第 92—104 页。

③ 张丽：《从自耕农土地所有权看封建赋役的实质》，《学术交流》2009 年第 7 期，第 192—194 页。

收，不会破产，则一般不会出现大的社会动荡，即便是碰到天灾人祸，自耕农凭借较强的自我修复能力，加上国家有效的救济与帮助，也能渡过危机时刻。

2. 自然选择下的东亚模式

东亚的自耕农业不是人为选择的结果，更不是无缘无故产生的。在人类历史上，越是久远的产业与文明受自然环境的影响越大，而且，愈是在人类发展的早期，就愈是如此，这也体现着自然生态的印迹。特别是"农业是最古老的经济部门。它是利用生物机体的生命力，把自然界的物质和能量转化成人类最基本的生活资料和原料的生产部门。农业生产过程，实质上是动植物机体及其赖以生长发育的环境条件和人类社会生产劳动这样三方面因素相互作用的过程。在农业发生发展过程中，自然条件和自然环境起着十分重要的作用，也就是说一个地区自然禀赋的好坏，在很大程度上决定并制约着当地农业生产的发展水平和发展途径"[①]。

因此，我们对自耕农的分析首先要从自然环境条件说起，或者说首先应该理解其背后的自然禀赋基础，进而确定其历史必然性。

可以说，东亚其他国家的自耕农业本来是中国自耕农业的扩展与浓缩，不仅是因为它们与中国的自然环境条件类似，都是山地多，平原少，以东亚季风性气候为主，雨热同期，而且在"人地关系"上比中国更加紧张。众所周知，中国的耕地资源仅占世界的 7%，水资源占世界的 6.4%，而水土光热配比的耕地不足国土面积的 10%，却养活了且继续养活着世界上 21% 的人口，自古以来中国的人口密度一

---

① 　贺耀敏：《中国古代农业文明》，江苏人民出版社 2018 年版。

直很大，生存条件与人口增长受到自然资源条件直接且强烈的制约，进而被逼迫着形成以自耕农为主的农业生产方式。那么，显然，东亚其他国家的人口密度更高，人地关系上的矛盾更大，且受到岛屿与半岛的限制，甚至山地更多，没有扩张的空间，或者说一旦扩张就是军国主义战争，像二战中的日本一样。况且在历史上它们也没有对抗中国的实力。比如：今天"日本土地资源严重不足，人口老龄化严重，多发火山、地震等各种自然灾害的一个国家却养活了 1.268 亿（2017年）的人口，人口密度 348.3 人/平方公里（2016 年）。人口密度是世界平均人口密度 46.5 人/平方公里的 7.5 倍。日本多山，全国 68%为山地，和中国的陕南、云贵川等地的山区颇为相似。而山地、坡地根本不具备发展规模化、机械化的现代农业。那么，日本的农业到底发展得怎么样？他们怎样做到以少量的耕地来养活庞大的人口，并实现农产品出口？"① 答案就是他们的农业是自耕农业，若离开自耕农业，或者说若像盎格鲁-撒克逊模式那样发展规模化的大农场农业，是不可能有出路的。

由此，客观上看，与中国相比，其他东亚国家更加强调内部的"土地均衡分配"，不可能出现土地大规模集中的情况，否则，社会难以发展起来。这就使这些国家的自耕农业比中国更加重要且数量庞大，至少是越往后发展，他们就越需要自耕农业这种生产方式，或者说它们在历史上存在着"自耕农化"的趋势。

总之，对于东亚边缘地带，怎样利用有限地土地养活更多的人口，为此应该采取哪种生产方式，如何处理人与自然的关系，是由其世世代代生活的自然环境条件决定的，进而反映着这里的自然禀赋。比如，

---

① 《浅析日本农业发展》，微信公众号汉农视角 2019 年 3 月 11 日，见 https://mp.weixin.qq.com/s/mgPylp-ncLIg9Df655uCMQ。

日本、朝鲜半岛与中国一样是以稻作文化为主的传统农耕文明区,这是由共同的自然环境特别是气候条件决定的。东亚地区东南面临广袤的海洋,是最大海洋与最大大陆的交汇处,属于典型的亚热带、热带季风区,日本、韩国与中国的水稻产区一样湿润,夏季雨热同期。但是,作为岛屿和半岛,与大陆隔绝,它们的稻作文化要比大陆晚得多,时间远不如中国悠久。比如,"中国的稻作迟至中国秦汉时才传入日本,进而才揭开了日本弥生稻作文化的新一页,从此告别了此前的绳文渔猎文化"①。

在这样的基础上,加上朝鲜半岛、日本岛的地势高低不平,山地多,平原少且狭小,宜耕的土地需要逐步开垦且有限,江河短小湍急,容易泛滥成灾,气候四季变化比较明显,甚至说普遍地冬冷夏热,有的因为冬季严寒,需要贮藏粮食。总之,有限的自然资源条件要满足不断增长的人口需要,因而,只能形成以自耕农为主的小农经济,而不可能形成大规模农场化农业。这样的农业必然会走向精耕细作,尽量提高单位土地的产出。否则,在资源匮乏、总体自然条件不适宜农业生产的情况下,若没有自耕农的辛劳和智慧,任凭什么先进的理念和制度设计,不管它有多大的经营规模,恐怕都无法满足这么庞大的人口对粮食的需要。

同时,日本、朝鲜半岛的自耕农业必须保证可持续性,维护好土地的再生产能力,因而它天然是有机的,是生物多样性的。于是,在这些地区的自耕农业中,"以水稻生产为例,人们从稻田里取走的稻谷和茎叶,经过人畜的食用,仍旧以粪尿的形态返回稻田,非常彻底。此外,如城镇居民的生活废物包括人粪尿、垃圾、商业手工业加工的

① 游修龄:《中华农耕文化漫谈》,浙江大学出版社 2014 年版。

有机下脚料等，都毫无例外地返回乡间农田。这种城乡有机物质的循环利用，大量见诸于历史文献"①。因此，"美国农业学家富兰克林·H.金，长期在中国调查研究，著有《四千年农夫：中国、朝鲜和日本的永续农业》，其将东亚农业置于一个西方视角，认为东亚农业是和谐的农业。其中的耕作栽培方法对于解决环境、粮食食品、生态等重大问题具有重要的借鉴的意义，这为美国有机农业提供了思想支持，并认为可以借鉴传统农业，将经验与科技结合起来，改造美国化学农业，创造现代农业生态体系。值得一提的是，美国经济学家西奥多·W.舒尔茨的《改造传统农业》从经济学的视角，对发展中国家传统农业给予过重要评价，并批驳了传统农业生产要素配置效率低下和隐蔽失业理论。这对研究中国传统农业走向现代农业具有重要的借鉴作用"②。总之，正是因为特定的自然禀赋基础及其与人的增长之间的矛盾，日本、朝鲜半岛的自耕农业中包含着具有内在可持续性的要求与机制，一直到当代都是如此，东亚发达国家和地区的农业依然以小规模的自耕农业为主。

3. 解密自耕农业起源

其实，东亚的自耕农业的形成既是资源环境条件制约下"人地关系矛盾"促成的结果，也是在特定的社会历史条件下制度演变的结果。可以说，围绕着自耕农业的起源，自然环境禀赋和经济社会制度相互作用，有时候互为因果。离开对制度演进及其作用的认识，我们也不可能对自耕农业的起源有全面准确的认识。与其他地区，特别是欧美

---

① 游修龄:《中华农耕文化漫谈》，浙江大学出版社 2014 年版。
② 胡火金:《协和的农业——中国传统农业生态思想》，苏州大学出版社2011 年版。

的农业生产方式与形态相比，我们认为，东亚的自耕农业在起源上与以下制度紧密相关。

（1）亚细亚的社会形态与结构

在社会形态与结构上，东亚社会，特别是中国不同于西方的地方在于：一方面它没有或不是西方那种典型的封建制度，而是另外一种成熟与悠久的制度体系，一些学者将其概括为"亚细亚的社会形态与结构"。在这种社会中，土地不是封建主的，没有也不可能高度集中，所有权流转兼并是经常的，一直都是变动的，同时人与人没有欧洲中世纪那种强烈的依附关系，资源特别是土地，倾向于在耕作者之间均衡分配，为此形成了"耕者有其田"这样的或类似的生产资料所有制，社会生活中更多的是农民个体与国家或政府之间的关系，而不是森严的等级关系。农民种地纳税、承担徭役与兵差，国家或政府承担救灾、司法、水利、防御等方面的职能。由此形成一种稳态的社会形态和结构，这是历史长期演变的结果，除非某个政府治理失效，官员腐败，税赋超重。另一方面，它没有也不会有西方近五百年来殖民扩张与侵略的历史，进而不可能产生西方那种现代化的社会形态和结构，包括治理结构。

整体上看，东亚社会不可能通过侵占殖民地、转移过多人口，去化解或缓解"人地关系紧张"的问题，不可能在宗主国形成有相对规模的农业形态，更不可能有殖民地以形成大规模的农业形态，仅有的日本军国主义扩张也被证明是失败的。这样的社会基础与历史条件决定着在农业生产上必然形成并一定要延续自耕农这种生产方式。但是，其他东亚国家不同于中国的地方在于它们的晚熟，且时间短，毕竟它们都是中国传统农耕文化的拓展区，文化乃至人口都是由中国逐步传播或迁徙过去的。以日本为例，到中国的秦汉时期，它们才开始进入稻作文明时代，才开始脱离母系氏族进入阶级社会；到中国的隋唐时期，它们才开始"大化革新"（类似于中国的"商鞅变法"）。

故而，虽然客观的自然与社会条件决定着它们的农业生产方式必然"自耕农化"，但是比起中国来，它们要晚得多，同时变化起伏不如中国大。比如，"17 世纪后半期小农生产模式逐步确立，即以单婚小家族为劳动单位依靠人力、农具采取多施肥、多劳动的方式耕种零细错圃形态的农地。幕府、大名实行小农维持政策，以稻作为中心的农业经营得到了稳固和加强。小农经营将提高单位面积产量作为农业经营的重心，具体表现为一年两熟制的扩大、肥料的多用、农具的改良三个方面。耕地狭小和小规模家族劳动是江户时期农业经营的显著特征"①。

所以，越是到近代直至现代，这些地区的自耕农业才越发达，越具有稳定性和基础性，比如，今天的日本、韩国农业几乎全部由自耕农经营。总之，作为原住民聚居地的东亚地区，特别是处于岛屿和半岛上的日本、韩国，基于历史的社会形态与结构条件，不可能产生西方的那种大规模农场化农业，而只能以自耕农为主。

（2）分户析产制

家庭是社会的细胞，今天如此，古代亦然。一般情况下，包括土地在内的财产乃至生产要素是以家庭为所有单位的，因而，土地在家庭之间怎么分配与演变直接影响着农业的经营形态与生产方式。这里既包括国家和社会的规定，也包括家庭家族内的要求。

---

① 李红、游衣明、衣保中：《日本江户时期传统农业科技和农学思想研究》，《农业考古》2011 年第 1 期，第 116—119 页、第 128 页。

人们大都知道，西方的中世纪是典型的 "封建制"，从上到下都是 "长子继承制"，由长子继承家产与爵位，弟弟们只能去外边谋生，或从商，或殖民，因此有利于维护财产与土地所有权的集中。不过，在东亚原住民社会中，日本是 "长子继承制"，"只有长子才拥有继承家业和家长地位的权力。其余各子成年后就得离开家另谋生路，或者以佃农、学徒、伙计的身份留在家里。如果要继承家业，可以将自己过继给长子，以其兄养子的身份继承"①。甚至次子以下只能投靠地主贵族的家族成为缺乏人身自由的附庸或走向海洋演化为海盗。由此来看，因为是远离大陆的海岛国家，日本的经济文化特征类似于欧洲各国，最后也的确走上了对外扩张的道路，这是东亚社会的一个例外，在历史中不会居于主流。

但是，东亚其他自耕农社会不是这样的，东亚古代社会实施的是 "分户析产制"，即土地要在兄弟之间平均分配，进而形成分家的习俗规则，最终农户的数量越来越多，所拥有的土地越来越零碎分散。但不要因此觉得这只是家庭内部的规则习俗，从国家到社区都有这样的要求，借此可以增加政府的税收与劳役的来源，即在 "人地关系高度紧张" 这样的一种自然禀赋基础上，土地在全社会是倾向于均分的。结果，总体上看，即便是土地一直在不断地发生买卖与集中兼并，但 "分户析产" 的制度使土地不可能大规模且长期集中，自耕农经营成为常态，这也是近代特别是二战后东亚国家和地区普遍进行土改，形成自耕农业普遍化的基本原因。而日本战败之后，因美国军事占领，当局为了打破军国主义在乡村社会的基础，强迫日本地主施行了 "耕者有其田" 的土改。具体说，"1946 年 4 月至 6 月，美、中、苏、英四

---

① 敖英、李燕：《浅谈日本古代社会文化的诸特点——兼与古代中国、朝鲜社会文化比较》，《东疆学刊》2003 年第 4 期，第 36—41 页。

国'对日理事会'先后四次讨论日本的土地改革问题。最后,以英国提案为基础制定一项方案,由美占领军司令部以'劝告'形式提交日本政府。日本政府被迫接受,同年10月提交国会通过。此法案于1946年10月21日公布,被称为第二次土地改革法"①。因此,传统的土地制度改变了,"长子继承制"也就被彻底废除。

(3) 政府的推动

如上所述,在自耕地区的社会形态与结构中,政府发挥着重要作用,乃至占据着主导地位。在自耕农业的形成与发展中,政府的作用更大,而且这种作用是基础。具体说,政府为了发展生产,积累财富,保持政权稳定,会利用政权的力量调整土地,特别是会推动"均田制"改革,给农户均分土地,在制度与政策上一般是保护自耕农业的,同时限制大地主,抑制土地兼并,甚至在制度上规定大家庭要分家。否则,社会本身会按照"耕者有其田"的要求与规律发生变革甚至爆发农民革命。因为自耕农国家及其政府和人民没有别的财富来源,不可能对外掠夺与侵略,只能选择内向的均衡化调整,也只能通过均分土地,发展自耕农业,以精耕细作,提高单产来缓解人口压力,满足人们的生存需要。到现代社会,自耕农业更是对于国家稳定、经济发展发挥着至关重要的作用,比如二战后,日本、韩国都进行了土改,确立了自耕农业的主体地位,进而创造了经济发展史上的东亚奇迹。

总之,不同于历史上短暂的殖民地大规模农业,日本、朝鲜半岛的自耕农业就是在以上所述的自然禀赋基础上,由"人地关系紧张"

---

① 张玉良:《战后日本的土地改革》,《世界知识》1986年第22期,第8—9页。

的国情矛盾促成，在社会历史的演进变革中逐渐形成的一种农业生产方式，符合自身的历史特点和居民需要，具有合理性和必然性。进而，自耕农业形成并发展成为一种精耕细作，具有可持续性、多样化、传承数千年而不衰的农业生产方式，并延续至今，第二次世界大战后更是纷纷进行土地改革。"在韩国也同样。首先是在美国军政府的控制下，把日本所占有的土地分给了农民。而后，由政府在1950年—1952年进行了进一步的改革。和日本一样，限定农场面积不得超过45亩。总的结果是，佃耕土地从60%减缩到15%，同样确立了以小自耕农为主体的农业经济，基本终结了之前的地主经济。"[①]

所以，即便具体的自耕农个体在历史上生生死死，包括"千年田换八百主""百年田地转三家"，耕地没有永远固定的所有者。但作为一种农业生产方式的自耕农本身延续下来了，一直到今天都是东亚农业生产中最主要的形态，进而对于维持社会政治的稳定，保障与改善民生，促进经济的迅猛发展发挥着压舱石的作用。这也是日本战后能迅速恢复经济并再次崛起，以及韩国成为"亚洲四小龙"之一的重要原因。当然，我们在这里重点讨论的是其对生态转型和农业可持续发展的意义。

（二）东亚模式核心探究：中国式小农经济与乡村治理

事实上，整个东亚原住民地区的农业都是小农经济，自耕农是其中最典型、最普遍、最主要、最具有核心和主体地位的一种。作为亚洲最大原住民国家，中国在小农经济的具体形态上更加丰富多彩，比如还有大量且典型的佃农经济、雇农经济，它们之间充满结构性变动，

---

① 黄宗智：《农业合作化路径选择的两大盲点：东亚农业合作化历史经验的启示》，《开放时代》2015年第5期，第18—35页。

经常以自耕农为中心出现循环往复的变化。因而在小农经济上呈现出更多的特征与优势，同时更具有整体性、系统性和代表性。

在这样的农业生产方式与经济基础上，中国古代社会形成了比较成熟与稳定的乡村治理模式。这些反过来又影响着小农经济，并保障着小农经济的效率与稳定，进而有利于实现小农经济的可持续发展。不妨说，当代经济学家痴迷的经济理性包括舒尔茨倡导的"小农理性"，以及这种理性基础上的现代社会治理，并决定着殖民地农业的生产行为。为了追求经济利润，可以不顾及生态环境，破坏人与自然的和谐统一，可以大面积地使用农药、化肥与除草剂，造成巨大的"负外部性"，成为当今世界各国农业的非可持续的根源。

中国小农经济基础上的乡村治理模式决定着东亚原住民地区的农业生产行为，为了满足人的生存需要，必须遵循生态规律，注重人与自然的协调发展，强调并保障和促进精耕细作，充分利用人力，实现农业的可持续生产。

1. 中国的小农经济

中国的农业文明是原生的，稻作农业形成于10000—12000年前的鄱阳湖和洞庭湖地区。与西方中心主义描述的那种线性递进的"五个阶段"历史演变明显不同，中国传统村社与政治国家的上下层制度形态都早熟。在商朝到春秋战国时期的气候冷化周期不可逆的影响之下就已经渡过了欧洲中世纪那样的社会形态与封建结构，已经创造了比同时期的西方更为发达的农耕文明，日本与朝鲜半岛统一国家的政治历史发展要比中国晚一两千年。因此，中国的小农经济在后来两千多年的演变中表现出不同的形态。

如果说欧洲中世纪或近代之前，以及早期的东亚诸国最主要的农业生产方式是"领主－农奴经济"（或领地农业经济），土地国有或私人所有，由农奴大规模耕作，产出低，那么中国两千多年来最主要的农业生产方式就是大国政治稳定条件下相对稳态的"小农经济"，并且作为东亚模式的代表与"大农经济"（如资本主义大农场）对应着，它在概念上至少包括以下四个因素：单个家庭、小块土地、自主经营、自家耕种。因此，"小农经济由地主制经济和自耕农经济两大部分构成。又因为地主制经济与地主、佃农、雇农等有直接关系，自耕农经济与自耕农、雇农有直接关系，所以小农经济必定涉及自耕农、佃农、雇农及地主四个群体"[①]。地主一般是出租土地给佃农从事生产或农忙时由雇农耕种与收割，由此，从严格意义来讲，小农经济只包括自耕农和佃农。当然，在中国具体的国情下，小农是以自耕农为主还是以租佃小农为主，需要具体问题具体分析，因为两类小农的数量是处于变动中的。事实上，在漫长的传统社会中，尽管存在着国家的朝代更迭，且与推行均田制直接相关，并且与以"耕者有其田"为宗旨的改革变法直至农民起义也直接相关，但毕竟土地一直是私有的，小农碰到的机遇与变故不一样，时刻都有土地买卖与集中兼并，因而不可能只有一种小农经济的具体形式。所谓变化主要是，自耕农分家析产变为半佃农，或因灾因贫破产卖了地就沦为佃农乃至雇农，佃农乃至雇农有了钱，积累下财富，买了地就成为自耕农乃至地主。自耕农与佃农的区别主要在两个方面：第一，有没有土地所有权；第二，交不交地租。

不过，一些学者认为中国古代社会以"自耕农业"为主；也有分析认为，新中国成立前的农户土地占有量接近于正态分布。冯和发对河北

---

① 陈勤勇：《小农经济》，河南人民出版社 2008 年版。

省 2500 户做过调查统计，该统计显示：有 1—20 亩（0.0033—0.0133 平方公里）的农户比例高达 40%，其次是有 20—50 亩（0.0133—0.033 平方公里）的农户占 21%；有地面积少于 1 亩（0.0033 平方公里）的半自耕农占 17.34%；而有 50—100 亩（0.033—0.0667 平方公里）的户数在 8% 左右。这四类自耕农和半自耕农占总户数的 86.34%，占地 79%。[①]

2. 中国式乡村治理的特色

与小农经济有关，但属于上层建筑中政治治理及其制度的是传统的乡村治理模式。我国自古以来一直是一个农业大国，有着悠久的农耕文明史，之所以保持着 5000 年文明而不衰，也没有中断，是与有效的乡村治理模式分不开的。习近平总书记指出："我国农耕文明源远流长、博大精深，是中华优秀传统文化的根。我国很多村庄有几百年甚至上千年的历史，至今保持完整。很多风俗习惯、村规民约等具有深厚的优秀传统文化基因，至今仍然发挥着重要作用。要在实行自治和法治的同时，注重发挥好德治的作用，推动礼仪之邦、优秀传统文化和法治社会建设相辅相成。要继续进行这方面的探索和创新，并不断总结推广。"

总体上看，"在对乡村社会的治理过程中，中国古代大致经历了从夏、商、周时代到隋朝的乡里制度，从隋、唐到宋朝的保甲制、职役制，从宋朝到清代的以代表皇权的保甲制度为载体，以体现族权的宗族组织为基础，以拥有绅权的士为纽带而建立起来的乡村自治政治的

---

① 冯和发：《中国农村经济资料续编》，台北华世出版社 1978 年版。

过程"①。正因此，世界著名社会学家马克斯·韦伯将这种中国古代的乡村社会称为"没有官员的自治地区，皇权的官方行政只施行于都市地区和次都市地区"。费孝通（1948）指出中国传统社会的治理结构是中央集权和地方自治相结合的"双轨政治"，传统中国乡村的整合模式是一种先赋性、伦理性整合，人与人之间的社会关系主要是依靠宗法的、亲情的伦理来维系。②

简单说，传统的乡村治理模式遵循着自然规律，尊重社会历史条件，尊重风土民情，做到了宗族自治、乡贤德治与官方法治等"三治"的有机结合，甚至可以概括为"国权不下县，县下唯宗族，宗族皆自治，自治靠伦理，伦理造乡绅"。乡绅包括各种乡村中的精英分子，告老还乡的官员，叶落归根的商人，功成名就的文人，在地的富豪、知识分子乃至名望高的百姓等，他们有着很强烈的桑梓情怀，一般以"良绅"的身份充当着乡村治理领头人的角色。因此，传统的乡村治理模式在国家稳定、历史的演变，以及小农经济存续中发挥着基础性作用，"在古代中国，依托族田庙产等社区公共财产和以血地缘关系为主的成员关系网络，乡土社会能够实现良性自治，从而达到所谓'皇权不下县'的低成本维持基层安全稳定的局面；而每当乡村社会的内部治理机制受破坏到一定程度时，小农大量破产、乡村普遍衰败，就会爆发严重的社会冲突乃至农民革命，这与其他发展中国家具有共同性"③。

---

① 沈费伟、刘祖云：《中国乡村治理研究：进路与反思》，《领导科学》2015 年第 35 期，第 15—19 页。

② 费孝通：《乡土中国》，群言出版社 1999 年版。

③ 高俊、计晗、温铁军、董筱丹：《国家综合安全基础在于改善乡村治理——关于问题意识和政策选择的讨论》，《中国软科学》2017 年第 2 期，第7—16 页。

（三）日本综合农协制度：东亚模式的另一面

1. 日本特色：日本综合农协三次发展

日本在社会历史条件的基础上，立足于小农经济特别是自耕农的特点，对原住民农业模式加以改造，培育并发展综合性合作社，运用多元经营模式和关系型社会结构弱化村社范围内的风险，使得外部性风险得以内部化。在 1961 年《农业基本法》出台之前，日本农户的经营规模较小，是典型的小农经济。《农业基本法》规定农户的经营规模值至少在 0.02 平方公里。然而，政策效果并不明显，土地依然是以小规模经营为主。第二次世界大战以后，日本转变了粮食管理政策。1969 年，日本对大米流通政策进行改革，迫使农村劳动力向城市转移，农户的收入大幅减少，农业经营者出现分层，呈现兼业化的趋势。1970 年《农用地利用增进法》提出"核心农户"的概念，对农业结构进行了调整，以农地流转推进农业经营规模的扩大。在此背景之下，日本农业亟待转型，单纯依赖农业购销业务无法维持农协的经济基础。之后，农协的业务范围从原来的农业生产服务拓展到农民生活和福利方面，这是日本综合农协的第一次内涵延伸。

1980 年，日本综合农协被赋予从事金融服务业务的资格，从而开启了日本综合农协的第二次内涵延伸。

为了加入世界贸易组织（World Trade Organization，简称 WTO），日本在进行乌拉圭回合谈判过程中，不得不进行主动改革，以面对巨大的海外市场冲击。1991 年日本综合农协进行了一次较大的组织体制改革，改革的方向是扁平化和综合化，加强了基层农协的综合属性。具体的改革措施为：一是对基层农协进行合并，从而建立综合性更强、更具有独立自负盈亏能力的基层综合农协；二是将原有的三级综合农协改为二级组织，将都道府县的综合农协并入中央农协①，从而实现扁平化管理。1991 年的这次组织变革可以被视为日本综合农协的第三次内涵延伸。1992 年日本与 WTO 谈判时，进一步修订了《农业基本法》，重点培育以水稻为核心的全产业链发展。1993 年，日本出台《农业经营基础强化法》，对符合条件的农业生产者进行认定。

经历过三次内涵延伸以后，日本综合农协已经强化了其综合业务，建立起多业态经营的综合模式。

2. 亚洲最大最成功的农民经济合作组织

日本综合农协是亚洲地区最大规模，也是最为成功的农民经济合作组织。总体上看，日本综合农协具有垄断性和综合性，不仅涉及日本经济领域，更牵涉到政治格局和既得利益者。日本综合农协在整个经济发展、社会运作、政策执行过程中拥有特殊地位。根据《农协法》，日本政府对于其组织形态的定位就是综合性的，涵盖了农业生产、流通、加工和金融职能，辅以福利、生产指导和信息服务等，以综合性服务带动服务质量和效率的提高。随着日本农协社会化服务领域的扩大，农村的基础公共服务不再由政府提供，而由半官方性质的日本综合农协提供，由此带着企业、政府职能和社会职能三方面特质形成了独特的组织结构。

（1）日本农业政策的推广与执行

日本农业政策的变迁与日本综合农协的发展密不可分，日本各项

---

① 康伟立：《从农业结构的视角分析日本农协改革》，《世界农业》2018 年第 3 期，第 147—153 页。

农业政策的执行，需要经过农协的配合，通过各层的综合农协体系向基层执行和落实。日本综合农协的业务变迁和政策执行一直以来都是与政党关系紧密联结在一起的①。日本综合农协是地区的农产品收购、种植结构调整和补贴发放等政策执行中的重要一环。第二次世界大战以后，为解决粮食危机问题，政府推行粮食统购统销政策，其中综合农协发挥着重要作用。20世纪50年代的粮食调控、60年代的农业结构改革和70年代的水稻生产政策调整，都离不开日本综合农协的支持。

（2）农业生产要素购买与农产品销售

在农业生产方面，日本综合农协为农民提供农业生产要素的供给，包括农药、化肥、饲料、农业机械等，甚至已经扩展到生活资料，包括食品、衣料、耐用品等，同时为农业生产提供信息指导和计划安排。在农业销售方面，农民可以通过日本综合农协销售农产品，日本综合农协较早地做到了统一包装、统一规格、统一销售，缩短了流通环节。

（3）金融与信用服务

在农协的所有业务中，最重要的是金融信用业务。以小农村社为基础建立信用体系，提供金融服务。可以说，金融服务收益在支撑着综合农协其他所有的开支。金融和信用在日本综合农协发展中占据重要作用，是维持综合农协持续发展的根本动力。日本综合农协运用金融和信用领域的增值收益对其他产业收益进行平均，使得社员全生命周期覆盖的综合性服务成为可能。

（4）生活一体化服务

日本综合农协的经营范围不仅包括农资业务、农产品销售业务、

---

① 温铁军、侯宏伟、计晗：《日本高米价背后的农协垄断及其政党联系》，《农业经济问题》2016年第2期，第100—109页。

农业社会化服务业务，还包括医疗、养老、红白喜事、寿险、石油、天然气、非农信贷、证券投资等业务，可以说涵盖了农民"从出生到死亡"的各项事务，为农民提供了生活一体化服务。日本综合农协在日本政府的长期支持下，业务范围涵盖了农民全生命周期生产生活的全过程。日本通过普惠制的综合性合作社体系实现了农村生产生活一体化服务，以高度组织化的方式维持了农业、农村和农民的稳定。

3. 日本综合农协的改革与发展

在现代化进程不断加快，人口老龄化和离农化趋势日益严重的情形下，日本综合农协所服务的农业生产业务必然不断萎缩，取而代之的是其他非农业务的不断增长，与农业无关的业务呈现黏性，越来越难以剥离。[①]

日本综合农协的内部结构问题从根本上来说还是由日本国家农业政策和政治格局引起的。日本综合农协的三级体制是和政府机构的三级行政体制相互对应的，各级农协成为日本各级政策部门的具体执行主体，是稳固官僚体系的重要保障之一。[②] 日本综合农协的层级式管理模式，在内部形成了分工协作关系，存在着权利集中的科层理性。一人一票的政治选举制度，使得农户的数量比经营规模更受重视。无论是小农户还是兼业农户，都与专业农户享有同样的投票权。同时，兼业农户对于依赖金融资本来源的日本综合农协来说能够吸纳更多的

---

① 夏元燕：《日本综合农协的发展、蜕变及适用性借鉴》，《世界农业》2016 年第 11 期，第 40—45 页。

② 阮蔚：《日本农协面临的改革难题及对中国的启示》，《中国农村经济》2006 年第 7 期，第 72—76 页。

存款，获取资本收益，因此对于小农户和兼业农户有着较强的依赖。[①] 一旦农业的经营规模扩大，在有限需求下，从事农业经营的人数必然下降，从而影响到投票数量和政治选举进程。因此，小农户和兼业农户的利益是日本综合农协优先考虑的对象，并置于农业经济发展之上进行考量。从农民的角度来说，日本综合农协提供了生活和生产上的各类服务，无所不包，因此对于该组织具有较强的黏性。广泛小农群体对于日本综合农协的支持，可以形成一股巨大的能量对抗外部政治力量。在生存需求的支配下，日本综合农协不得不积极吸纳兼业农户，以稳定日本综合农协的会员数量，从而保障最根基的政治筹码。

当前，迫于国际竞争和国内政权的双重压力，日本正在进行综合农协的第三次大规模改革。当然，整个日本综合农协的改革是一个系统工程，不仅要考虑到当前的拉动力要素、土地要素的结构调整，还要考虑到农业产业结构、经营结构的调整，无法孤立看待。

（四）韩国的综合农协制度：相似与差异化

1. 从金融信贷起源的韩国农协

小农户基于资金和劳动力的需求自发组成了互帮互助团体，这便是韩国农业协同组织的萌芽。1907 年，朝鲜王朝末期仿照德国农村信贷联盟，建立了最早具有金融内涵的协同组织。后来，农业协同组合成为韩国重要的农业政策之一[②]。韩国的农协主要由政府主导，经费

---

① 康伟立：《从农业结构的视角分析日本农协改革》，《世界农业》2018 年第 3 期，第 147—153 页。

② 强百发：《韩国农协的发展、问题与方向》，《天津农业科学》2009 年第 2 期，第 78—81 页。

全部来源于政府财政资金。

1957 年，韩国正式立法《农协法》，并在次年正式成立第一个全国性的农协：国家农业协同联盟（National Federation of Agricultural Co-operatives，简称 NFAC）。1969 年，农协加强了基层农协的独立性培育，并在基层农协引入互助信用制度和购销体系。同时，保险、贷款等业务也由上级农协转移到基层农协。由此，基层农协成为较为强大的综合性农业协同组织。从 1981 年开始，三级农协体系改为两级农协体系，只设立中央农协和地方农协，基层农协的职能进一步得到扩展。1988 年，《农协法》再次修订，农协的财务权限得到扩展，农协可以不用报备预算自行决定业务计划。农协的业务权限得到拓展，不仅具有农产品购销功能，还具备银行、保险、信贷以及投资的功能，金融属性增强。农协可以为会员提供低息贷款服务，提高农协会员的资金实力。

2000 年，韩国农协再次进行调整，采取首席执行官负责制度，在运营上自负盈亏，在人事上拥有决策权，在资金方面拥有自主支配权。同时，合并入韩国畜牧协会，提高了复合农业发展，使得农业的多功能发展成为可能。2000 年年底，韩国农协银行已经成为韩国第二大商业银行，韩国农协的农产品份额也占全国的 40% 左右。韩国农协银行对于基层农协综合义务的扩大起到支撑作用。2004 年，韩国农协开始实行"新村运动"，注重生态环境的保护和食品安全。通过此举生产出高品质的农产品，以提高韩国农产品在国际市场上的竞争力。

2. 政府主导与集团化规模

（1）农产品流通服务

韩国农协为广大农民提供农资统购、农产品加工、运输和农产品销售等一系列农产品流通服务。在农资购买方面，韩国农协采取全国招投标的形式进行统一采购，大幅降低采购成本。韩国农协在全国设立了多个综合流通中心，用于农产品的批发和零售，成为生产者和消费者的连结纽带，减少了流通环节和物流程序，将节省下来的流通费用返还给生产者和消费者。[①] 值得注意的是，综合流通中心主要由政府投资，韩国农协上缴一部分的经营利润。韩国中央农协在农产品流通领域起着统一规划和管理的职能，因此，可以在农产品流通环节贯彻政府的农业政策、进行农业技术推广和实施环境保护政策等。例如，在农资供给时提供测土配方等农业技术服务，在农民购买农业机械时提供低廉的价格或者直接为其提供农机服务作业，在水源保护地无偿提供有机肥等。

（2）金融服务

韩国农协的金融事业分为两种方式：一是直接设立农协银行等金融公司。农协银行属于普通商业银行，是正规金融机构，隶属于韩国农协中央会。农协银行资产规模较大，在韩国银行业排第四位，被评为消费者最受欢迎的银行。[②] 与其他商业银行类似，农协银行具有多级组织架构，是自上而下、以城市为中心向农村渗透的经营模式；二是在中央农协和基层农协内部设立合作金融部门。基层农协的合作金融部门需要向中央农协缴纳存款准备金。金融部门的存贷款余额由中央农协统一运营。农协银行和合作金融均属于农协金融部门，在韩国拥有最多的营业网点，遍布韩国几乎所有的农村地区，为80%的农民

---

① 杨团、孙炳耀：《公法社团：中国三农改革的"顶层设计"路径——基于韩国农协的考察》，《探索与争鸣》2012年第9期，第38—43页。

② 赵增华：《关于借鉴韩国农协经验——推进供销合作社综合改革的思考》，《中国合作经济》2014年第7期，第35—40页。

提供金融服务。同时，政策性金融业务也大多通过农协金融进行运作，承担着部分农业金融政策执行的功能。农协金融为韩国农协的其他业务提供大量资金支持，中央农协每年从农协银行获得 6000 亿韩元的收入用于农协的发展。

（3）农村社会服务

除了购销和金融之外，韩国农协还涉及农村教育、信息服务、文化交流等社会事务。韩国农协在农村地区推广农业技术服务，通过农业咨询服务解决农民生产生活难题；并且举办各类文化活动，推动农村地区妇女、老人、儿童教育等活动。韩国农协的教育水平比较正规和完备，开办农协大学，培育农业从业人员，涵盖了正规的学历教育、非学历教育，以及社会教育等。

3. 韩国农协的改革与发展

2012 年以来，韩国推行结构性改革，韩国农协对金融和经济业务进行股权改造，打造集团化模式，设立农协金融控股公司和农协经济控股公司。韩国中央农协进行人员精简，内部分为教育、农业、畜牧和合作金融四大部门。在全球化趋势下，基层农协加大了农产品营销领域的支持力度，通过改造流通业务，构造全国的规模化流通体系，构建自己的农产品运销网络。基于网络化的流通格局，降低了农产品流通费用，提高了流通效率。基层农协设立了合作金融存款者保护基金，不断提高会员资金占基层农协的资金比例。同时，韩国农协还将打造成跨地区的组织模式，可以帮助拓展融资范围和业务市场。基层农协打造产销直连的零售直销店，通过小规模低成本的便利服务，帮助农产品销售，促进韩国农协、农民、消费者三者之间的合作和信任。

四、东亚农业只能走自己的道路

如果"去意识形态化"地看待世界近现代历史，我们可以将多样化的人类社会回嵌于内在具有多样性的自然界，据此可以简单地说，维持人类长期生存的农业本来就内在具有与自然过程与经济过程高度结合的特征。即使在世界近代被西方按照自身"政治正确"的需求而重新建构的，本来通过殖民化才得以推进工业化的资本主义文明史中，农业这种内在特质也不可能被根除，遂客观地被分化为三个异质性很强的不同类型。这个三分天下的归类对于普通民众而言本来应该是常识，但其对于农业政策相关的理论界却至关重要，因为这个涉及资本主义历史的常识经常被有意或无知地忽略了，由此我们在对有关生态化转型中的农业可持续政策问题做理论探讨的时候缺乏基本前提。

自清末以来的近代中国，无论何种制度占据主流地位，都在农业发展政策及其相关理论研究上长期"师从西方"。诚然，这表明近代以来所有政治家、理论家们都试图实现"农业现代化"。无论20世纪50年代起学习苏联，还是90年代学习美国，都是以这两个制度名义上有所不同的西方国家的大农场为主的规模化产业化农业作为中国农业现代化的样板。

现代化模式的学习上先苏后美，无所谓对错，唯一需要注意的是：苏美这两类大农场都属于盎格鲁－撒克逊模式，都是在殖民地扩张造成"原住民"大幅度减少的客观条件下才有可能推行的，而中国属于东亚模式。诚然，中国1950年就已经拥有5亿人口，是世界上人口最多的国家，2021年已超过14亿人，资源禀赋更加紧张。这就是国情约束——人地关系高度紧张，我们自己就是没有被外来殖民者大规模减少掉的"原住民"。

由于气候地理条件下生态资源的差异性和历史沿革，这三种模式的发展理念和运作方式都是不可转换的。如果东亚原住民国家不按照自身农业发展模式的客观规律和文化内涵，而照搬盎格鲁-撒克逊模式或者莱茵模式，就不可避免地造成自身矛盾和生态环境的破坏。

东亚模式区别于西方模式的核心特征有二：其一是原住民国家长期以来就是由生态、生产和生活合一构成的可持续农业文明。农业一直是"三生农业"，而非单纯的第一产业。换句话说，东亚模式的多样性内涵，与盎格鲁-撒克逊模式、莱茵模式在根源上就是完全不同的。其二是土地在东亚社会中，不仅有生产的单一功能，更具有社会福利和生存保障的功能，因此东亚社会的土地制度也不同于盎格鲁-撒克逊模式和莱茵模式，它兼具私人物品和公共物品的双重属性。

此外，在东亚社会，国家制度与盎格鲁-撒克逊模式、莱茵模式也不同。东亚国家主要靠农业立国，因水成国。历史上，亚热带季风气候降水的不平衡，使得东亚国家高度重视水利工程的修建，由此形成了复杂气候带下的灌溉农业。村社依水而建，于是产生了由灌溉水系的网状分布造就的村社多元性、网络性和复杂性。这就导致东亚国家的需求首先是与大众生存直接相关的水利建设、水患防治与用水管理，而不是主要产生于"阶级压迫"对暴力机器的需求。

同时，东亚社会拥有多样性的生产生活方式，延伸为多样性的社会、经济、文化方式，通过多元互动形成了社会的稳态结构。东亚社会大量的原住民构建了东亚模式特有的小农村社理性。东亚国家不可能用粗暴的方式直接减少原住民形成发展大规模农业的条件，因此尽管有个别时间段走了现代化规模化的农业生产方式，但必然遭遇阻碍和失败。中国这个世界上最大的原住民人口大国不可能完成去原住民化，就意味着中国除了少数地区之外不具备发展大农场的客观条件，不可能照搬新大陆殖民地条件下的盎格鲁–撒克逊模式。此外，同属于东亚模式的日本、韩国等传统上被认为是"儒家文化圈"的国家也大都是单一民族的原住民国家，都不具备搞大规模农场的客观条件。

需要特别指出的是：西方的农业模式，不管是盎格鲁–撒克逊模式，还是莱茵模式，都在基本成因上具有差异性，因而不符合东亚各国的自然条件和社会基础。无论各国的政治制度是否是西方模式，也不论意识形态或人们的主观意愿如何，东亚农业只能走自己的道路。因此，今天，东亚模式因人地关系变得更加紧张，都同时面临着严峻的国际竞争形势，唯有在国家战略目标之下实施政府介入甚至在组织制度建设方面直接干预，才能在复兴小农村社制的基础上，以大多数仍然兼业化的小农户为基本单位，通过对农村人口全覆盖的普惠制的综合性合作社体系来实现社会资源资本化。据此看，只有将农民组织起来，扩展农业外部的供销、金融、加工等可低成本实现规模化服务的业务规模，才能维护农业多样化经营，农村多元化发展，也才能达致国家应对全球化挑战必须做到维持"三农"稳定大局的目的。

为此，政府要提供相应的优惠政策与制度保障。这方面，日本与韩国，在二战后做得比较好，既促进了农业生态化发展的现代转型，也维护了乡村的基本稳定和农民的福利，是立足于自己的自然禀赋基础与社会历史条件实现农业生态转型与可持续的现代样板，值得我们汲取经验。

第三章

中国传统农业：引领未来

中国的传统农业及在其基础上形成的中华文明不仅延续数千年不断，且一直是生态环境友好、有机和可持续发展的，然而近现代以来，特别是中国国家工业化和地方政府工业化以及全球化对中国传统农业的发展进行了影响深远的制度性改造，并由此带来了"制度-技术"路径依赖的生物化、化学化和机械化的产业化发展，导致中国农业可持续发展面临危机；因此，对中国农业做可持续发展回归，是在当代生态文明战略转型语境下的题中之义和体现"绿色生产方式"的乡村振兴战略的必然选择。

一、魅力无穷的中国传统农业模式

（一）中国传统农业是世界有机农业之源

中国传统农业的起源可以追溯到 7000 年前中国古代先民开始驯化野生蚕和种植野生稻。[①] 众所周知，中国的耕地资源仅占世界的 7%，

[①] 温铁军：《尊重历史与科学证伪》，转引自蒋高明《生态农场纪实》（第2版），中国科学技术出版社 2017 年版。

水资源占世界 6.4%，水土光热配比的耕地不足国土面积的 10%，而 20 世纪中国的人口却占到了世界总人口的 21%。可见，人口与资源配比严重不平衡是制约中国发展的基本国情矛盾。

正是短缺的资源与庞大的人口之间的矛盾，特别是乡土中国的人地关系高度紧张，使得勤劳智慧的中国农民积累创造了一整套独特的、延续几千年的、精耕细作的传统农业耕作体系：一是深耕翻土、掌握农时，对病虫害进行生物和物理防治；二是因地制宜，按照生物节律安排生产，合理选择农作物种类；三是采用套种、轮作、混作等耕作制度合理利用有限资源，提高土地的利用效率和产量，同时合理利用自然资源，维护生态平衡；四是循环利用各种物质资源，利用人畜粪便堆肥还田，驯化和利用豆科作物保持土壤肥力。

海内外尽人皆知的事实是，中国传统农业从来就是循环可持续的农业，是"资源节约环境友好"型的生态农业，是人与自然和谐的有机农业。

中国传统农业精耕细作的耕作栽培技术可以对病虫害进行有效的物理防治，完全不使用农药，是环境友好的生态农业。

延伸阅读

1

中国传统农业精耕细作的物理防治病虫害技术①

1. 深耕翻土

春秋战国时期农民已懂得利用耕作栽培措施防治害虫，"五

① 李文华主编：《生态农业——中国可持续农业的理论与实践》，化学工业出版社 2003 年版。

128

耕五耨，必审以尽，其深殖之度，阴土必得"，从而达到"大草不生，又无螟蜮"（《吕氏春秋·不屈》）的效果。《种莳直说》引"古法"，认为耙功到可以防止作物"悬死、虫蛟、干死诸等病"。《农政全书·蚕桑广类》也反复强调土地对杀虫的重要作用。我国民间一直流行着"一户不秋耕，万户遭虫殃""霜降到立冬，翻地冻虫虫"的农谚，正是这些历史经验的总结。

2. 耕除杂草

《种艺必用》认为，若不及时除草，则作物必为杂草所蠹耗，所谓"蠹耗"，即包括虫害在内。《陈旉农书》明确提到防虫是桑田除草的目的之一。《沈氏农书》更进一步认识到杂草是害虫越冬和生息的场所，强调了冬季铲除草根的除虫作用。这和农谚中"若要来年害虫少，冬天除去田边草"的说法是一致的。秋冬季清园除草压青至今仍是果园等的常规工作。提倡冬天晒田和清除田边杂草，以减少水稻害虫越冬虫数。针对蝗虫，着重通过控制田中的水层高低，让蝗虫尽量在低洼积水繁殖，至今仍是有效的措施。

3. 掌握农时

适时种植和适时收获也能防治病虫，如适时种植就能避免虫害，使大麻"不蝗"，大豆"不虫"，麦"不蚵蛆"。（《吕氏春秋·不屈》）《氾胜之书》也强调了适时栽植的防虫作用，认为种麦得时无不善，宿麦（冬麦）早种则虫而有节。《四月月令》、《齐民要术》和《种树书》等还介绍了适时砍伐竹木可起防蛀作用的经验，如"凡伐木，四月七月则不生虫而坚韧"（《齐民要术》）。

4. 控制温度和湿度

控制温度、湿度、光照防治虫害，也是行之有效的方法。在古代多用于收获物的处理和种子预处理方面，例如王充《论衡》认为"藏宿麦之种，烈日乾暴，投于燥器，则虫不生。如不乾暴，闸喋之虫，生如云烟"；《齐民要术》提到窖麦法"必须日暴令乾，及热埋之"，"多种，久居，供食者，宜用倒麦：倒刈、薄布，顺风放火，火既着，即以扫帚扑灭，仍打之，如此者经夏不生虫"。在种子预处理方面，《农政全书》认为"棉子用腊雪水浸过，不蛀"；《幽风广义》提到"种（棉）时，先取……棉子置滚水缸内，急翻数次，即投以冷水，搅令温和"；《农圃便览》提到"于种子时以滚水泼过，即以雪水、草木灰拌匀种之"。

中国传统农业非常注重因地制宜、合理利用有限的土地、光、热、水等资源，合理进行作物和产业布局，实现自然资源合理利用的同时维护生态平衡。

延伸阅读

2

中国传统农业的农林牧复合系统合理利用资源，维持生态平衡①

中国传统农业非常讲究农牧结合，注重农林牧副渔全面发展。从春秋战国时期出现以家庭为单元的小型综合农业以来，这种以家庭为经营单位、重视衣食自给自足的复合农业生态系统占据着农业的主导地位，至明清近代出现大量农林牧复合经营系统，这些都体现了以系统观点构建和优化农业结构，达到充分而合理利用自然资源，维护生态平衡的思想；实现各业互相依赖、互相促进，达到良性循环、整体优化的目的。例如，在对资源保护和生物间相生相克关系的有一定认识基础上，对多种林果、农作物和畜禽渔进行合理搭配与布局，创造了下列结构模式，有利于农业生态系统持续高效。这些模式至今仍在广大农村广泛应用。

1. 农田复种轮作和作物间种

传统农业充分利用作物对时间和空间差异的需求发展立体种植十分普遍，如"葱中亦种胡荽，寻手供食，乃至孟冬为葅，亦不妨"。又如瓜豆间种"瓜性弱，苗不独生，故须大豆为之起

---

① 李文华主编：《生态农业——中国可持续农业的理论与实践》，科学出版社 2003 年版。

土"，"瓜生不去豆，则豆反扇瓜，不得滋繁茂"（《齐民要术·种瓜篇》）。

2. 农林复合系统

包括林（果）-粮食作物、林（果）-经济作物、林（果）-药材、林（果）-草等。传统农业中有多种仿森林多层次结构的林农复合系统。如茶树"畏日"，"桑下、竹荫地种之皆可"（韩鄂，《四时纂时》）。明清时期，广大茶叶产区实行茶林共作、茶粮（山芋、大豆等杂粮）间作已十分普遍。长期以来，南方地区在桑、杉、桂树等间种木薯、山芋、小麦等也是常见的林农复合系统。

3. 农牧结合结构

主要有传统农区农民家庭饲养畜禽，也包括稻田养鸭、果园养鸡、果园养蜂等。如《沈氏农书》对农林牧相互依存、相互促进的关系有这样的论述："今羊专食枯叶、枯草，猪专吃糟麦，烧酒赢息，有盈无亏，白落肥壅……"

4. 农渔复合结构

古代稻田养鱼主要集中在自然水面少、稻田水源充足的山区，如浙江、江西、四川、贵州、广西、福建等省的山区，并发展至今。《魏武四时食制》有"郫县子鱼黄鳞赤尾，出自稻田，可以为酱"的记载，说明三国时期四川郫县已有小鲤鱼产自稻田。《齐民要术》还对鱼鳖混养、稻田养鱼作了记述。除了普通的稻田养鱼外，还出现了田塘结合、凼田结合、稻鱼轮作等稻田养鱼模式，如长江流域和江南地区，早在汉代便在广大农区修筑了星罗棋布的波、塘、水库，形成了田塘配套盛产稻鱼的系统。众多的塘库不仅可以抗御水旱灾害，调节农田小气候，而且还可生产大量的鱼鳖和莲菱菰芡等水生动植物，使江南水乡成为"饭稻羹鱼"的鱼米之乡。徐光启《农政全书》卷四十一说，养羊"或圈于鱼塘之岸，草粪则每早扫于塘中，以饲养草鱼；而羊之粪，又可饲鲢鱼，一举三得矣"。在谈到养鱼时也主张"作羊圈于岸上，安羊，每早扫其粪于塘中，以饲草鱼，而草鱼之粪，又可以饲鲢鱼，如此可以损人打草"。这说明在明末时已把养猪羊和养鱼，养草鱼和养鲢鱼有机地结合起来。

5. 基塘系统

根据低洼地区的自然条件特点，我国古代农民首创了水陆相互促进、立体种养的基塘系统。我国稻田养鱼的历史至少可上溯到汉代。而汉代陶水田模型所反映的田塘配合的布局，则可视为是江南水乡基塘生态系统的初级阶段。这种系统到了宋代已有明显发展，《陈旉农书·地势之宜》篇提到，"若高田视其地势，高水所会归之处，量其所用而凿为陂塘，约十亩田即损二三亩，以潴畜水；春夏之交，雨水时至，高大其堤，深阔其中，俾宽广足以有容……"与汉代的布局相比，增加了在塘基上种桑柘，桑柘下系牛等内容，可视为基塘生态系统发展中的第二阶段。到明清时期，又有新的创造，进入了第三个阶段。据《常昭合志稿·卷四十八·轶闻》记载，明代嘉靖年间江苏常熟县的谭晓、谭照兄弟曾以贱价收购荒芜的湖田，然后"买佣乡民百余人，给之食，凿其最洼者为池，余则围以高塍，辟而耕，岁入视平壤三倍。池以百计，皆畜鱼，池之上架以梁为茇舍，畜鸡豕其中，鱼食其粪又易肥。塍之上植梅、桃诸果属，其则种菰、茈、菱、芡，可畦者以艺四时诸蔬，皆以千计。凡鸟凫、昆虫之属，悉罗列而售之"。

在珠江三角洲，16世纪初就形成了著名的基塘系统，并逐步扩展，18世纪中由于蚕丝贸易的发展，该地区的桑基鱼塘得到迅速发展，出现了"桑茂、蚕壮、鱼肥大，塘肥、基好、蚕茧多"的现象。随着市场需求的变化，桑基鱼塘逐步变化为果基、蔗基、花基、草基鱼塘。同样是水网地区的太湖流域，也同样大量涌现了类似的立体种养、多级利用的基塘系统，这些基塘系统至今仍在世界各地生产实践中发挥重要作用。

中国传统农业坚持用地养地，物质循环利用，坚持合理的耕作制度，在保持土壤持续肥力的情况下，实现农业的可持续发展。

延伸阅读

3

中国传统农业用地养地、循环利用的土壤养分管理①

1. 农业内部物质的循环利用

中国传统农业是"无废弃物的农业"，非常注重物质的循环利用。农户农业生产的内部物质循环较封闭，几乎所有的副产品都被循环利用，以弥补农田养分输出的损耗。草木灰肥约从农业诞生以来就为农民使用，西周时代已开始使用绿肥和人畜粪肥以及其他农家肥，直到今天，中国不少农村还在大量使用农家肥，杂草、树木枯枝败叶、秸秆和骨头、羽毛等生活垃圾、粪便通过堆肥回田，油料作物籽实榨油后的麸饼用作禽畜饲料后过腹还田，烧饭剩余的草木灰，以至厨房泔水等也被用作肥料回田。

中国传统农业也重视收集系统外部物质。例如鱼塘的淤泥、江河中的河泥和河沙、路边沟里的浮土，海边的贝壳，山上的石灰石、钟乳石、石膏、硫黄，村边的树叶和草都成为收集的对象。旧房子的泥砖和北方的炕坯也是良好的钾肥源头。

---

① 李文华主编：《生态农业——中国可持续农业的理论与实践》，科学出版社 2003 年版。

2. 肥料积制及粪肥的循环使用

中国传统农业非常重视肥料的积制及粪肥的循环使用，中国传统农业主要的肥料积制技术包括杂肥（杂草等）沤制、厩肥堆制（踏粪法）、饼肥发酵、火粪（土杂肥草木灰）烧纸、粪单配制等方法。

人畜粪便作肥料主要的使用方法包括：（1）粪坑经过一段时间发酵后，直接用于农作物和果树作基肥及追肥；（2）经过与作物秸秆堆沤发酵，变成堆肥使用，一般作基肥；（3）直接进入鱼塘用于养鱼。即使是城镇里人的粪尿，对农民来说也是宝，全部运回乡村使用。早在20世纪初，即已在上海等地出现了农民进城专营运粪便回农村的行业。而在武汉、北京等地，1949年以前都有由粪商经营的商业化运作模式。在广州，进城拉粪的农民每逢中秋等节日，都会为户主送去芋头、番薯等农产品以表感谢。这种状况甚至一直维持到20世纪70年代末80年代初。

3. 绿肥的生产和利用

中国农民在1750年前就懂得在农田通过种植绿肥来达到肥田的目的。使用的绿肥包括苕草、绿豆、红花草、土萝卜等。农民还利用小麦和大麦压青。西晋时已出现苕草与水稻轮作的记载："苕草，色青黄紫华，十二月稻下种之，蔓延殷盛，可以美田。"（郭义恭，《广志》）"若粪不可得者，五六月中种绿豆，至七月八月，犁杀之，如以粪粪田，则良美与粪不殊，又省功力。"（《齐民要术》）到南北朝时期，绿肥栽培利用技术已大量应用，明清时期紫云英在南方得到较大面积推广。清光绪年间，浙江温州"各邑农人多蓄萍以雍田，禾间辙为所压，不能上苗，田水为之变色，养苗最为有益。久之，与土化合，便成肥料"（《农学报·各省农事述·浙江温州》）。此时期农民种植的绿肥种类已达 24 种之多。

4. 合理的耕作制度

合理的耕作制度是提高土地利用率，维持土壤肥力的重要方法。春秋战国时期就已经有垄作方法和种植大豆。在公元前 89 年汉代出现了在同一田内实行种植位置轮换的"代田法"，以及集中管理田间小区的"区田法"。此时在我国北方已形成禾-麦-豆的二年三熟种植制度。到魏晋南北朝时，禾豆轮作制以及豆科绿肥同其他作物轮作的绿肥轮作制已相当普遍，禾豆轮作制包括绿豆（小豆、瓜、麻、胡麻、芜菁或大豆）-谷-黎、稷（小豆或瓜），大豆（或谷）-黎、稷-谷（瓜或麦），麦-大豆（小豆）-谷（黎），小豆-麻-谷，小豆（晚谷或黎）-瓜-谷。

绿肥轮作制主要有：稻苕轮作、葵绿豆轮作、谷绿豆（或小豆、胡麻）轮作。这种有意识地把豆科作物纳入轮作周期，提高土壤肥力的做法，是我国古代轮作制中一个重大的特点。稻田的耕作制还有实行稻-鱼、稻-鸭结合的系统，稻田可以利用剩余饲料和粪便维持土壤肥力。

土壤耕地的目的是通过改善土壤的物理性状，有时结合土壤施肥和除杂草，达到协调土壤水分、养分、空气、温度等因子以满足作物生长发育之需。传统农业在土壤耕作方面积累了丰富的精耕细作理论和经验，认为"凡耕之本，在于趣时和土"、耕作应"得时之和，适地之利"（《氾胜之书》）。春秋战国时代已形成完善的垄作栽培制度，"上田弃亩，下田弃畎"（《吕氏春秋·任地》），即要根据土壤墒情和地势特点不同而采用低畦栽培法和高畦栽培法，后来还形成了梯田和基塘系统，从而为农田养分保持和水分合理调控建立了至今仍广泛使用的土壤管理技术体系。

1909 年，美国农业部土壤局局长、威斯康星大学教授富兰克林·H. 金，为了解决美洲大陆开发不到一百年时间，却遭遇肥沃土壤大量流失，农业可持续发展面临严重的挑战的问题，携家人远赴重洋游历中国、日本和朝鲜，考察东亚三国的古老农耕体系，高度赞誉在长期人口资源压力下形成的中国农耕体系，持续几千年的演化，却仍能保持土壤的持续肥力，产出足够的食物，养活如此众多的人口。[1]

我国有机农业的行业标准是：在生产中完全或基本不用人工合成的肥料、农药、生长调节剂和畜禽饲料添加剂，而采用有机肥满足作物营养需求的种植业，或采用有机饲料满足畜禽营养需要的养殖业，

---

[1] ［美］富兰克林·H. 金：《四千年农夫：中国、朝鲜和日本的永续农业》，程存旺、石嫣译，东方出版社 2017 年版。

不能使用转基因种子等。简言之，只要做到"六不用"：不用化肥、农药、农膜、除草剂、添加剂、转基因六大农业技术，就能达到国内外有机农业的行业标准①。依照以上标准，延续几千年，蕴含生态学思想的中国传统农业就是有机农业。

（二）　中国传统农业是世界高产表率

中国传统农业是生态的、可持续的、有机的，更是高供养能力和高产量的。根据富兰克林·H. 金在《四千年农夫：中国、朝鲜和日本的永续农业》一书中的记载，"在山东省，我们跟一位来自拥有 12 口人的家庭的农夫交谈，了解到他在种有小麦、谷子、红薯和豆类的 2.5 英亩（1 英亩≈4046.86 平方米）的耕地上喂有 1 头驴、1 头母牛，这都是当地特有的农耕牲畜，另外还喂有两头猪。这样的群体密度相当于每平方英里（1 平方英里≈2.59 平方公里）3072 个人、256 头驴、256 头牛和 512 头猪。在另一个例子中，一个来自拥有 10 口人的家庭的农夫在不到 2/3 英亩的土地上喂有 1 头驴、1 头猪。据此，这一农用土地的供养能力为每平方英里 3840 人、384 头驴、384 头猪，或者说一个 40 英亩的农场供养 240 个人、24 头驴和 24 头猪。我们考察了 7 个中国农民家庭，并且获取他们的数据，数据表明这些土地的平均供养能力为每平方英里的农用土地供养 1783 个人、212 头牛或驴、399 头猪——1995 个消费者和 399 头用于转换粗粮的动物。在 1900 年，以改良的农用土地为基准，美国的农村群体密度是每平方英里可供养 61 个人、30 匹马和骡子。在 1907 年，日本的农村群体密度为每平方英里 1922 个人、125 匹马和牛。"根据以上数据整理得出 20 世纪初美国、

---

① 蒋高明、陈树祯：《怎样保证有机农业健康发展》，《高科技与产业化》2012 年第 4 期，第 58—59 页。

日本和中国农村土地平均供养能力如下：

表3-1　20世纪初美国、日本和中国农村土地平均供养能力

国别（时间）	农村土地平均供养能力（单位：平方英里） 1 平方英里 ≈ 2.59 平方公里（km²）		
	人	马、牛、驴、骡子	猪
美国（1900）	61 个	30 匹马和骡子	—
日本（1907）	1922 个	125 匹马和牛	—
中国（1909） 考察 7 个家庭后获取的数据	1783 个	212 头牛或驴	399 头

据此可知，20 世纪初，中国传统农业生产方式的平均土地供养能力远远超过美国规模化、机械化的大农场农业的土地供养能力。

美国华盛顿大学的戴维·R. 蒙哥马利教授综合世界各地的研究结果后认为，有机农业更具有优势，比如根据英国洛桑试验站（Rotham-sted Experimental Station）的一项延续 150 年、以堆肥为主的有机农业与化肥为主的惯性农业的比较研究发现，两者的收获量几乎没有区别，而有机农业在维持地力方面更具有优势。①

中国著名的植物学家，中科院植物所研究员蒋高明教授租用山东省平邑县蒋家庄的低产田（曾是建筑垃圾的堆放地，土层只有 20 厘米，下面是碎石）为试验地，坚持"六不用"：不用化肥、农药、除草剂、添加剂、农膜和转基因技术。靠农家肥提高土壤有机质来获得高产。开始实验的 2008 年，小麦和玉米两季加起来才收 1000 来斤/亩（1 斤 = 0.5 公斤，1 亩 ≈ 667 平方米），第二年也如此。到了 2011 年，

---

① ［日］祖田修：《近现代农业思想史——从工业革命到 21 世纪》，张玉林、钱红雨译，清华大学出版社 2015 年版。

小麦亩产 900 斤，玉米亩产 1100 斤，比周围农田亩产多一倍。这个在地化的科学实验有力地证明了：有机种植可以使低产田变成高产的"吨粮田"，有机农业可以实现粮食的成倍增加。

综上所述，这都有力地回击了资本主义农业、工业化石油化农业拥护者"不用农药，农业就会减产，成本就会上升，世界上那么多人口又该怎么养活？除了使用农药，我们别无选择！"[①] 的无稽荒谬之论。

（三）"农户理性"和"村社理性"：中国传统农业的社会优势

中国传统农业塑造了中国传统社会。因精耕细作的农业生产方式产生对高质量体力劳动者的需求，使得家庭总人口数量增加，农业生产条件的改善和投入农业劳动力的增加，使得单位土地面积可承载供养的人数增加，使得传统农业的劳动力密集化具有一种自我强化趋势，黄宗智称之为"农业过密化"[②]。中国传统农业社会商品经济发达，农村家庭劳动力还可以通过家庭手工业从市场上获取更多的非农收入，因此劳动力数量成为农户财富增加的主要来源，这也使得劳动力不计成本的投入成为"农户理性"的核心机制。

中国传统农业小农村社的"农户理性"在于农户家庭资源有限，不可能被个体化、排他性地占有，而使得家庭不可聘用或解聘家庭成员，遂有土地和其他财产的家庭成员共有基础上内部化处理外部性问题之经济机制——以家庭为了维持生存而共有的土地作为无风险资产，

---

① 法国农业部部长、法国食品工业协会会长在 2011 年年初法国电视台二台一档辩论节目中公开陈述的观点。

② 黄宗智：《华北的小农经济与社会变迁》，中华书局 2000 年版。

利用有限资源多样化、兼业化经营来弱化外部风险；家庭成员为了家庭综合收益和整体福利最大化而不计个体收益和个体福利地进行劳动力组合投入，以促进要素的优化配置和家庭积累。①

因此，家庭人口若增加了男性，即意味着在未来可从农业生产中获取相对低风险的、稳定的收益的预期；如果增加了女性，则意味着她们能够在农闲时期参与到商品化和货币化程度更高的养殖业、手工业和经济作物的生产、流通等工作中，换取短期收入以补贴家用。这种建立在"精耕细作+种养兼业"所促发的土地生产率高的基础上②的中国传统农业的"农户理性"不仅能长久维持农户在农业生产上的不计代价的投入劳动力，更能使农户家庭将外部风险内化。

中国传统农业社会的"村社理性"是指以乡土社会中的村社地缘关系为产权边界，存在着农户成员权在村社共同体的集合代理，据此而形成的是户村两级地权结构，是"一种内部非排他性的、体现社区成员权的农村产权"③。村社理性使得聚落而居的乡土社会内涵具有内部化处理外部性问题的特性。

中国传统农业小农村社的"农户理性"和"村社理性"内部化处理外部性问题的特性，使得很多农村在早期成功实现工业化的同时避免农业衰败，维持农业可持续。

① 董筱丹、杨帅、李行、曾天云、温铁军：《村社理性：基于苏南工业化经验的比较制度经济学分析》，《制度经济学研究》2012 年第 2 期，第 13 页。

② 温铁军：《理解中国的小农》，转引自［美］富兰克林·H. 金《四千年农夫：中国、朝鲜和日本的永续农业》，程存旺、石嫣译，东方出版社 2017 年版。

③ 温铁军：《"三农"问题与制度变迁》，中国经济出版社 2009 年版。

延伸阅读

4

苏南农村"农户理性"和"村社理性"
实现早期农村工业化的历史经验[①]

改革开放前，苏南的农村工业化在全国已经处于领先地位，1976年，苏南地区社队工业产值12.44亿元，其中社办工业6.96亿元，队办工业5.48亿元。到1978年，苏南地区社队工业总产值已经达到26.08亿元，占该地区工业总产值的19.4%，占全国社队工业总产值的6.7%。苏南农村"村社理性"内部化处理外部性问题是其早期实现农村工业化的比较优势。

1. 村社内部自我剥夺完成工业化原始积累

苏南农村工业化是承接城市产业扩散的农村工业化，其原始积累的资金要素积累主要来源于村社内部化的集体经济的积累，即在人民公社体制下，从农业"抠"出来的一部分资金。对于资金稀缺为零甚至为负的村社，则利用村社组织以"劳动力要素成规模投入替代资金要素"内生性地形成"社会资源转化为社会资本而形成社会资本收益"的积累方式。

劳动力要素方面，中国人口众多，农村本身就潜在地存在着过剩劳动力，小农村社的"农户理性"使得农民愿意在农闲时以较低的劳动报酬从事兼业生产，保证了农村工业化所需的劳

---

① 温铁军等：《解读苏南》，苏州大学出版社2011年版。

动力。而村社内部实行的"工分制"先积累、后付酬的分配制度，年底工分归户结算的方式为工业化发展赢得了流动资金。

土地要素方面，农村土地归集体所有，村集体拥有对村内土地用途安排的权利，农村工业化中的乡镇企业为集体所有，因此土地根本不必支付成本，却有无限的潜在供给。

经营风险处置方面，村社成员依托共有的土地来共同分担经营风险。

2. 村社内部化机制构建收益公平分配

苏南农村工业化的原始积累是从全村资源和与村民生存相关的生产和生活资源转化而来的，因此形成的产业收益也因村社内部化机制实现内部公平分配。

工业就业机会在村内公平分配：农村工业化早期，村内第二、第三产业提供的就业机会非常有限，村民很难有社区之外的就业机会，而工业就业机会又决定村民收入水平。因此，将有限的工业就业机会在村民间进行公平分配就构成村内内部收益的公平分配。

工农从业收益的社区内部平衡：尽管村社内部在就业机会分配上尽可能实现公平，但有机会务工的村民还是少数，多数人还得继续留在农村进行农田耕作。为了平衡村内务工与务农收入的差距，村集体内部一般通过以下两种方式进行协调：第一，采用工资按户统筹方法，社队企业把务工村民的工资直接打给生产队，生产队提取一定的集体积累作为集体之用再发放务工村民的报酬，以保证工农业收益的均衡；第二，村社内部利用集体积累的资金对农业生产进行补贴，以降低农业生产成本，间接提高务农村民收入。

村内福利保障：村社内部"村民身份"是被作为能否享受社区福利的唯一标准，使得福利在不同村民之间实现了同质化。

3. 打造"绿色车间"维持农业可持续

工业化过程都面临着资金、劳动力和土地三要素流失而出现农业衰败的挑战。苏南农村通过打造"绿色车间"以避免工业化进程中出现农村衰败，实现农业可持续发展。

"绿色车间"就是把农业视为与工业车间并列的必不可少的"车间"，避免生产要素过度从农业部门流失。苏南农村通过良田改造，促进土地适度规模经营，增加农业的现代生产要素投入来打造"绿色车间"。

良田改造：为了满足农业生产所需土地和工业发展的用地需求，苏南农村通过尽量在地力不好的土地上兴办工业，以减少对良田的占用，同时力争开垦荒地，为农业生产补充新的土地资源，把农用地的流失降到最低。

促进土地适度规模经营：苏南农村为了避免农村工业化进程中农村精壮劳动力持续转移出农业生产领域，导致从事农业生产的农民务农积极性下降，出现土地粗放经营甚至撂荒。通过推动土地向种粮大户流转和适度规模经营的方式提高土地利用效率，保证村内粮食供给和农副产品原材料供给。在土地流转过程中，实行流转费集中分配的办法——村集体扣除一定比例的管理费后，将余下部分按转出土地面积在村民间进行分配。

增加农业的现代生产要素的投入：苏南农村通过"村社理性"，依靠集体经济的理论，克服单一农户的规模限制，并通过农业机械、优良种子等现代生产要素的投入有效促进农业生产，维持农业可持续发展。

综上所述，中国小农社会的"农户理性"和"村社理性"通过把外部性问题转变为家庭或村社内部的非交易关系，从而维持中国传统农业的可持续性。①

若从近年来在中国学术界占据主导地位的西方经济理论看，延续数千年的中国传统农业具有明显的二重性：一方面创造了巨大的生态和社会"正外部性"，另一方面并不能体现"个体理性"所追求的"个人利益最大化"。这被认为是中国长期处于稳态社会、不能"进步"到资本主义的内因。而当代中国人依据这个理论提出的"效率优先"的发展主义政策被套用到农业经济上，就只能是以西方现代化方式改造传统农业。诚然，按照这个理论给定的逻辑，则此类改造也具有双重性：只要以实现个人利益最大化为目标推进农业资本深化，也就同时必然会向生态和社会释放出巨大的"负外部性"……

① 温铁军：《"三农"问题与制度变迁》，中国经济出版社2009年版。

二、百年未有之变局：近现代中国传统农业大变革

（一）大冲击：工商业和金融资本侵袭下的传统农业变局

旧中国的土地制度以私田和公田并存的"两田制"与所有权与使用权"两权分离"为主要制度形式。这种相对复杂的制度类型，在新中国的农业集体化和家庭承包制改革之后的不同时期，也都有所体现。

在人口膨胀而土地资源不可再生的制约下，旧中国的土地占有关系不可能呈集中趋势，而是逐渐分散。除了地主实际占有土地约为40%（而非一般教科书给定的70%—80%）之外，各种用于社区公共事物开支的"公田"约占10%—20%。并且，正是在高地租的压力下，即使土地所有权存在向地主的"私有制"集中的可能性，但其使用权只能自然而然地向富农、中农等最有可能产生"剩余"的自耕农集中。于是，土地使用权基本呈"正态分布"。这也是传统农业社会得以表现出"稳态结构"的内在机制。

恰恰是旧中国工业化进程拉动了农业的商品化，使剥削率远高于地租的工商业资本和金融资本有了与地主经济相结合的历史机会，进入了高度分散、没有反抗能力的小农经济条件下的农业社会。所以，旧社会的主要矛盾不是地主过量剥夺农民，而是工商业和金融资本过量剥夺农村导致农民大量破产，是工业化必需的资本原始积累加剧了对农业农村的剥夺，导致了中国传统农业的不可持续性。[①]

---

① 温铁军:《百年中国，一波四折》,《中国中小企业》2012 年第 1 期，第 56—59 页。

严中平总结了旧中国商业资本剥削农民的五种方式[1]：

第一，从农民手里购买农副产品时，利用各种欺诈手段，取得价格、数量甚至币值上的便宜。例如在山东、河北的烟产区，因烟商的压榨，烟农所得实际价格仅为名义价格的70%。

第二，商业资本与高利贷相结合，利用农民的弱点，用奴役的条件贷给现金、原料、日用品或生产工具，使农民以被人为压低了价格的农副产品抵偿债务。如江苏南通，外商将未成熟的棉花用"期买"的形式先行购买，其所估计的价格不及市价的30%—40%，若按利率计算，压价在50%以上。

第三，用商品偿付农民出售的农产品，一般是品质极劣的商品，如在四川泸县、富顺，有的蔗农以甘蔗与糖房换糖，每100斤仅换糖3斤。

第四，用生产者必需的原材料偿付农民出售的产品，以使农民同原材料市场断绝联系，直接受制于商人。如在江苏南通，布商以棉纱向织户换取土布，每包18支纱作价比现金购买时高出0.3—0.5元，而每匹大布作价又比现卖时压低0.1—0.2元。

第五，直接向农民分配原料，使商品生产者成了在家中为资本家工作的雇佣工人。在河北高阳，织户无钱及原料，托人介绍到布线庄领取纱来织布，织8.5斤白布仅人工一项就要9角7分（1角＝0.1元，1分＝0.01元），而钱庄所给工资最多只有9角，平均为8角。

民国时期农村借贷关系已经频繁发生，据《农情报告》第二卷第4期第30页的材料，1933年各地农村中农户借款的家庭达56%，借粮

---

① 严中平等：《中国近代经济史统计资料选辑》，科学出版社1955年版。

的家数也达 48%。① 各种借贷中，现金借贷的私人利率最高，年利达 132%；其次是抵押贷款。合作社的利率尽管最低，1938 年仅为 1.2%，1946 年增长为 4.1%，年利也仍然近 50%，但贷款总规模所占比重太小，对农民而言也是杯水车薪。以维护官僚资本垄断利益为主的政府没有在农村建立适应小农经济的金融工具，这等于把农村信用市场放手让给高利贷活动。虽然国民党政府也办了合作社，有信用功能，但合作社的信贷规模小，覆盖面也有限，不足以平抑农村高利贷，小农只能被各种高利贷控制。旧中国社会高利贷直接与地权和财产的抵押相结合，成为地主掠夺农民财产的手段。

旧中国直接鲸吞农业剩余的商业资本和高利贷所代表的民间金融资本，以远高于地租的剥削率剥夺农民，导致农民负债甚至破产，严重影响中国传统农业的可持续发展。

（二）大变革：国家工业化下的传统农业之变

1. 农产品统购统销对传统农业模式的影响

20 世纪 50 年代初，新中国成立不久，特别是朝鲜战争之后，苏联为了稳住战略伙伴，对中国的援助是战略性的（最初是白给不用偿还的）。因此 50 年代初，中国的城乡是相对和谐的，农村人口大量流向城市，政府动员 2000 多万农村青壮年劳动力支援城市建设，那时候还没有城乡之间的户口障碍。因此，农业农村发展也基本上是可持续的。

---

① 温铁军：《"三农" 问题与制度变迁》，中国经济出版社 2009 年版。

20世纪50年代初期，苏联战略性援助中国工业化建设，中国逐渐形成了以军事重工业为主的城市工业体系，实质上是斯大林模式的重工业体系。"一五"时期，苏联模式的工厂生产出来的50马力（1马力≈735.50瓦特）的大型拖拉机没法在中国农村的互助组或合作社使用，因为当时农村大多数地区还只有不足20户的初级社，接受不了大马力的拖拉机，于是在城市的工业各部门大力提倡的政策导向下，1956年中国农业实现了全面的土地规模经营——以乡为单位集中土地，当时建立了9万多个高级社，每个高级社能够集中几万亩土地，同时一个乡设立一个拖拉机站，承接苏联模式的工厂在工业化的大城市中生产出来的大马力拖拉机。

同期，中国领导人意识到对苏联的依附势必危及国家主权完整性，遂从1955年开始在政治思想上讨论"改出全盘苏化"的可能性；1956年对苏共中央提出党的关系方面的意见。随之是在50年代末60年代初，中苏两党和两国关系交恶，苏联停止对中国的建设援助，并要求必须还债支付以前的投入。从1960年开始，中国在美苏两个超级大国全面封锁条件下进行独立自主的工业化，不仅没有外资支持，还要还债，加上又要维持没有经济回报的以国防工业为主的重工业体系，只能自力更生，于是各个公社不仅必须维持拖拉机站，还要配套建立"五小工业"，把城市产业资本生产的工业品用人民公社体制下乡，然后公社再通过国家金融与统购统销相结合的体制强制从各个生产大队抽取农业剩余。

这些举措产生了三方面的深远影响：一、形成了以乡为单位的集体化的土地规模经济；二、以乡为单位建立拖拉机站，接受城市大型工业品下乡，实现工农两大类产品的交换；三、通过城乡产品不等价交换获取剪刀差[①]，大量提取农业剩余，用于城市工业产业发展的资本原始积累[②]。中国人民大学的孔祥智教授指出新中国成立以来，特别是在 1953—1986 年，国家对农产品实行统购统销，通过工农产品价格剪刀差的暗税方式为工业发展汲取了大量农业剩余。但是，工业化究竟从农民身上汲取了多少农业剩余呢？采用严瑞珍的比值剪刀差动态变化相对基期求值，1952—1997 年的 45 年间，农民以工农产品价格剪刀差的方式为国家工业化提供资金积累 12641 亿元，平均每年 274.8 亿元。自 1993 年起，工农产品价格剪刀差的相对量逐渐下降，到 1997 年已降到 2.3%，但绝对额仍高达 331 亿元。[③]

20 世纪 80 年代中期，国务院农村发展中心下设的农村发展研究所也做了类似的研究，测算出 20 多年的集体化期间，城市和工业通过剪刀差的方式从农业提取了大约 8000 亿元的剩余，而到改革开放之前，国有工业的固定资产总量只有 9600 亿元，也即中国城市工业的 80% 是从农业提取的。[④]

以上不同研究表明，不论在集体化时期还是在家庭承包制以后，农业都为国家工业化贡献巨大剩余，也承担了更为严重的负担。据此，

---

① 剪刀差概念产生于 20 世纪 20 年代的苏联，20 世纪 30 年代被介绍到中国，并针对中国的国情被发展和广义化。国内学者普遍认为，剪刀差是指在工农产品交换过程中，工业品价格高于其价值，农产品价格低于其价值，由这种不等价交换形成剪刀状差距。

② 温铁军、张俊娜、邱建生编著：《居危思危：国家安全与乡村治理》，东方出版社 2016 年版。

③ 孔祥智、何安华：《新中国成立 60 年来农民对国家建设的贡献分析》，《教学与研究》2009 年第 9 期第 5—13 页。

④ 温铁军、张俊娜、邱建生编著：《居危思危：国家安全与乡村治理》，东方出版社 2016 年版。

我们也可认为是城市化和工业化的资本原始积累及其后的产业资本扩张，导致了乡土社会农业的不可持续。

2. 地方产业化带来的冲击

地方产业化崛起得益于改革开放以来占据中国工业化重要地位的"地方政府公司主义"。

中国在 20 世纪 70 年代末财政遭遇危机，进行了一系列改革。其中最核心的是财税环节的三大改革：即中央与地方财政"分灶吃饭"、国家对企业实行拨改贷、企业对国家实行利改税。

中央与地方关系实施财政包干体制（即财政"分灶吃饭"）改革后，地方政府不再仅仅是中央政府的派出机构，而成为拥有独立财权的经济主体，由此，得以在举国体制为基础的发展主义导向下实现转型。在财政体制变迁的背景下，随着财政包干机制的逐级分解，从中央"复制"到地方省、市、县，甚至乡等各级财政，造就了 7 万多个具有强烈经济激励机制的地方政府经济主体。

到 20 世纪 80 年代中期，地方工业化在全国遍地开花，也带来了改革开放以来直接影响农村可持续发展的三次征地潮。

延伸阅读

5

改革开放以来的三次征地潮①

1. 财政"分灶吃饭"阶段的"以地兴企"以及改革开放以来的第一轮征地潮

20世纪80年代财税体制改革，改变了中央与地方的支出结构，在扭转中央财政"统支"体制下赤字年年攀升局面的同时，扩大了地方政府的支出自主权，加之改革开放以前，地县以下工业基础普遍薄弱，促使全国数千个市、县，乃至数万个乡镇（公社）的政府有了完成本地资本原始积累的利益诉求。于是，20世纪80年代，就有了以地方政府充当理性投资主体的地方工业化带来的"以地兴企"的第一轮征地潮。到1985年"以地兴企"占地达到32.4万公顷（1公顷＝10000平方米）的峰值，城市基本建设投入增长也进一步加剧土地的征占。

虽然各级地方政府及农村基层组织是土地资源资本化的主导者，但因乡土中国村社理性的"比较优势"，通过社区内部对土地无偿占有和对劳动力的转型完成了原始积累，农地转为工商业用地的增值收益、劳动者的工资及福利都因内部化而零成本地、无条件地直接转入乡村集体企业。因此在这次以发展轻、

---

① 杨帅、温铁军：《经济波动、财税体制变迁与土地资源资本化》，《管理世界》2010年第4期，第32—41页、第187页。

小型工业为主的地方工业化进程中，即"以地兴企"虽然征占了大量的土地，但企业同时承担了地方的福利、行政及支援农业的义务，也解决了大量农村剩余劳动力的就业问题，没有导致大规模社会冲突，没有发生"三农"问题，反而农民收入连年大幅度增长①，内需迅速扩大、城乡差距显著缩小，维持了农业的可持续发展。

2. 分税制阶段的"以地生财"及其改革开放以来的第二轮征地潮

20世纪80年代的财政包干刺激了地方发展经济的积极性，带来了经济高增长。当然，中央政府因需要扩大投资刺激经济，产生了大量的赤字；而地方财政收入则在地方工业发展中拉大了与中央财政收入的差距。1993年，地方比中央财政收入多出2433.9亿元，而中央政府事实上却要对各地债务承担最终责任，导致中央与地方各自的"支出与收入"严重不对称。于是，1994年实施分税制改革。

在新的税收体制下，地方可控收入来源主要有两个：一是土地变现时的增值收益；二是通过招商引资和城市扩张来增加包括所得税、建筑业和房地产业营业税等由地方享有的税收的规模（蒋省三、刘守英等，2007）。

---

① 1978年，中国农村居民人均纯收入只有133.6元；到1989年达到601.5元，增长了4.5倍，年均增长率14.7%。而1978—2007年，近三十年间年均增长率为12.6%。资料来源：历年《中国统计年鉴》及《中经网统计数据库》。

因第一轮征地潮中，耕地乱占滥用干扰了国家建设的总体思路①，同时土地"农转非"的增值收益主要归乡村集体，政府几乎不能分享却必须承担"粮食安全"责任。因此在农村集体对土地非农使用权利被上收到政府，只有地方政府才有权决定土地用途转换并占有大部分变现收益。1992年，邓小平南方谈话后，兴起了大办开发区和开发房地产的热潮，1992年、1993年全国房地产完成投资增长分别为117.42%和164.98%，实现利润增长分别为140.39%和145.47%。地方政府及房地产开发主体分享了大量的利益。1992年之前，全国只有14个经济特区可以办开发区，截至1992年年底，根据国家土地管理局的统计，各省、地（市）和县、乡自办的开发区已有2000个左右（杨继瑞，1994），开发区面积达19万公顷，1993年的建设占地面积达到27.1万公顷。

这一轮的征地潮中对中国农业可持续的影响主要体现在耕地面积大规模减少，"农地转非"的增值收益的分配以及农民的就业的问题。分税制改革后1994—1998年，在经济增长速度逐年下降和中央竭力遏制的背景下，平均每年耕地减少规模仍达到21.5万公顷。1993年约4600万农民从农村流出，1994年达到6000万，出现进城务工的打工潮。

①　1986年3月21日中共中央、国务院下发的《关于加强土地管理，制止乱占耕地的通知》中明确指出：乡镇企业和农村建房乱占耕地、滥用土地的现象极为突出……这种情况如果继续下去将会给国家建设和人民生活造成严重恶果，贻害子孙后代。

3. 金融资本异化于产业资本的"以地套现"及改革开放以来的第三轮征地潮

受 1997 年亚洲金融危机、外需萎缩的影响，中国形成了 20 世纪 90 年代末以通货紧缩为特征的经济萧条。为了降低金融风险，中央开始了金融领域的市场化改革。1995 年，《商业银行法》出台，1998 年金融改革全面铺开①。中央财政给四大行注资 2700 亿元以补充其资本金，并通过成立四大资产公司为四大行（另有国开行）剥离了 1.3 万亿的不良资产②，中央名下的金融资本顺势异化于地方产业资本。

由于金融资本已经"独立"，地方政府再难依靠银行投资，为加快城市建设，地方政府"以地套现"，形成了新世纪以来"高负债+高投资=高增长"的发展模式，带动了房地产行业的暴利，第三轮征地潮骤然兴起。

---

① 1997 年亚洲金融危机使中国政府深刻认识到银行大量不良贷款的巨大隐患。是年 7 月的全国金融工作会议要求，力争用 3 年左右的时间，大体建立与社会主义市场经济发展相适应的金融机构体系、金融市场体系和金融调控监管体系。

② 如果算上央行和财政部对国有银行股改提供的财务支持，1998 年以来国家为国有银行改革投入累计达 2.9 万亿元。总体计算，1998—2005 年，为了达到金融稳定，国家累计投入了大约 3.24 万亿元的资金来支持金融企业的改革和化解金融风险，而 2004 年中国的财政收入仅为 2.63 万亿元。此后，对于四大行上市，还有更多的后续投入。数据来源：中国人民银行金融稳定分析小组：《中国金融稳定报告》，中国金融出版社 2005 年版。

据国土资源部的相关数据，1998—2003 年全国耕地年均净减少 110.37 万公顷。1998—2005 年，也是中国城市化最快的阶段。我国城市建成区面积由 2.14 万平方公里增加到 3.25 万平方公里，年均增长 6.18%。而到 2005 年时，各类开发区达 6866 个、规划用地面积就达 3.86 万平方公里；经过整顿以后还有 1568 个，规划面积达 1.02 万平方公里。

综上所述，不管是国家工业化过程中从农村提取大量剩余，还是地方政府工业化过程中征占农民土地并高比例占有土地增值收益，中国的农民都对国家建设作出了巨大的贡献。中国人民大学的孔祥智教授从农民劳动力以及农村土地的贡献角度测算新中国成立 60 年来农民对国家建设的贡献为 17.2669 万亿元。[①] 这都充分证明了国家工业化和地方政府工业化过程中出现了农村土地、劳动力和资金要素的严重净流出，影响到中国农业的可持续发展。

3. 农业产业化带来的利与弊

中国的农业现代化开始于 1956 年，为了承接新中国成立初期建立起来的斯大林模式的重工业体系生产的大型工业产品下乡，实现工农两大部类产品交换，中央提出在农村建立高级社。如前文所述，通过工农产品剪刀差大量提取农业剩余，用于城市工业化建设的原始积累。

中国第二次农业现代化的背景是因为 1997 年东亚金融危机爆发，

---

① 孔祥智、何安华：《新中国成立 60 年来农民对国家建设的贡献分析》，《教学与研究》2009 年第 9 期，第 5—13 页。

中国工业对外出口订单大幅下降，出现产业过剩危机。于是产业领域中收益下降的大型工商业企业以"促进农业规模经营""提高农业技术含量""延伸产业链"为由，带着政府赋予的优惠政策进入农业领域。

第二次农业现代化的高潮从 1998 年开始，也被称为"农业产业化"，主要是城市资本下乡以产业化方式对农业做车间化的改造，在各地推进设施农业和产加销一体化。

工商业资本下乡的确促进了农业产业化，有效提升了农业的装备系数和技术贡献度，使得中国很多农产品产量达到世界第一。如，中国淡水养殖世界第一，占全世界的 70%；蔬菜生产世界第一，占全世界的 67%，生猪产量占全世界的 51%；柑橘和苹果占全世界的 40% 等。中国人口在 21 世纪已经下降到只占世界的 19%，也即大宗鲜活农产品的人均占有量中国是世界均值的两倍以上。

众所周知，农业产业化也造成了多重"负外部性"。

首先，农业过剩和严重浪费。据有关部门测算，蔬菜浪费在一半以上，中国以这么有限的资源生产出世界最大规模的农产品，却浪费了很大一部分，现在每年浪费掉的农产品达几千亿元，大大超过国家财政的种粮补贴。其次，带来了资源环境的严重破坏，作为农业基本资源的水资源、土壤，还有大气的大规模破坏主要发生在农业产业化阶段。越是农业现代化程度高的东部发达地区，污染越严重。土壤的污染高达 40% 以上，水污染也在 40% 以上。2011 年国务院公布全国面源污染源普查，农业成为面源污染贡献度最高的行业。农业在总磷的贡献上高达 67%，总氮的贡献接近 60%。

4. 反思农业产业化困境

中国农业产业化的不断深化发展，也使得农业遭遇经济规律不可逆的约束作用。

根据"要素再定价"规律可知：符合农村外部资本要求的、规范的土地流转占比很低，导致能够用于支付农业资本化的成本所必需的绝对地租总量并没有明显增加；同期，加快城市化造成农业生产力诸要素更多被城市市场重新定价，在这种"外部定价"作用下的农业二产化所能增加的收益有限，根本不可能支付已经过高且仍在城市三产带动下攀高的要素价格。于是，农村的资金和劳动力等基本要素必然大幅度净流出。农业劳动力被城市的二、三产业定价，农业企业家进入农业领域跟农民谈判，其提供的一产劳动力价格就不可能被农民接受。农业劳动力的老龄化表明其竞争力丧失殆尽。农业的基本生产要素（包括劳动力、土地等）现在已被其他产业定价了，不能再按照农业去定价，这就是现代农业的困境所在，农业产业化就失败在支付不起外部市场对农业要素确定的价格。

根据"资本深化"规律可知：只要推行农业产业化，就内涵性地体现着"资本增密排斥劳动"、同步带动农业物化成本不断增加的规律约束。孤注一掷地推行美国舒尔茨《改造传统农业》的理论带来的相应后果，则是大部分过去在兼业化综合性村社合作社通过内部化处置外部性风险条件下还能产生附加值的经济作物、畜禽养殖，一旦交给产业资本开展大规模"二产化"的专业生产，就纷纷遭遇生产过剩；单一品类生产规模越大、市场风险越高。如今，一方面是农业大宗产品过剩的情况比比皆是；另一方面则是在城市食品过分浪费的消费主义盛行情况下，大部分规模化的农业产业化龙头企业仍然几无盈利，中小型企业甚至债台高筑，增加银行坏账。

根据"市场失灵+政府失灵"规律可知：政府招商引资和企业追求资本收益的体制下，外部主体进入农村领域开展的农业经营，一方面会因为与分散农户交易费用过大而难以通过谈判形成有效的契约，双方的违约成本转化为市场的制度成本；另一方面，大多数规模化农业都会造成"双重负外部性"——不仅带来水土资源污染和环境破坏，也带来食品质量安全问题。正是实际上无人担责的"双重失灵"，使得愈益显著的"双重负外部性"已经不断演化为严峻的社会安全成本。

（三）全球化视野下的中国农业可持续发展

1. 国际产业转移实质深刻影响中国农业的可持续发展

第二次世界大战后，以西方发达国家为主导的国际产业转移是全球化的主要表现形式。20世纪60年代，因制造业资本溢出导致劳动力等要素价格上升，劳资矛盾不断增加，从而产生了西方发达国家制造业向外转移的第二次国际产业转移。西方发达国家将劳动密集型产业转移到发展中国家，国内则致力于发展技术密集型产业和资本、技术双密集型产业，以实现产业结构升级。

在东亚，因承接日本向外转移劳动密集型加工产业，造就了"亚洲四小龙"和"亚洲四小虎"的经济腾飞①。而在中国，恰逢20世纪70年代末改革开放，大量引进西方设备用于国家的产业结构调整，于是出现了珠三角"三来一补"的贸易模式和长江沿线的重工业城市的结构调整。承接此次劳动密集型加工产业，虽缓解了资金压力，带动了经济发展，但带来的劳动力从农业的净流出和环境的污染直接向农

---

① 在拉丁美洲或北非的发展中国家，也有因接受西方产业转移而形成的后起之秀。如巴西、墨西哥、阿根廷、智利、埃及等。但，这些国家后来大都堕入债务陷阱。

村转嫁，对中国农业农村的可持续发展仍然造成了严重的负面影响。团队在解读珠三角发展经验的调研中发现：一家服装加工企业在珠江三角洲的 20 多年两个多亿的全部利润可能与该厂 20 年来应缴未缴的排污费相当。即严格算来，该厂 20 多年来实际上赚的是应缴未缴的排污费。①

20 世纪末 21 世纪初出现了第三次国际产业转移，被称为"全球产业资本重新布局"。

由于 20 世纪 90 年代初期苏联东欧社会主义阵营解体，整个世界进入"后冷战"和金融资本主导全球化竞争时代，占据单极化霸权的金融帝国获取收益的方式发生本质变化——愈益依赖资本流入推动资本市场上升；在虚拟经济领域追求流动性获利的金融资本愈益异化于产业资本，遂使跨国企业的加工制造环节纷纷向发展中国家转移，转移的特点是层次高端化、产业链整体化、企业组团化。顺应这种产业结构性变化的规律，20 世纪 90 年代后期麇集于 IT 产业的过剩资本，在 2001 年美国 IT 泡沫崩溃后大规模流出。此后，发达国家在继续向发展中国家转移在本国已失去竞争优势的劳动密集型产业的同时，开始向发展中国家转移技术密集型和资本、技术双密集型产业；产业转移的重点也从原来的原材料工业向加工工业、由制造业向服务业转移，高新技术产业、金融保险业、贸易服务业，以及资本密集型的钢铁、汽车、石化等重化工业日益成为国际产业转移的重点领域。

此时，中国地方政府的招商引资与因 IT 泡沫崩盘的大量过剩产业资本在中国交汇，农民失地、农村生态环境被破坏等问题出现，既影响了中国农业的可持续发展和农民的可持续生计，也影响国家长治久

① 温铁军等：《解读苏南》，苏州大学出版社 2011 年版。

安的基础。

2. 客观认识WTO对中国农业可持续发展的利弊影响

2001年中国加入WTO（世界贸易组织）被作为中国进入全球化的标志。第二次世界大战期间，美国利用自己没有遭到战争破坏的工业结构，向欧洲输出军火，第二次世界大战后则利用其更加庞大的工业体系向欧洲、日本和其他马歇尔计划援助的国家输出商品和设备，这就要求能满足一般商品无国界自由贸易、自由流通秩序的建立，于是1947年推动商品自由贸易的关税贸易总协定成立。关税贸易总协定中没有把农业和金融业纳入国际自由贸易之列。

战后直到20世纪80年代，美国通过国际产业转移实现经济结构重大调整，以传统制造业为主的实体经济大规模移出，以金融服务业为主的资本经济取代实体经济，这必然要求资本无国界地自由流动。于是1986年里根政府提出把资本自由流动纳入到关税贸易总协定中。由于美国是新大陆国家，农场规模和产量都很大，主要农产品产量占世界50%以上，为了抵制各国的农产品贸易保护政策，便于美国低价农产品在国际市场上自由流通，美国要求把农产品贸易也纳入关税贸易总协定中。

从1986年9月到1994年4月，历时七年半的乌拉圭回合谈判结束，WTO应势成立，标志着第二次世界大战后1947年形成的关税贸易总协定（General Agreement on Tariffs and Trade，简称GAAT）框架下的一般商品自由贸易的结束，更标志着除了一般商品之外的农产品和金融也逐步被纳入了国际自由贸易之列。

在农业和农产品方面，WTO的原则，第一是消除贸易壁垒，第二是降低关税，第三是市场准入。按照WTO的一般原则，国际农产品协议大部分在 1995—2000 年实施，主要包括 3 个内容：增加进口市场准入，削减国内生产者支持，减少出口补贴。

全球化从表面看是全球市场要素自由流动，但如同本书第二章述及的世界农业"三分天下"，可分别归类为三种模式，互相不可能照搬，本来也不可能适用于同一种国际贸易规则。农业因其对土地、自然和劳动力等资源的依赖性，加之各国发展农业的资源禀赋条件不一致，比如像东亚，人均土地面积很少，人口众多，农业对农民除了经济功能之外，还具有社会福利、吸纳社会就业等功能，各国政府也都尽可能保护本国的农业，尤其是东亚的韩国、日本。

因为农业本身的特性，农业不适合采取全球统一的自由贸易规则。而农业被纳入 WTO，实际上是农业价格被盎格鲁-撒克逊模式的大农场农业模式锁定，这相当于盎格鲁-撒克逊模式的大农场给定了"天花板"价格，高于莱茵模式，更高于东亚模式作为农业生产成本的"地板"价，即美国、巴西、澳大利亚等机械化规模化的大农场农业不仅农产品产量高、质优价廉，且具有价格竞争力优势，价格锁定导致任何世界上发展中国家的小农经济不再可能有盈利条件。一方面全球化带动农业产值增长，更为重要的是导致小农破产、负债，农业衰败，导致农业可持续发展遭到巨大冲击和挑战。

所以，继 1999 年西雅图反全球化事件后，世界各地引发了一连串的反 WTO 和反全球化的抗议运动。WTO 及其全球化看似促进全球自由公平贸易，执行全球贸易规则、按规则平等对待成员国[1]，实质上是某些发达国家操纵世贸，以自由贸易之名，逼迫发展中国家开放市

---

[1]　高鹏：《亚文化群落与 1999 年西雅图反全球化事件》，暨南大学 2012 年硕士学位论文。

场以倾销产品，自己却实行保护主义，导致发展中国家产业陷入破产境地。[①] 2005 年 12 月 13—18 日世界贸易组织在中国香港召开第六次部长级会议，引发了属于"东亚模式"的 2000 多名韩国农民集体游行示威，反对全球化，反对 WTO。[②]

客观地分析，加入 WTO 对中国农业发展当然有其积极作用：第一，在没有其他非经济因素干扰的和平条件下，增加进口大量占用资源的基本农产品，有利于中国土地资源短缺的沿海发达地区的农业结构调整，特别是在 21 世纪中期国内粮食不能满足人口增长需求的时候；第二，在加入 WTO 之后有利于国内有竞争力的农产品增加出口。20 世纪 80 年代中国的农产品出口还是以土地资源型的基本农产品为主；90 年代以来则明显改变为以水产品、蔬菜果品和部分畜牧产品为主，并且多数年份尚且能够维持 30 亿—40 亿美元的小额顺差。因此从长期看，除了粮食、棉花、油料等基本农产品外，中国的非资源型农产品还是有一定的出口竞争力的；第三，中国开放外国投资，可能有助于资本过度稀缺的农村和农业得到投资，因为在总的资本增加的环境中，外国资本进入盈利领域，中国政府投资则可能转向农村教育、农业科技推广、资源开发与环境保护等可持续发展领域。事实上，中国加入 WTO 以后，中央政府在 2005 年启动了"新农村建设"国家战略，确实较大幅度地增加了"三农"领域的投入。

但，我们同时也应该充分认识到加入 WTO 对中国农业可持续发展带来的影响（详见延伸阅读 6）。

---

① 余维钦：《韩国农民香港示威目击记》，见 http://www.for68.com/new/2006/8/fi9720313059128600216585-0.htm。

② 林逢春、刘晓琳：《韩农示威引发的反全球化思考》，《决策与信息》2006 年第 4 期，第 26—27 页。

加入 WTO 对中国农业可持续发展的影响①

1. 对中国农民收入的影响

中美之间的粮食贸易属于典型的不平等竞争。因为粮食这种资源型产品的贸易竞争力根本上来源于地租。土地面积越大，地租的绝对值就越高。中国农村户均土地面积仅 0.4 公顷的细小规模农业，能够在粮食生产上得到的剩余本来就微乎其微，显然不能与美国平均数百公顷的大规模农场竞争，因为他们的农业剩余理论上可以比我们高数百倍。在国内粮食价格受进口压力下降的情况下，中西部传统农区以种植业为主的农民收入也会受到影响。这是因为农民收入是对农业剩余的分配，农业剩余分配也就是地租分配。大多数传统农区农民从种植业得到的收入仍然占 60% 以上。如果种植业受进口冲击比较收益进一步下降，农民种地就只能继续亏损。

2. 对中国农业生产的影响

中国几种重要农产品的品质，都比国际同类农产品的品质低，如占中国小麦产量中大约 40% 的硬麦，面筋度含量还比较

① 根据温铁军《WTO 原则对我国农业及其他方面的影响》，《浙江现代农业化》2001 年第 4 期，第 12—17 页；温铁军 2001 年 11 月在北京大学的讲座整理。

高，但跟国际上高面筋度含量的小麦相比，只占总产量的不到20%。国外大豆的出油率比中国大豆的出油率高4—5个百分点。而中国这几种重要的农产品的国内价格却远远高于国际市场价格。中国国内的大豆价格高于国际市场价格50%—70%，大米价格高于国际价格40%左右。因中国农业资源严重短缺，中国这几种重要的农产品在国际市场上没有竞争力。

尽管按照最低关税配额，只是一个核定额度。但因主要农产品的国际市场价格远远低于国内市场价格，中国巨大的市场需求，势必导致从事种植业已经亏本的农民饱受雪上加霜的"卖粮难"的苦。

加入WTO谈判中，关于农业保护，最终的妥协是8.5%，但与中国9亿农民没有直接关系。因为这几年粮食的库存积压过于严重，占压太多财政补贴和银行的贷款，因此政府财政补贴是补给粮食部门和外贸进出口部门，仍然在政府垄断部门系统内循环。

因此，如果进口的粮食质优价廉而国家又不能通过计划价格或直接对农民的粮食生产予以补贴，势必降低农民的种粮积极性，则关系国家战略安全的粮食生产势必受到影响。

3. 对中国农村就业的影响

中国世纪之交面临的最大问题是低素质人口的过度膨胀和简单劳动力的严重过剩。WTO能够促进的就业主要集中在以金融和贸易为主的服务业，对中国20世纪末过剩的两亿多低素质的农业劳动力的非农就业，显然不可能起拉动作用。在国务院发展研究中心新公布的一项调查中，约70%的农民外出打工是被已经捉襟见肘的农业资源短缺"推"出来的；进城农民中约60%表示找不到工作也回不去。如果中国在农产品国际贸易上按照WTO原则作出让步，加剧了农民入不敷出的矛盾，那么，更多被"推"出来的农村劳动力无业可就的问题将造成严重的社会矛盾，破坏安定团结的局面。

3. 当代金融危机成本转嫁对中国农业可持续的影响

当代全球化是在全球三大资本过剩，特别是异化于产业资本的金融资本严重过剩的压力和挑战下，金融资本和产业资本过剩部分转向其他产业，特别是虚拟经济产业，带来了严重的金融危机。全球化背景下的中国当代金融危机因成功向农业进行成本转嫁而得以"软着陆"，却严重影响了中国农业的可持续发展。

1997年东亚爆发金融危机，中国对国际市场的出口大幅下降，出口对经济增长的拉动由1996年的4.2个百分点降到1998年的1.3个百分点。[①] 在国内因宏观调控至投资转向温和增长的态势下，外需下降直接导致国内发生了以萧条和通货紧缩为主要特征的经济危机。

1998年在经济增长速度较大幅度回落的情况下，因建设而占用的耕地反而出现了较大幅度增长。从整体来看，大规模基础设施建设确实打造了城市的资产池，但同样难以避免以大量征用农地为代价的弊

---

① 资料来源：中国经济网统计数据库——海关月度库。

病，而在治理劣化的条件下每一次资源的重新分配和调整都可能引发冲突。除人地关系更加紧张以外，土地资源资本化过程中还因为收益分配问题使农村社会发生了大量冲突甚至群体性事件。

此次由金融危机导致的宏观经济周期及萧条阶段对农村经济、农民收入乃至农村治理的影响是多方面的。

1994—1996 年经济过热阶段政府大幅拉高粮食的国家收购价，起到了刺激基本农产品生产迅速增长的作用，但接着 1997 年经济周期发生作用，城市需求相对减少，当中国经济转向萧条后供给过剩矛盾显露，粮食价格和农业收益双下降，农村经济也从 20 世纪 90 年代中后期起愈益显现出衰败趋势。

20 世纪 90 年代以来以化解城市危机为导向的一系列改革，包括 1998 年开展的以降低国有银行风险为主要目标而进行的农村金融改革，为拉动内需而进行的教育、医疗等领域的"产业化"改革等，都成了将农村稀缺的资金资源抽向城市的"抽水机"。

比如农村金融改革，随着银行商业化改革的推进，资金加速从缺乏流动性的农业领域流向非农部门和城市地区，农业和农村从国家银行系统获取的贷款份额也越来越少，到银行市场化改革完成的 2002 年，农村享受的贷款只占全社会贷款总额的 10.4%（陈锡文，2004）；农村资金供求缺口也在不断增大，从 1991 年的 4622.96 亿元增加至 2004 年的 103320.51 亿元（武翠芳等，2007），使得农村的发展面临资金短缺的困境，20 世纪 90 年代后期至今，农村高利贷大面积发生。

由于这一时期属于农村上层建筑的政府刚性支出，并不随着经济运行陷入低谷而自发缩减，反而持续膨胀。这一方面缘于乡镇企业破产倒闭、非农就业机会减少，反过来促使基层财政供养人数进一步增加；另一方面，1994 年财政体制分税制改革后，上级政府各部门基本上采用"财权上收、事权下移"的方式，将难以通过简单市场化"甩"掉的农村的基础设施、义务教育、医疗卫生等公共物品的供给责任逐级下推，作为中国最大弱势群体的农民，最终在90年代的改革中成为农村公共物品所需财政资金的主要供给主体（例如，"教育集资"一度在农民负担中占相当高的比重）。因此，从20世纪90年代末直至2004年中央政府宣布取消农业税之前的这段时间里，各地"不准加重农民负担"的文件密集出台，客观上也反映出"农民负担不断加重"的事实。

综上所述，此次危机尽管是严峻的挑战，但由于中国政府1998年开始的一系列强力干预，1997年和1998年两年的GDP增速分别保持在7.8%和7.6%，维持了中国经济增长和社会相对稳定。

在考察制度变迁中"制度收益与制度成本的分配"时，我们发现："借由一定的制度安排，某些主体可能更多地占有制度变迁的收益，其他主体却更多承担了制度变迁的成本。"近现代以来，中国发展过程中因国内、国外危机压力导致的制度变迁及其形成的路径依赖所产生的成本都向中国农村进行转嫁，导致了中国农民的贫困、农业的衰败，影响了中国农业可持续发展。

三、从有机到污染：近现代科技对传统农业的深刻影响

中国传统农业因其精耕细作的耕作方式，是无农药、无化肥、物质循环利用的有机生态的无废弃物农业。新中国成立后，虽逐步建立了一批化肥生产线，但是受制于当时的技术条件和经济发展水平，直到20世纪80年代中期，化肥和农药的产量和使用量并不高，20世纪50年代，中国1公顷土地施用化肥仅8斤多，1978年，中国化肥施用

量仅为 884 吨①，农村依然延续着千百年来传承的有机农业生产方式。

20 世纪 80 年代中后期，中国农业技术发生了颠覆性的转变。中国农业从"低能耗、低污染"的传统有机生产方式大规模转向"高能耗、高污染"的化学农业②，农药、化肥、除草剂、添加剂、农膜、转基因已经成为中国农业不可少的六大要素③。生物化、化学化、石油化和机械化在技术领域对中国传统农业进行颠覆性的改造。

（一）绿色革命与农业"化学化"

第二次世界大战后，发展中国家人口迅速增加，占世界人口约八成，却存在严重的饥饿和贫穷问题，对农产品的需求日益增长。如何依靠科学技术更快地发展农业，解决农产品供给问题，成为国际社会普遍关注的问题④。受现代遗传学影响，追求传统品种与外来品种杂交技术，以培育出高产且能承受更多更重穗子的抗倒伏矮秆品种相继被成功培育。由菲律宾国际水稻研究所、墨西哥国际玉米和小麦改良中心育成的矮秆（半矮秆）高产水稻和小麦品种，以及利用遗传技术所育成的品种，在 20 世纪 60 年代广泛被推广。这种以推广优良品种为主要内容的技术改革，被称为"绿色革命"⑤。

---

① 丁声俊：《食以安为先》，《绿叶》2016 年第 1 期，第 8—10 页。
② 张伟兵：《中国传统有机农业是如何转变为化学农业的？——农业生产方式变迁的危机及其可能的前景》，《社会科学战线》2017 年第 9 期，第 171—183 页。
③ 蒋高明：《中国未来农业向哪里去——"生态农业：试验与前景"专栏主持人语》，《工程研究——跨学科视野中的工程》2012 年第 1 期，第 7—9 页。
④ 蒋建平、王东阳：《中国的绿色革命与持续农业》，《北方园艺》1994 年第 1 期，第 1—3 页。
⑤ 蒋建平、王东阳：《中国的绿色革命与持续农业》，《北方园艺》1994 年第 1 期，第 1—3 页。

延伸阅读

7

绿色革命与中国农业①

1956 年，广东省培育出我国第一个早熟矮秆早籼良种"矮脚南特"，到 1965 年，南方稻区籼稻已基本实现矮秆化。

1973 年杂交水稻实现籼型三系配套，1975 年基本建立种子生产体系，20 世纪 70 年代推广南优、汕优、威优、四优四大系列组合，1976 年推广面积已达 13.3 万公顷，1990 年达 1530 万公顷，10 年间平均每公顷增产 2415 公斤。

20 世纪 90 年代，中国杂交玉米已普及推广，1991 年每公顷单产达 4575 公斤，比 1978 年增长 61%，总产达 9877 万吨。

用"绿色革命"遗传育种技术培育出的品种，与传统的本地品种相比较，在产量上的确有压倒优势。当然也带来一系列消极的影响。在地的传统的农作物品种，因缺乏竞争力而不断消失，破坏了在地的自然生态系统；通过新技术培育的农作物品种，不仅使得农民无法留种，而且有关部门配合商业化种子公司，甚至开放海外公司进入形成垄断，农民必须每年购买商业化的种子，终于使农民因无法掌握控制种子资源而丧失食物主权，国家也因物种和种质基因流失海外而影响生物产业竞争中内生的国家安全问题。

① 蒋建平、王东阳：《中国的绿色革命与持续农业》，《北方园艺》1994 年第 1 期，第 1—3 页。

为了维持新品种的高产，必须投入更多的化肥，用除草剂抑制杂草，用农药抑制病虫害。大量化肥、农药、除草剂的使用带来严重的土壤污染和食物安全问题。20 世纪 50 年代，中国每公顷土地施用化肥仅 8 斤多。2015 年，中国每公顷施用化肥 868 斤。60 年间每公顷土地化肥施用量增长了 108 倍多。1978 年，中国化肥施用量仅为 884 万吨。1985 年，化肥施用量增长为 1775 万吨。2015 年，中国化肥施用总量超过 5900 万吨，接近世界施用总量的 1/3[①]，但有效利用率仅为40%，其余的则变成了污染源。1990 年，中国农药施用总量为 70 万吨，到 2005 年中国农药的积累用量已达 400 多万吨，使用量居世界第一位。2009 年中国农药施用量已经达到了 170 万吨，其中除草剂用量约 70 万吨（《中国农业年鉴》，2010）[②]。到 2010 年，中国农药施用量已经超过 170 万吨[③]，据有关部门测算，真正能发挥作用的顶多为30%，接近 70% 的农药在喷洒过程中被喷到了地上或者飞到空中，造成的污染非常严重[④]。大量施用农药化肥，导致土地板结、地力下降、土壤中重金属超标，农产品的营养价值和口感大幅下降；各种食品添加剂、动植物生长激素被滥用，最终进入人体，威胁人体健康。专家称，中国发生频率日渐增高的肥胖症、高血压病、心血管疾病等现代疾病，与环境恶化、食物链"毒化"有非常大的关系。[⑤] 这给农产品

① 杨俊、李争、李文波：《农户耕地污染响应机制及影响因素研究——以环鄱阳湖地区为例》，《长江科学院院报》2016 年第 12 期。

② 温铁军、程存旺、石嫣：《中国农业污染成因及转向路径选择》，《环境保护》2013 年第 14 期，第 47—51 页。

③ 丁声俊：《食以安为先》，《绿叶》2016 年第 1 期，第 8—10 页。

④ 陈锡文：《中国农业发展形势及面临的挑战》，《农村经济》2015 年第 1期，第 3—7 页。

⑤ 蒋高明：《当代乡村建设的"三农"问题》，《绿叶》2013 年第 7 期，第34—41 页。

安全、农村和农业可持续发展都带来严重的影响。

同时，农药、化肥等农资价格每年都在上涨，大大提高了农业生产的投入成本，导致农业成为负收益的产业，甚至使很多农民陷入债务危机。

（二）白色革命的增产与白色污染的灾害

1951 年，日本开始用塑料薄膜取代油纸，并在农业上应用塑料薄膜技术。1976 年，日本地面用塑料薄膜覆盖面积达 20 万公顷以上。地膜在农业上的广泛应用，引发了人类农业生产史上以大幅度增产为目的的"白色革命"。

20 世纪 70 年代初，中国部分地区曾利用废旧普通农膜对蔬菜、棉花等作物进行小面积栽培试验，取得一定的成效，但由于经济、技术原因未能得到推广。1978 年通过农牧渔业部从日本引进地膜技术，地膜用于农业生产并在中国迅速推广。

延伸阅读

8

石本正一与中国农业白色革命[①]

石本正一，日本农学博士，从 1974 年起，致力于中日农业技术交流，最早向中国传授地膜覆盖和园艺技术。他还无偿提供各种设施、农膜、技术资料，并派遣专家、教授来华指导。

---

① 周冬霖：《给中国农业带来白色革命的石本正一》，《国际人才交流》2009 年第 8 期，第 26—27 页。

1979 年，在石本正一先生的指导下，中国开始以蔬菜为主进行地膜覆盖技术试验研究。1982 年开始大面积多领域推广，逐步将此技术广泛应用于粮、棉、油、烟、糖、瓜、果、药、茶、麻等栽培领域。

在石本正一的指导下，在各部门的大力协调下，我国科技部门等组织科研人员进行消化吸收和示范推广。从农膜的栽培机理、农膜的覆盖栽培到新型农膜的开发生产、覆盖机具的研制，技术日趋成熟，应用面积也迅速从 1979 年的 660 亩（1 亩≈666.7 平方米）增加到 1997 年的逾 1 亿亩，累计推广面积达6.33 亿亩，成为世界上最大的地膜生产国和使用国。

在石本正一的大力推动下，中国 30 个省、市、自治区开始大面积使用地膜用于农业生产，同时开始建设农膜生产工厂。1982 年 12 月 22 日，中国国际信托投资公司同北京矿山总公司合作，以租赁形式引进日本的两套年产 250 万条聚丙烯编织袋生产线和年产 2400 吨农用薄膜的生产设备工厂。塑料地膜、塑料大棚迅速从城郊发展到大田，从北方发展到南方，从平原发展到丘陵山区，甚至西北及西藏、内蒙古。中国的塑料大棚及地膜覆盖面积超过 2 亿亩，农膜和地膜年消费量超过 110 万吨，居世界首位。

塑料薄膜技术在农业上的应用的确大幅度提高了农作物的产量。

土地覆盖农膜后，由于改善了土壤温度、湿度，生长季节可以延长，产量能够提高 20%—50%，甚至可使个别作物产量翻倍。

从 1982 年到 1995 年的 13 年里，中国地膜覆盖技术在所有省、市、自治区 40 多种作物上大面积推广，推广地膜覆盖栽培累计增产粮食 2642 万吨，花生 355 万吨，糖料 655 万吨，蔬菜 2090 万吨、瓜果 4488 多万吨，农业增值超过 950 亿元。

然而，单纯追求增产而在全国全面推广地膜，却忽视地膜的及时回收和处理，也给农业生产带来"灾难性"的"白色污染"问题。

目前，中国每年使用的塑料薄膜大概为 240 万吨，但每年回收的不到 140 万吨，约有 100 万吨以上农膜残留于土壤中，残膜率达 40%[①]，造成土壤板结，通透性差，地力下降，严重影响了作物的生长、发育和产量。[②] 新疆维吾尔自治区农业厅农村环保与能源发展处处长努尔穆罕默德·祖农说，残膜需要 200—400 年才能分解，多年的残膜没有回收，与土壤混杂在一起，在耕地表层 30 厘米土壤中形成不透气、不返墒的板结层，制约土壤的再生产能力，对农业生产环境、自然环境和农民收入都造成了严重影响。[③] 据新疆维吾尔自治区农科院土壤肥料与农业节水研究所的调研报告显示，残膜会造成种子发芽困难，根系生产受阻，农作物生长发育受抑制，种子播在残膜上导致烂种烂芽，烂芽率达 5.17%。而据统计，覆膜平均使棉花增产 16%，而覆膜 20 年的棉田残膜可使棉花减产 12%，增产部分几乎与残膜危害和地膜成本相抵消。[④]

---

① 蒋高明：《当代乡村建设的"三农"问题》，《绿叶》2013 年第 7 期，第 34—41 页。

② 袁海燕、文卿琳：《"白色革命"与农业的可持续发展》，《宁夏农学院学报》2001 年第 2 期，第 73—75 页。

③ 杨涛利：《"白色革命"何以成"白色灾难"？》，见 http://www.solidwaste.com.cn/news/223686.html。

④ 杨涛利：《"白色革命"何以成"白色灾难"？》，见 http://www.solidwaste.com.cn/news/223686.html。

（三）传统农业 vs 农业机械化

焦长权、董磊明认为新中国成立后的农业机械化历程有三个重要时期。农业集体化时期农业机械化的启动和初步发展时期；实行家庭联产承包责任制之后到 2000 年的农业机械化缓慢发展期；2000 年之后，特别是 2005 年之后，农业机械化飞速发展期。

延伸阅读
9

中国农业的机械化发展①

1. 农业机械化初步发展期

新中国成立后，苏联援助中国进行城市化和以军事重工业为主的工业化建设，为了接受苏联模式工厂生产出来的大型拖拉机，维持拖拉机厂的生产和效益，实现工农两大部类产品的交换，中央推行了"三级所有、队为基础"的人民公社制，带动了 2000 多家拖拉机厂的生产，也使得中国农业机械化得到初步发展。

2. 农业机械化缓慢发展期

1982 年，中国开始推行家庭联产承包责任制，农村分散的家庭经营不能消化大中型的农业机械，农业机械化发展受到冲

① 焦长权、董磊明：《从"过密化"到"机械化"：中国农业机械化革命的历程、动力和影响（1980—2015 年）》，《管理世界》2018 年第 10 期，第173—190 页。

击，发展速度缓慢。20 世纪 80 年代中后期，农村对大中型拖拉机拥有量持续下降，从 1987 年的 88.10 万台，下降到 1996 年的 67.10 万台，90 年代后期才开始重新增长，2000 年回升到 97.5 万台，接近 20 世纪 80 年代中期水平，大中型拖拉机配套农具的拥有量变化趋势也是如此[①]。

这一时期，农民对小型机械的拥有量快速增长，从 1980 年的 187.4 万台，增长到 1990 年的 689.1 万台，到 2000 年已达到 1264.4 万台[②]。其他小型农业机械，如机动脱粒机、农用水泵、喷雾器等拥有量也快速增长。

3. 农业机械化飞速发展期

2000 年之后，农村实施税费改革，农业经营环境逐渐改善。2004 年《农业机械化推进法》出台，2005 年开始，中央投入大规模的政策补贴，中国农业机械化进入飞速发展时期。

2000 年以后，大中型拖拉机和联合收割机开始大规模使用。2004 年增长到 100 万台，2010 年增长到 392.17 万台，2015 年增长到 607.29 万台，10 年间总量约增长了 6 倍。大中型拖拉机配套农具也由 2000 年的 140 万部增长到 2010 年的 612.9 万部，到 2015 年达到 962 万部，10 多年时间增长了近 7 倍。

---

① 焦长权、董磊明：《从"过密化"到"机械化"：中国农业机械化革命的历程、动力和影响（1980—2015 年）》，《管理世界》2018 年第 10 期，第 173—190 页。

② 焦长权、董磊明：《从"过密化"到"机械化"：中国农业机械化革命的历程、动力和影响（1980—2015 年）》，《管理世界》2018 年第 10 期，第 173—190 页。

技术对中国传统农业的改造，其本质是农业不断资本深化的过程，不管是高科技的使用，还是农药化肥、机械化的投入，都需要资本的不断追加，使得中国传统农业向"资本增密，排斥劳动"的工业化农业演化。使用机械化，需要打掉田埂，需要追求规模经营。中国70%以上是山区、高原，客观上并不具备大规模机械化经营的条件，即使具备条件，也因种植单一作物，缺少生物多样性和生物防治，需要使用更多的农药化肥，这将导致生态环境恶化，也客观性地导致中国农业内生性的不可持续。

四、可持续生态发展：中国农业的唯一出路

农业因其与自然资源要素天然共生的属性，决定了其发展内涵性地对生态环境和人文社会具有多重"正外部性"，并且是无法计量的，因此不能完全照搬只追求经济利益最大化的工业化发展模式。中国是一个农业人口大国，农业具有"生产、生活、生态"三生属性，农村具有"共存、共生、共享"的三共特征；依存于"三生"和"三共"的村民，也不可能是盎格鲁-撒克逊模式的职业化农民。由此，中国农业的可持续发展必须兼顾农民的生计、农村的就业和生态系统的可持续性。

近代以来的历史经验表明，中国农村是有效化解中国经济危机的缓冲带，中国农业安全是国家安全的重要基石。据此看，调整中国农业的发展向着可持续的方向回归，乃是践行生态文明语境下的题中之义，是乡村振兴战略下的延续乡土中国历史发展的必然。

进入21世纪以来，党的十八大报告把生态文明建设纳入国家"五

位一体"总体布局，党的十九大报告把实施乡村振兴战略作为新时代"三农"工作总抓手，强调农业农村优先发展。生态文明建设和乡村振兴战略的提出，意味着国家对过去几十年加快工业化、城市化战略做出了方向性调整。2017 年年底的中央农村工作会议继而明确实施乡村振兴战略的目标任务是：到 2020 年，乡村振兴取得重要进展，制度框架和政策体系基本形成；到 2035 年，乡村振兴取得决定性进展，农业农村现代化基本实现；到 2050 年，乡村全面振兴，农业强、农村美、农民富全面实现。[①] 党中央强调农业农村优先发展，而不再是工业化和城市化优先发展，这一国家政策导向的改变必然带来农业生产和经营模式的改变。

在乡村振兴战略和生态文明语境下中国农业如何发展？生态文明新时代，需要针对过去几十年国家工业化、地方政府工业化，以及全球化对中国传统农业的制度性和技术性改造带来的产业化局面，在制度和技术两个方面对中国农业做可持续发展回归：其一是推进"生产、购销、信用"三位一体综合合作，完善农业基本经营制度，发展新型集体经济；其二是借鉴传统农业生产方式，推广种养结合、立体循环农业。以此为基础，发展具有文化、教育、康养等内涵的三产化农业，对山水田林湖草等自然资源做整全立体开发。

（一）组织化变革：壮大农村集体经济

早在 2001 年，习近平在其博士论文《中国农村市场化建设研究》中，就明确提出只有"走组织化的农村市场化发展路子"，才能提高农产品市场竞争力。2006 年，习近平主政浙江，确定综合合作的"三

---

① 《中央农村工作会议在北京举行　习近平作重要讲话》，新华网 2017 年 12 月 29 日，见 http://www.xinhuanet.com/2017-12/29/c_ 1122187923.htm。

位一体"构架，并在瑞安市试点"三位一体"综合协会，当年年末习近平到瑞安总结"三位一体"综合合作经验①。

2014年9月，习近平在中央"深改"第五次会议上强调："农村问题是政治经济稳定的核心问题，要壮大集体经济，保障农民财产性收入。"从此，以农村资源资产化为基础的集体经济政策拐点出现，大量配套政策出台，最终落实为"资源变资产、资金变股金、农民变股东"的三变改革。2017年党的十九大，正式作出了实施乡村振兴战略的重要部署，提出要"深化农村集体产权制度改革，保障农民财产权益，壮大集体经济"，"培育新型农业经营主体，健全农业社会化服务体系，实现小农户和现代农业发展有机衔接"。2019年中央一号文件还指出，要全面深化农村改革，激发乡村发展活力，不论是合作社，还是股份制改革等，都把农村财产关系的变革作为主要内容。由此可见，壮大村级集体经济、培育村级综合性合作组织、健全村级农业社会化服务体系，是中央要求的乡村振兴必需的组织制度创新工作。

如果说新中国前60年，是农业、农村支持工业、城市发展，农村三要素外流，那么，在习近平新时代中国特色社会主义时期，则是工业、城市反哺农业、农村，城市三要素相对回流农村，在城乡融合中实现乡村振兴。

新形势下，需要在县域范围内整合乡村现有资源和城市回流的资源，包括中央、省、市的支农资金，下派干部、大学生村干部等支农人才，以信用合作为主体，生产、供销合作为两翼，实现大合作，形

---

① 《发展"三位一体"综合合作　加快打造为农服务大平台》，人民网2017年12月1日，见http://theory.people.com.cn/n1/2017/1201/c40531-29679501.html。

成覆盖县、镇、村的"三位一体"农业综合体。构建"三位一体"组织体系，促进城乡资源双向流动和要素合理配置，为农户走向市场开辟新空间，推动农业全面升级、农村全面进步、农民全面发展，实现乡村全面振兴，同时为国家应对全球经济危机，实现民族复兴奠定坚实基础。

乡土村社是"三位一体"联合社的最核心、最底层结构，主要功能是组织群众。村庄是中国农民生活的基本社区单元，村两委是集"体制优势和自治优势"于一体的、具有完备制度设计和组织农民优势的社区正规组织。欲突破小农困境，把小农合作成相对规模性的经济、社会和文化综合体，均需要村两委主导。这一方面是基于以农村血缘地缘为边界的、内部化的"两级构造"（村集体和农户）、"两权分离"（村集体共有，使用权归农户）的土地产权关系，需要充分利用村两委这一村社自治体，对社区内部各种资源进行整合，使社区内生产要素和社员收入的整合达至最大化；另一方面，在村庄层面搞农民综合合作，也是希望为村两委等村庄正式组织在生态文明时代的功能转化提供一个契机，为其结构功能改善提供有效抓手。以生态农副业多样化经营为基础、以联合购销为流通手段、以资金互助为核心的村级综合性生态农产品合作社，作为农村经济基础的一个组织载体，是新时期完善家庭承包制与集体所有制"统分结合"的有益探索。以此恢复被严重损害了的"农户理性"和"村社理性"。

（二）模式化变革：借鉴传统农业优势的立体循环农业

循环农业为主的立体经济本来是数千年中华民族生存之本，但当前一个时期反而成为短板。主因是照搬美国的单一作物区划和满足资本下乡主导的产业化农业，致使我国循环农业的发展比较滞后，因此还需要借鉴国外循环农业先进经验。当然，具体操作要符合我国国情和各地的区情，因地制宜地走中国特色循环农业发展道路。

1. 循环农业与传统农业的比较

传统的经济发展模式是物质单向流动的线性开环式（资源–产品–污染排放），具有高开采、低利用、高排放的特点，人们的核心目标是最终产品的最大化，资源投入和废弃物排放都是围绕这个目标进行。在这种单一经济利益、资本利益最大化目标的驱动下，人们以越来越高的强度，不考虑环境污染代价、不计资源成本地把地球上的物质和能源开发出来，在生产、加工和消费过程中又把废弃物排放到环境中，对环境造成严重的污染。这种经济增长方式给环境造成了极大的破坏，也导致了许多资源的短缺甚至枯竭。当前，随着资源、环境和经济社会的矛盾日益尖锐，这种传统的以牺牲生态和环境为代价的经济增长方式已经不适用于当前农业的发展。

循环经济是"资源–产品–再生资源"的闭合式流动，具有低开采、高利用、低排放的特点，其核心是实现物质能量循环流动的闭环式反馈，它要求人类的经济活动要遵循自然生态的规律，将人类的生产和自然组织成一个物质反复循环流动的大系统，实现整个经济系统在生产和消费的过程中基本上不产生或者只产生极少的废弃物。循环经济的核心理念要求在经济发展过程中做到资源、产品、再生资源三者平衡兼顾，从而从根本上消解不断尖锐的发展与环境保护之间的矛盾。[①] 其区别如表3-2所示。

---

① 刘凝霜：《对我国加快发展循环经济的几点思考》，《现代经济信息》2009年第10期，第11—13页。

表 3-2 循环农业与传统农业的区别

序号	项目比较	循环农业	传统农业
1	理论基础	生态学、生态系统理论 产业经济学	西方经济学、政治经济学
2	经济增长方式	内生型增长	数量型增长
3	物质运动方式	物质能量循环流动的 闭环式反馈型流程 (资源-产品-再生资源)	物质单向流动的 开环式线性经济 (资源-产品-污染排放)
4	对资源环境 的影响	环境友好型 经济增长方式	以牺牲生态和环境为代价 的经济增长方式
5	资源使用特征	低开采、高利用、低排放	高开采、低利用、高排放
6	经济评价指标	绿色核算体系	单一经济指标
7	经济发展要素	劳动力、资本、环境 自然资源、科学技术	土地、劳动力、资本
8	社会目标	经济、环境、社会协调发展	经济利益、资本利益最大化

中国历史上传统的"粮猪型"小农家庭以农为主的综合生产,农户种田兼养禽畜的同时开展家庭工副业,由于生产过程与自然合一,本来就是"种养结合"生态化的有机农业模式,小型农户经济生产过程中几乎没有废弃物,农作物秸秆和人畜粪便等有机物,包括厨余和墙土都实现"资源生态化"利用,由此在村社内部自然形成人-禽畜-作物之间简单的、不必依赖外界输入也可大体维持能量均衡的生态循环。传统小农家庭内部化不计算劳动力成本的投入机制,使传统农业能够在交易成本最低的同时实现综合"正外部性"最大化,根本不产生现代化种植和规模化养殖对土壤、水体、大气、环境立体交叉污染和食品不安全等严重的"负外部性"问题。

2. 循环农业的价值增值

在循环农业生态系统中农业生产的各个环节连接更加紧密,节省了生产要素的使用，使整个系统的产业结构更趋合理，增值农产品的价值量。

循环农业的价值增值发生在两个层面上：一是农产品外循环的生产加工过程中的价值增值；二是内循环的废弃物资源再生产和再利用过程中的价值增值。外循环完成由原料到产品的转化，实现价值的增值。农副产品加工业在原料上以作物果实和植物纤维为主，产品以食品、药品、农副产品等加工品为主，内循环废弃物到能源、资源的转化，实现资源的再生利用和能源节约，达到价值增值的目的。①

在农业生产过程中，农产品的第一次价值增值是农民通过对劳动力、化肥农药、种子、资金等生产要素的投入生产出农产品；随后农产品通过机械设备、资本、劳动力等生产要素的投入，进入深加工产业链环节，生产出具有使用价值的产品，实现了价值的第二次增值，另一部分进入生物质产业链；具有使用价值的产品随后进入消费品市场，经过储藏、运输、销售等环节，最后被消费者消费，实现了价值的第三次增值。消费者通过消费产品，实现了自己的价值。然后再次投入到农业生产过程中，继续农产品的外循环过程。在可再生资源的内循环路径中，农业生产过程中产生的废弃物（如秸秆等）进入生物质产业链循环，并通过各种生产要素的投入，生产出能源燃料等有用产品，实现了价值的增值过程，生产出的有用产品，一部分作为投入要素进入农产品深加工产业链循环，另一部分供应其他产业发展需要，或进入经济活动过程，或产生供求关系，促进农业生产。

---

① 尹昌斌、周颖、刘利花：《我国循环农业发展理论与实践》，《中国生态农业学报》2013年第1期，第47—53页。

3. 循环农业的主要模式

好的循环农业模式可以解决农业产生的污染问题，同时可以优化农业产业结构；不仅节约了农业资源，还有效利用了剩余资源，从而大大提高了产出效果。通过总结归纳，目前主要有三种循环农业发展模式。[1]

（1）物质循环利用模式——"种、养、沼"结合

这种模式主要是通过农业废弃物多级循环利用，即剩余价值再利用，将一种产业的废弃物或副产品用作另一种产业的原材料。推广畜禽粪便自然发酵、直接还田，好氧发酵、有机肥生产，沼气生产、渣液还田等资源化利用技术发展循环农业模式，实现"种、养、沼"结合：农业作物种植可以用作动物养殖的饲料，动物产生的废弃物（粪便等）和作物的废弃物（秸秆等）可以用作沼气的基料，最后再用产生的沼气作为燃料，将产生的沼液、沼渣作为有机肥，再还田。

（2）减量化生产模式——有机认证农产品

这种模式主要是减少使用或规范使用化肥、农药及添加剂，积极发展绿肥种植，大力推广商品有机肥，实施稻田秸秆还田，深入推进测土配方施肥，生产出来的农产品可以进行绿色或者有机食品的认证。推进重大病虫疫情监测，推广绿色防控，推进高效药械替代，开展病虫害统防统治，实现农药使用量零增长、减量化。

（3）生态产业园模式——休闲旅游与传统农业结合

这种模式主要是结合乡村生态产业特色，支持推动乡镇、村落重

---

① 《生态循环农业的三个发展模式》，央广网 2019 年 4 月 20 日，见 http://country.cnr.cn/mantan/20190420/t20190420_ 524584755.shtml。

点文化旅游节或重要农事采摘节（赛）活动，推进乡村旅游产品及项目开发，进一步丰富乡村生态旅游业态。以果蔬等传统农产品种植产业为支撑，结合采摘、点种、插秧、耕耙等农事活动，开发以田园娱乐体验、生态养生等农事农趣体验为特色的循环农业模式，力求促进三生融合。

（三）战略化变革：对农村自然资源立体式开发

生态文明新时代可持续农业与过去工业化、产业化农业的最大不同是发展农业的多功能性，以及由此带来的不同于一产农业时期的对"山水田林湖草"等自然资源的整全开发利用方式。具体逻辑思路和操作方法如下：

1. 平面资源利用转变为空间资源立体整全开发

从历史上看，中华民族文明之所以能够不间断传承，很重要一点就是因为人和生态是和谐共生的。只是在当代快速城市化和工业化过程中，才形成了反生态化的生产生活方式，既造成对生态环境的严重破坏，又造成严重的生产过剩，并且还造成食品不安全等社会问题。新时代"两山"理论指导下的乡村振兴战略使得生态空间资源有了再定价的条件，国家倡导城乡融合仍以乡村作为空间资源的综合载体打造生态宜居的民生基础，这本身就是保持生态空间资源价值和增值生态空间资源的过程。针对农业"粗放数量型增长"及与其相应的粗放制度所造成的代价，已经提出"农业供给侧改革"配合乡村振兴战略；据此要求产业兴旺需体现空间资源系统开发为内容的"三产融合"、实现立体循环的绿色生产方式，遂要在生产关系变革中依托乡村"三生合一"，构建主体间在多目标下多领域内合作形成的结构性合约。进而，因合约的结构性所形成的制度必有别于适应单一要素或要素单一功能的制度体系，而是体现要素多种功能内在的黏性特征所要求的复杂制度安排。因此，只有通过构建具有多重博弈特点和内部化功能的合作经济和新型集体经济，形成涵盖全体成员的结构性合约，才能弱化空间资源开发中的交易成本及外部性风险，实现全域资源的整全开发。

2. 生态资源价值化与资本深化

当自然和生态环境承担工业和工业化农业的无数污染和成本转嫁，直接威胁人类正常生存时，无言的自然环境成本属性才被"解蔽"；直到中央政府提出"绿水青山就是金山银山"，自然和生态环境作为"价值中心"的属性才被认知。"两山"思想的提出，是马克思主义政治经济学重要范式突破点，它将"工业化-现代化-农业产业化"发展逻辑中的单一产业要素变成了"三产融合"价值要素、创生的要素，同时兼具多业态、多功能的"三生属性"。当前形势，一方面是国内产能过剩、资本过剩，高污染、高负债的"两过剩两高"双重压力迫切需要经济绿色转型；另一方面则是中美关系不确定因素增大，加快了中国用代表主权信用的人民币来货币化资源性资产，主动推进生态资源价值化以缓解金融风险，其中重要环节是在实现生态资源价值化后，要提升绿水青山"颜值"，做大金山银山"价值"，实现生态资源价值增量的生态资源资本化。

3. 三产融合与六产化

2015 年 1 月发布的中央一号文件，明确指出了我国农业现代化面临的重大挑战，同时强调要走一、二、三产业融合发展的道路，由生产导向转为消费导向。这对于以往更多注重"二产化"的农业产业化而言，是更为丰富的"三产化"发展的创新思维。"三产化"农业在每一个产业层次都会带来要素的重新定价，体现所谓产业升级的内生增长机制。借用级差地租理论来分析，农业"一产化"只能增加绝对地租，"二产化"增加的是产业级差地租，而"三产化"因极大地拓展了被重新定价的要素范围，带来的级差地租增加将会数倍于"二产化"农业。进入21世纪，中央明确把生态文明作为超越发展主义的历史性转变，先后提出新农村建设、乡村振兴等一系列重大战略。2012年党的十八大把生态文明纳入"五位一体"，并提出"努力建设美丽中国，实现中华民族永续发展"；2015年提出深化生态文明体制改革；2017年党的十九大提出乡村振兴战略；2019年中央一号文件提出乡村振兴重大战略。这个决策过程体现出把生态文明与乡村振兴相结合的中国道路。乡村振兴很大程度上取决于生态文明的综合战略部署，即包括山水田林湖草的全域空间生态资源的价值化实现。在生态文明战略引领下，推进乡村振兴需要实现乡村生态经济"六产化"：一产农业要绿色环保，发展立体循环农业和两型经济；二产增值靠乡村百业发展，以及传统工艺作坊，实现生态化的产业兴旺；三产发展要农旅运三结合，运用定制化等新模式；四产升级要结合农事体验发展乡村教育和多元文化；五产是在前面四个基础上才能形成的无价的生命产业，生态农业为基础的养生、养老及中医药养病等可以生发更多创意题材；六产则是以乡村复兴为基础的历史传承。

4. 生态资源价值化实现的三级市场制度设计

首先，借用上市企业先在一级市场完成股权设置及协商定价的制度，让乡村集体经济组织在农村生态资源转为股权过程中发挥类似股票一级市场"做市商"作用：首先要让村集体作为村域内部"资源整合者"，完成村内涉及三产的资源的内部"初次定价"，依靠村内组织等社会资本与传统关系促使形成村民股权的交易合约结构化，使之可以在内部做价值化流转。

其次，对外引资相当于形成二级市场：新型集体经济组织应该承担村域资产管理公司的职能，将在内部完成了初次定价的资产参股或"发包"给村内以合作社为主的不同经营主体，也可以同时依据合作社法引入外来投资主体，形成政府和社会资本合作（Pubilc-Private Partnership，简称PPP）模式的组合投资和三产化资源的多元开发；所取得的资产收益应该在做出一定扣除之后按股返还村民，以此体现农民的财产性收入。并且，县级地方政府及其涉农部门作为公共资产PPP量化到村之后仍然保留的所有权主体地位，应该积极引导县内可控公司（如供销社、信用社农商行等）先行介入二级市场，通过促进县域交易实现对村级资产在乡镇级的合作重组，提升空间资源价值化集合谈判的层级。

最后，为促进资源性资产的直接融资，活化大量占压的地方财政投资，各地应在二级市场形成之后及时引入三级市场——通过地方性"场外交易"作为直接融资渠道，发育地方性的板外资本市场，推动乡村集体股权资产委托交易的证券化，实现全域生态资产可拆分交易，进而对接外部过剩的金融资本。

地方"场外交易"的退出机制设计及其运行，都与交易品对应实体资产的不可移动性有关：在这种板外市场上的投资人需要退出的时候，实体资产所在的新型集体经济组织可以按照一级市场初次定价的价值扮演"回购商"角色。

同时，在上述三级市场（见图3-1）的整体制度设计中，政府需要扮演全域性资源资本化的"做市商"角色，一方面在一级市场构建之初把基础设施建设和对村社集体经济的支持都当作撬动集体经济的杠杆，不断通过"杠杆1-N"来增加集体在乡村股权化资产中的比重，另一方面还要组建本地产权交易平台和择机推出板外融资市场，培育具有公共属性的机构投资者率先投资。二者结合，才能提高区域总租值，助推全域社会生态资源经济价值化增值。

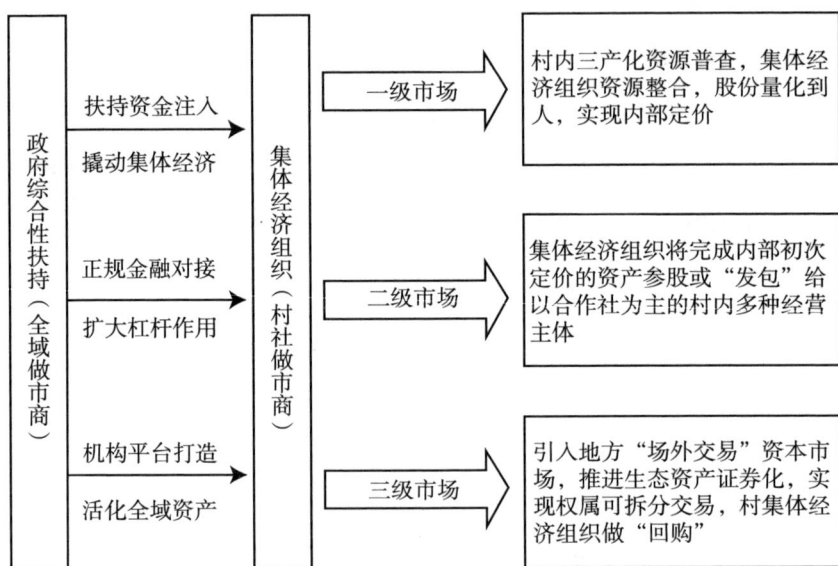

图 3-1 三级市场与政府作用简图

综上所述，生态文明语境下和"两山"理论指导下的乡村振兴，与以往工业化时代乡村发展方式的最大不同在于，具有明显空间资源开发特点的山水田林湖草内在要求整体性系统开发，极大丰富了原来工业化时代的乡村平面资源开发所对应的改革需求。乡村生态资源具有公共性和多样性，在一、二、三产业融合的背景下，乡村旅游、运动、休闲以及养老等业态快速发展，阳光、泉水、空气、山林、湖泊、湿地等在确权后通过入股、流转等方式，其价值将得到重估，再加上政府投资基础设施建设的基础性作用，其将首先成为村社综合合作组织等一级市场为基本单元的主体性资产或资本。随着创意设计企业、社会组织、电商等多元主体经营者的进入，又促发形成了二级市场的资产增值机制。与此同时，农村信用社、国家供销合作社可以通过官方给定的可减免审批程序，直接使用信用额度入公共股到农民合作组织。这不仅会引导农民从事信贷等具有相对稳定收益的金融三产业务，也拉动了当地各类社会服务流通业的发展，构建了"绿水青山就是金山银山"的乡村资源资本化和市场化的一、二、三级市场的基本体系。三级市场的体系化构建，能够将人气和社会资本引入乡村，推动农村生态资源价值的实现，促进人与自然复合的生态系统全面修复，实现农业的真正可持续发展。

第四章

农村生态资源价值化：复兴"三农"之路

2017 年党的十九大确立的乡村振兴战略，是"中华民族伟大复兴"的基础，也是对"两山+两化"思想理论的直接体现。在 21 世纪全球资本过剩的大趋势下，中国的道路自信很大程度上表现为自觉地推进向生态文明的历史性转型。我们认为：在这个转型时期，生态资源的稀缺性愈益明显，其价值化过程就会吸纳越多货币化和资本深化的金融增量。从这个意义上说，乡村振兴和农业供给侧改革所要求的绿色生产方式，就是有利于中国应对全球化挑战的"压舱石"。诚然，这也是将"三农"作为国家可持续发展战略"重中之重"的根本原因。

乡村振兴，产业兴旺是重点。产业兴旺若与农业可持续发展结合，首先需要组织创新，要结合国家生态化转型新的社会经济背景，应用新的技术手段和新的制度体系，以"三变"改革来重构集体经济组织，作为连接农民与现代化之间的桥梁；其次是制度创新，要为生态资源价值化实现构建"质量效益型"发展需要的市场载体，特别要求各地政策部门加强学习，主动利用资本市场来促进农村全域生态资源要素的整体性开发和"生态资本深化"带动的价值实现；最后是技术创新，充分利用区块链、大数据等现代技术探索非标资源和资产的标准化，实现不可分生态资源的拆细交易，为生态资本市场构建提供技术支撑。

进而，若能认真贯彻党的十九大的战略部署，则可复兴"三农"可持续发展的多重"正外部性"：一是从宏观层面筑牢国家应对国内外危机的基础；二是从中观层面构建城乡良性互动融合发展的稳态社会结构；三是从微观层面增加农民的财产性收入和生计的可持续性。

一、敢问路在何方：农村生态资源的价值化之路

（一）农村生态资源：农村利益矛盾的肇始

1. 农村生态资源的多样性特征

农村生态资源是指当前农村大量存在的具有多样性特征和生态功能且经济价值还未完全显化的山水田林湖草和其他动植物等自然资源。农村生态资源作为经济要素因其内生的结构性黏连而具有不可分割的整体性，唯其如此，才能构成大自然多元共生的生态系统。据此看，生态资源主要有三个方面的功能：一是提供物质产品，如水资源、优质空气、林木、肉类以及生物能源等；二是生态调节服务价值，如水源涵养、土壤保持、固定二氧化碳、生产氧气、调蓄洪水、调节气候等；三是生态文化服务，如旅游观光、生态疗养、文化传承等方面。古往今来，农村生态资源可以在传统社会直接被人类消费，也可以在近代社会作为一种生产要素通过租赁或多种方式被用于其他开发，来体现其价值。

农村生态资源具有五个方面的特征：一是公共性，也即农村生态资源具有公共物品所具备的两大属性：非竞争性和非排他性，具有公共物品属性的农村生态资源也就具有了外部性；二是既有地域性也有整体性，比如局部的"高山冷凉小气候"、特有的珍稀动植物等具有地域性或地理专属性，而全球气候变化、生物多样性的减少等又具有整体性；三是农村生态资源具有立体性，空间资源构成了农村生态资源的重要组成部分，按照单一资源或平面开发思维认识和利用资源，本身就是一种反生态的观念和行为；四是个体消费的不易量化性，即许多农村生态资源如对山泉溪水、多元化物种，以及清新的空气、蔚蓝的天空、没有光污染的星空等的个人消费是无法进行计量的；五是农村生态资源的价值多维性，即农村生态资源有使用价值与非使用价值、经济价值与非经济价值等。

以上是农村生态资源本身的特点。但任何物品之所以能够成为资源，都在于其具有使用价值，也就是对人类的有用性。所以，农村生态资源是和人的需求、人类社会的生产生活结合在一起的，这也就决定了不同的农村生态资源与不同的社会群体在不同的时期具有不同的关系，农村生态资源也就具有了社会特征。

综上，中国在新时代的生态化转型势必以"两山+两化"为指导思想，要求社会各界自觉以"资源节约、环境友好"的两型发展来彻底改变过去的"粗放数量型增长"方式；在面对全球化挑战的严峻局面下，尤其要在"三农"领域实现可持续的绿色多元化发展。

2. 农村生态资源产权所编织的产权网

一方面，从经济学视野和产权理论的角度看，农村生态资源产权作为一张布局错落有致的产权网是不可分割的，一个综合系统是由不同子系统和元素联网组织成的，每个子系统之间都有紧密的联系。对一个全域系统的生态环境中任何子系统的破坏，都必然会影响到其他系统的生态资源开发和利用环节，所以它们的产权关系内在地具有生态联系性和系统整体性。① 同时，正是由于农村生态资源的系统性和整体性，导致其产权边界的模糊性。在此前的"粗放数量型增长"时期，对应着形成的是以"数量型合约"关系为制度基础的"粗放"市场，各类利益主体往往是简单化地切割生态资源的某一部分用于交易，在少数人占有收益的同时，一般都造成了生态环境和人文社会的多重"负外部性"。

虽然一般的经济学理论强调的是产权越是清晰明确，交易就越是容易达成。但巴泽尔认为产权的界定是需要成本的，可能会出现成本过大而无法明确产权的情况，因此产权实际上常常不可能界定清晰。② 张黎明的研究也表明：森林资源产权的明确界定和有效执行为产权主体的权益实现提供了保障，但现实情况是，产权界定和执行的成本高昂，足以抵消甚至是超过产权当事人的可能收益。③ 总体来说，就整个农村生态资源系统而言，想要明确界定产权是非常困难的。

但产权界定不明确并不代表农村生态资源的开发利用不能实现，奥斯特罗姆等人认为像森林、草原和水域等资源属于"公共池塘资源"，虽然哈丁提出的"公地悲剧"值得注意，但在公用地资源利用过程中人们是能够自身实现制度创新的，并由此导向自主和民主的合

① 王雅俊、王书斌：《农村生态资源环境公共产权的经济学分析》，《技术经济与管理研究》2011 年第 1 期，第 82—85 页。
② ［美］Y. 巴泽尔：《产权的经济分析》，费方域等译，上海三联书店1997 年版。
③ 张黎明：《森林资源产权残缺与产权边界界定分析》，《兴义民族师范学院学报》2016 年第 6 期，第 11—16 页。

作机制。① 美国历史学家孟泽思在研究中国清朝的森林管理时，明确提出森林作为特定地方的小规模自然资源，又有其道义经济的意义。② 这里介绍的理论研究，有助于我们把造成市场关系失灵的"外部性"问题纳入讨论范围。据此来改造我们的学习，也有利于我们加深生态化转型和乡村振兴必须以"两山+两化"为指导思想的认识。

3. 靠山吃山与靠水吃水

从社会视野和生存角度看，农村生态资源还有一个重要的特征是它与农民生计、农村文化等紧密结合在一起的，俗话说"靠山吃山""一方水土养一方人"。

首先看土地为主体的平面资源开发中的问题。众所周知，土地具有多功能性，以土地为主的农村生态资源是农民生存的重要保障，黄宗智③就基于中国乡村研究认为小农既是追求利润者，又是维持生计的生产者。由于中国农民长期没有国家财政供给的社会保障（或者说保障力度低于社会平均水平），所以在国家或者集体提供土地，农户家庭提供劳动力的条件下，土地的收益一方面用于基本的粮食和食品供给；另一方面则用于农民的医疗、养老，以满足他们的基本生活和现金开支需要，这符合社会保障构成要件。总体而言，土地的保障功能体现在提供最低生活保障、养老保障、失业保障、医疗保障等方面。

其次，除耕地外，森林资源也是中国南方特别是西南山区农村重

---

① ［美］埃莉诺·奥斯特罗姆：《公共事物的治理之道》，余逊达等译，上海译文出版社 2012 年版。

② ［美］孟泽思：《清代森林与土地管理》，中国人民大学出版社 2009 年版。

③ 黄宗智：《华北的小农经济与社会变迁》，中华书局 2000 年版。

要的生计物质基础。比如作为国家重要连片贫困地区的秦巴山区，由于山高谷深的自然条件，当地的人均耕地面积极少且许多耕地甚至位于极端险峻的坡度高于45度的山坡上，农民常常在森林中采集蕨类、菌类植物和在林下养殖跑山鸡等用于食用，同时采拾柴薪用于生火做饭和冬季取暖，砍伐一些树木用于建房，他们对山林具有很强的生计依赖。类似地，位于横断山脉香格里拉高海拔地区的藏族村民，其现金收入的重要来源就是雨季在深林中采集松茸等珍贵菌类到市场上销售。青藏高原、内蒙古高原等地的牧民对草原也有比较强的生计依赖……

此外，农村生态资源还有其他非物质保障、社会文化延续的功能，这对于多样化的中华民族的历史传承具有不可替代的作用。比如苗族的神树崇拜不仅有文化意涵还有社会生态功能，还有傣族的水信仰和水崇拜所蕴含的民族和社区认同以及生态珍视等。这些功能对作为"他者"的外部资本投资人可能并不显著甚至没有作用，但对于村社共同体内部人员则具有非常重要的价值。

当农村生态资源具有社会保障、社区认同和文化传承等社会功能的时候，想要将其作为一般生产要素和简单化地作为商品直接推入市场，在客观上并不具有可行性。因为这些资源的生存保障功能和其他无法被市场主体识别和认可的功能，其所有者或依赖者不会从单纯的经济理性和市场思维来行动。而这恰是以往与"粗放"增长相配套的数量型合约为基础的市场制度的内生性问题。

就像政治经济学中常常讨论的另一种生产要素劳动力一样，由于劳动力要素是和劳动者紧密结合的，如果只是将劳动力当作一般市场要素（即资本）进行交易，一方面不符合社会价值取向上的人道主义，另一方面也会导致生产系统的"内爆"，造成严峻的社会问题，甚至是阶级问题。

包括土地在内的农村生态资源虽然不像劳动力资源那样完全和劳动者结合，但农民对其具有极强的生计依赖关系和文化情感认同，使得这些资源也具有了人格化特征，想要直接将这些资源作为市场要素按照一般经济规律进行交易，可能因为高交易成本而导致交易合约无法达成，即使交易达成也会造成对农民的损害、进而招致如"弱者的武器"① 这样的报复行为。据此看以往农村中大量发生的利益矛盾，甚至因此引发的对抗性冲突，大多与这种简单化地推进市场交易有直接关系，所派生的法律诉讼及维稳"扫黑"等制度成本属于"负外部性"，往往被转嫁到社会上，严重影响整个中国的可持续发展。

（二）理论视角下的农村生态资源价值化

1. 什么是农村生态资源价值化？

农村生态资源价值化就是生态物品由资源变为资产并进一步转化为资本的过程，也可以被称为农村生态资源的资本化。农村生态资源价值化并非是财产关系的根本性变更，而是新条件下其表现形态和方式的变化。因此，它有两个方面的内涵，一是从实物形态到价值形态的转变，也即本文提出的价值化，是将作为实物形态的农村生态资源抽象为以"使用价值"为内涵的虚拟价值形态表达；二是指农村生态资源的多维度价值最终转化为经济价值并且产生经济效益。

2. 从生态资源到生态资本

既有的一些研究从对资源、资本的认识角度对农村生态资源、生

---

① 弱者的武器，指农民利用心照不宣的理解和非正式的网络，以低姿态的反抗技术进行自卫性的消耗战，用坚定强韧的努力对抗无法抗拒的不平等，以避免公开反抗的集体风险。出自詹姆斯·斯科特的《弱者的武器》。

态资产、生态资本概念进行了界定，并对三者之间的内在联系进行说明，从而探讨农村生态资源价值实现过程。许多资源不仅具有被人们直接利用的经济价值，而且还有间接服务于人类的生态价值。农村生态资源就是具有这一双重价值的载体，是资源个体价值和资源生态价值的统一。[①] 农村生态资源是社会经济发展的基础，农村生态资源是为人类提供生态服务或生态承载能力的各类自然资源，构成生态环境的具有生态服务功能或生态承载能力的各类自然和人工要素。生态资产则包含自然资源和生态系统提供的服务，同时具有盈利能力和公共福利。[②] 生态资产是具有明确的所有权且在一定技术经济条件下能够给所有者带来效益的稀缺自然资源。生态资本是一种"存量"，是能产生未来收入流的生态资产，具有"增值性"。[③]

一般情况下，当资源变得稀缺并具有明确的产权之后，即可变为资产，这一过程称为资源资产化；资产用于增值创造收入时即成为资本，这一过程称为资产资本化。在"两山+两化"的指导思想下，生态资产的资本化是实现生态资产价值并增值的有效方法，农村生态资源要做到可持续发展，必须经历农村生态资源资产化、生态资产资本化的过程。进一步，有产权的生态资产只有进入市场才能转变为资本流动起来[④]，农村生态资源变成生态资产，稀缺性是农村生态资源成

① 高德海：《农村生态资源价值观念理论基础初探》，《生态经济》1990 年第 5 期，第 5—7 页、第 49 页。

② Zhuo Lin, Chengzhen Wu, Wei Hong, "Visualization analysis of ecological assets/values research by knowledge mapping", *Acta Ecologica Sinica*, 2015（5），pp. 142–154.

③ 严立冬、谭波、刘加林：《生态资本化：生态资源的价值实现》，《中南财经政法大学学报》2009 年第 2 期，第 3—8 页、第 142 页。

④ 高吉喜、李慧敏、田美荣：《生态资产资本化概念及意义解析》，《生态与农村环境学报》2016 年第 1 期，第 41—46 页。

为生态资产的重要条件；生态资产变为生态资本是生态价值体现的最终结果。

3. 生产增值：农村生态资源价值化的运作模式

我们认为，由于这类生态资源转化为资产的增值性属于可测度的预期收益，并且其收益率高于一般金融市场吸纳社会投资的资本产品，因此，应该有条件地利用各地产权交易所开设"可拆细、可连续"的生态资源产权场外柜台交易系统（Over the Counter Bulletin Board，简称 OTCBB），也应该在资源性生态资产通过内部交易形成价格之后，引入抵押担保，及时推出期货交易；通过多种金融工具嵌套使用，来构建组合投资的交易条件。同期，也可以采用 PPP 方式加强生态修复及其"结构性黏连"的性质所决定的综合系统开发。

生态资产资本化运营是利用市场经济手段保护农村生态资源、改善生态环境质量，并直接或者间接创造利润的生态经济运作模式，与中国生态文明制度建设和环境保护体制改革目标具有高度统一性。生态资产资本化的运营平台在于生态市场构建，生态市场是生态资产资本化运营的节点，既是前一轮生态资本运营的归宿点，又是新一轮生态资本运营的出发点，既是农村生态资源价值实现的载体，又是生态资产整体增值的平台。①

生态市场是生态资产资本化运营的必然产物，包括生态投资市场、生态技术市场和生态消费市场，分别对应于生态资本运营的资本积累、

---

① 高吉喜、范小杉、李慧敏、田美荣：《生态资产资本化：要素构成·运营模式·政策需求》，《环境科学研究》2016 年第 3 期，第 315—322 页。

资本投放和资本扩张。[①] 在生态市场上的交易使得生态资产有了转化成为生态资本实现价值增值的可能，生态市场上的资本化运营离不开对生态资产开发利用具有决定权、操作权的企业、组织、机构或个人。

在我国公有制为主体的经济体制下，农村生态资源资本化的主体职能由中央或地方政府以及代表国家、集体行使生态资产监督管理权的部门、机构和相关企业、组织和社会公众共同承担。

生态资产资本化运作的对象主要是生态权属、生态资产存量、生态资产流量，在此基础上产生了生态资本化的主要模式：生产增值模式，通过不断挖掘其新的生态生产要素，并与其他生产要素相结合生产出满足人们绿色消费的新型生态产品，将其使用价值直接开发转为交换价值，进入生态市场实现资产增值；共生增值模式，通过开发生态资产存量共生功能，推进区域生态环境治理，通过整体优化、科学配置生态资产提升生态资产质量及其社会服务能力，进而全面提升整治优化改造区的经济社会价值，以开发收益反哺生态建设，形成更优的生态环境；盘活增值模式，通过完善和建立生态资产交易制度和市场，生态资产所有者通过转让、租赁、承包、买卖等形式交易生态资产使用权、处置权和收益权等获得生态资产增值收益；服务增值模式，基于政府政策的生态补偿和基于市场的生态服务付费是两种相互补充的生态服务价值实现机制，通过对生态服务价值的开发、资本运作，使生态服务许可证能够在市场平台上进行交易，使其价值得以真正实现。[②]

---

① 张竹君：《鄱阳湖地区生态资本及其运营问题研究》，硕士学位论文，南昌大学 2011 年。

② 高吉喜、范小杉、李慧敏、田美荣：《生态资产资本化：要素构成·运营模式·政策需求》，《环境科学研究》2016 年第 3 期，第 315—322 页。

（三）农村生态资源价值化：关系国本的国之大计

长久以来，我们在追求工业化和城市化发展主义的道路上奋进，虽然在经济增长速度上取得了令人瞩目的成绩，但同时粗放的数量型增长造成了诸多负面影响。一方面是经济结构自身的失衡，工业、商业和金融资本全面过剩，经济发展质量不高，增长速度明显下降，新的经济成长支撑点还未找到；另一方面也导致了较多的负外部性，比如贫富差距扩大、城乡生态环境恶化、食品安全风险加大以及人的精神压力等。总体而言，伴随着现代化进程出现的现代性风险在不断扩大，风险社会特征越来越显著。

1. 乡村振兴助力器

在中国发展进入必须进行根本性转型的关键阶段，党的十八大将生态文明建设作为"五位一体"总体布局的重要组成部分写入报告，标志着生态文明建设进入新的历史时期。党的十九大提出中国特色社会主义进入新时代的历史性判断，明确提出习近平新时代中国特色社会主义思想，而生态文明思想是习近平新时代中国特色社会主义思想的重要组成部分，其关键是要求我们树立"绿水青山就是金山银山"的理念，推进产业生态化和生态产业化，推动农村生态资源价值化，构建生态经济体系。同时，党的十九大提出实施乡村振兴战略，并将其作为新时代党的"三农"工作总抓手，其也是落实生态文明转型的最为重要且内涵最为丰富的战略。乡村产业兴旺的关键就是走城乡融合道路，发展一、二、三产业融合的多种业态，而三产融合的物质基础不再是一般农业的"三要素"，而是具有多样性、整体性和系统性，能够满足城市市民需求的农村生态资源。所以，推动农村生态资源价值化是生态文明建设和乡村振兴战略的题中之义。

2. 宏观经济风险化解器

我们的生态建设曾经长期集中在单纯的生态保护层面，并未将农村生态资源作为可以直接产生收益的资产和投资标的。这就导致我们的生态建设工作长期以来都是以财政的直接支出作为主要经费来源……而当前，各级地方政府都面临财政吃紧的状况，不依靠农村生态资源的价值实现而单纯凭借政府投入是几乎不可能持续的。类似地，党的十九大提出实施乡村振兴战略，在财政总体紧张的情况下又要进行乡村大规模基本建设、产业发展、生态保护等方面的投入，地方政府面临的财政负担会进一步加大。

更为宏观和严峻的问题是在全球产业、商业和金融资本全面过剩的一般情况下，麇集于城市的资本必然进一步吹大泡沫，放大风险。加之，中美之间的贸易摩擦和金融争端，使得国内过剩的资本要么寻找到新的投资场域和标的，要么就只能在国内资本收益率降低的情况下大规模外流。基于此，如果能够让农村大量沉淀的没有被货币化和资本化的生态资源的价值显化，就可以在减轻地方政府财政压力的同时吸纳流动性。比如，目前金融市场的一般投资品的回报率为4%—5%，而南方林木资源一年的平均增值率已经达到8%—10%，后者回报率远高于前者。

所以，推动生态资源价值实现，促进生态资本深化，不仅能够将生态保护由成本转化为收益，还能实现"金融替代财政"，一方面减轻地方政府巨大的财政负担，另一方面也吸纳过剩流动性，降低金融风险。只不过我们长期受工业化文明的熏陶，还缺乏生态文明深化体制改革的措施，缺乏实现生态资源价值化的金融工具。

3. 城乡融合连接器

中观层面的背景是伴随着工业化、城镇化进程进入中后期，中国已经从乡土中国转变为城乡中国，城乡之间的关系也从工业化初期的二元结构和农村单方面支持城市逐步转变为城乡融合和农村优先发展。这样的转变内含的是中国社会结构的变化，占人口近半数的城市中产市民群体逐渐形成并发挥着越来越重要的作用，而长期以来都占人口大多数的农民群体虽然因城市化进城，数量相对减少，但依然接近总人口的一半。

乡村农民和城市市民构成了中国人口的绝大多数，其关系当然也成了中国最为重要的社会关系。如何对新的社会结构形成良好的治理，特别是应对中产群体兴起的新问题和新挑战，是社会治理层面的重要任务。当占中国人口绝大多数的两个群体能够形成良性的融合与互动的时候，整个社会就会形成相对稳定的结构，而良性的互动最根本上来说就是要构建以共同的财产关系为基础的多种形式的动态博弈关系。

所以，新时代的城乡融合意义重大，并非仅限于一般意义上的乡村旅游、休闲体验等市民下乡消费行为，而是革除阻碍城乡要素自由流动的樊篱，促进市民下乡进行投资与农民形成多样化的财产关系。同时，通过城乡文化融合创新、农民市民共建兴趣社群、市民参与乡村治理等多种形式构建城乡之间的深度互动关系。最终以占国民绝大多数群体之间的"结构性契约关系"构建社会的稳态结构，以大众创业和万众创新来夯实中国应对国内外风险挑战的最重要基础。

4. 乡村治理重构器

微观层面则是提高农民财产性收入水平和可持续性生计，筑牢乡村治理的经济基础。中国农村生态资源条件优越的地区常常位于偏远山区，也常常是集中连片特困地区，一方面这些地区的耕地资源相对较少且生产条件恶劣，无法按照一般的产业化农业的逻辑推动农业现代化；另一方面以资本下乡流转土地为主要形式的农业现代化，配合农民大量进城从事二、三产业共同导致农民收入中的财产性收益部分占比大幅度下降，劳动性收益占比上升但并不具有稳定性。

对于贫困山区的农民而言，最为重要的财产性资源就是长期沉淀着的大量的农村生态资源，而在经济调整、社会转型推动市民下乡和三产融合发展的条件下，这些农村生态资源的系统性开发带来的增值收益远高于一产化开发条件下的收入。

与此同时，40多年来"去组织化"倾向的农村经济改革和政治改革，不仅将延续千年的传统乡村以村社自治为主要手段的低成本治理模式打破，还釜底抽薪地彻底将治理的经济基础也连根拔起，导致当前乡村治理面临不断攀升的治理成本，且财政的大规模投入并不必然带来治理的改善，甚至有恶化的倾向。

重构乡村的低成本简约治理体系需要首先夯实治理的经济基础，乡村振兴战略背景下山水田林湖草农村生态资源的系统性和立体性开发，本身就需要配合资源整合的以产权制度安排为核心的上层建筑制度体系，但在耕地、宅基地以及部分林地都分到每家每户的情况下，只有集体林地、水域和空间资源等由于历史原因或客观不可分性而被村社集体占有，在农村生态资源三产化开发产生大规模增值预期的背景下，这些资源的增值收益被村社集体占有进而能够构成治理的经济基础，并以此为杠杆撬动农民的再组织化和乡村低成本有效治理体系重构。

二、农村生态资源的全域整体开发

（一）理解集体经济组织的重要性

习近平指出，中国的小农经济将长期存在，他也明确要求：不能把农村土地集体所有制改垮了，发展集体经济是实现共同富裕的重要保证。要靠集体经济提高组织化才能把乡村振兴战略融入现代化，这就要通过发展综合性合作社来壮大集体经济。立足于客观实际来看，在进行农村生态资源全域整体开发促进价值实现的大背景下，集体经济组织的作用将会显得尤为重要。

1. 解开农户与集体对立的政策死结

在农业一产化思路下，许多地方走不出农户与集体对立的政策死结，这是因为耕地作为一产化农业的主要要素，早就已经分配给农户几十年了，再想集中起来会非常困难。而从农业三产化的角度来看，真正能够被资本化开发和再定价的要素，恰好是因具有不可分割性而还没有也不可能被分到户的阳光、泉水、空气、山林等农村生态资源以及乡村文化资源。这些以"山水田林湖草"为名的资源要素在农业一产化时代几乎没有被定价，因此就具有被定价和再定价的增值空间。而要对这些资源在一定区域范围内进行排他性占有和开发，就需要发挥集体作为资源产权归属主体的作用。

从理论上看，农村生态资源因全域性和立体性导致内涵的多样性，占有农村生态资源的所有权主体对不同内涵的消费以及形成的消费需求弹性是不同的，因而产生定价多样性的困境。效用不同导致其价值内涵不同，而内涵不同又导致单一价格没有办法确定。同时，由于从平面资源开发演进到立体空间资源开发，多样化的不同生态资源之间具有结构化的黏性，在产权、功能和价值上皆不可分割。因此，乡村生态化转型对生态资源必须是整体定价，而非分散定价。所以，要对这些符合一、二、三产业融合要求的资源要素进行开发，就必须借助于以地缘为财产权利边界形成的集体经济组织，而通过"三变"重构的集体经济组织也可以借此直接占有这些要素被三产化的再定价收益用于对村民股东的分配，据此形成乡村基层有效治理的经济基础。

2. 对外合作的"中间人"

无论是过去的农业产业化阶段还是在实施三产融合的农业可持续发展阶段，任何外来主体想要进入农村都会面临交易成本过高的问题。借用"交易费用理论"来分析，一方面是因为它们面对的是极度分散的且具有不同边界的资源要素，以及其背后不同权利类型和不同权利诉求的兼业化小农。尤其是对于中西部山区，因地块破碎、边界参差导致外来资本与分散村民谈判的成本极高，更何况土地、林地等资源本身附着了生存功能与福利功能，其产权构造也极其复杂，外来主体完全按照外部市场规则和契约要件的方式来进行土地流转或征迁，都会因信息不对称和信息搜存成本过高而面临极大的困难。

从政策上看，在生态文明背景下发展三产融合，对资源的多样性、整体性和全域性有更高的要求，由于这些资源既包括生态山水和自然景观，也包括古居风俗，其资源特性和产权归属各异，部分资源在区域内又具有公共品或准公共品性质，一般外来主体开发时常会因难以厘清的财产与社会关系而引发冲突。我们目前在社会上所看到的外来主体直接进入且相对顺利推进的项目，其背后总是有地方政府背书的成分，实际上这只是将交易成本转嫁给了地方政府，当基层政府无法化解矛盾之时，势必引发基层群众上访"告御状"；而中央事实上不可能化解交易成本陷阱。若遇危机，则表现为社会总体风险的爆发。

所以，应该由集体经济组织发挥"中介"作用化解交易费用，首先利用村社熟人社会的特征和集体资产（包括国家投入转化成集体的"三资"）的杠杆作用将全域农村生态资源集中，再由集体经济组织发挥资产经营管理的作用，与包括公司、合作社、个体经营者在内的不同经营主体进行谈判，最终形成全域农村生态资源的合理开发利用。

3. 收入分配公平化

前文已经提到促进农村生态资源价值化有利于提高农民的财产性收入，以集体经济组织作为全域农村生态资源的管理和运营主体能够提高农村生态资源的价值增值空间，使得由农户单独占有的部分资源开发的收益因分享全域"总租值"增加而提高；与此同时，结合集体产权制度股份化改革，农户可以较为平等地享受集体资产增值的收益，在一定程度上缩小村内的收入差距；最后，由集体留存的部分收益也可以用来接济和支持少数深度贫困家庭，起到进一步优化收入分配的作用。

按照马克思主义政治经济学的一般理论，经济基础决定上层建筑。一方面经济上的生产关系会作用于上层建筑层面的社会关系。上文中明确农村生态资源因多样性、立体性和资源间的黏性而需要以集体经济组织为载体进行整体开发，这就要求各类资源的有效整合；资源的集中需求和整体性开发方式必然对应着社区治理方式上的"再组织化"，由于不再可能用强制性命令的方式实现集中而只能采取协商谈判的途径和股份合作的方式，最后反映到作为上层建筑的治理方式上的变革则为多元互动和协商民主。另一方面治理作为上层建筑是有成本的。集体经济组织掌握的资产、资源和资金就是其开展乡村治理的经济基础，在长期"去组织化"的背景下，集体掌握的资产、资源和资金越来越少，无法发挥提供社区公共产品、调动村民社区参与等方面的作用，乡村治理陷入衰败。而很长一段时间国家在应对乡村治理"阙如"问题时的措施是将政权下伸，利用政府财政和行政手段提供乡村治理公共物品，但事实证明这样的方式不仅成本极高，而且效益并不显著。以习近平总书记为核心的中央领导集体执政以来，明确强调集体经济组织的重要性和在乡村治理中的作用，为重构乡村低成本的简约有效治理体系提供了契机。

（二）一种新设想：农村生态资源价值化开发的三级市场模式[①]

经济基础对上层建筑的决定性作用在农业三产化背景下表现得尤为突出，前文中已经讨论了农村资源属性和经济基础的特征导致任何外来主体进入时都面临交易成本过高的问题。但不同的产权与制度设计又会反过来对交易成本产生影响，如何最大限度降低交易成本，提高资源资本化的收益以及如何对收益进行合理分配，是城乡融合和三产融合背景下进行农村生态资源价值化制度建构需要考虑的核心问题。

结合中国在改革前 30 年城市工业化提取"三农"剩余，以及 20 世纪 80 年代乡镇企业快速发展的历史经验和上述理论分析，我们认为：依靠中国农村传统的"村社理性"加强组织建设，能够最大限度降低交易成本，以最大限度地实现在地资源资本化及其收益分配社会化。即，在对全民承担无限责任的中央政府采用国家信用配合政策手

---

① 温铁军、罗士轩、董筱丹、刘亚慧：《乡村振兴背景下生态资源价值实现形式的创新》，《中国软科学》2018 年第 12 期，第 1—7 页。

段反哺乡村的机遇下，应依靠农村集体经济组织完成资源价值化。为此，应该参考成熟的资本市场制度来改造过去对农村资源"一卖了之"的粗放型招商引资。

1. 一级市场：特别的股权化设想

中国农村资源的产权一直以来不是以个体为边界，而是以村社和地缘为边界的。如果是单姓村，就是血缘与地缘重合形成土地和资源的产权边界。在农业三产化背景下，首先需要对全域即整个村社（常常为自然村）范围内的所有资源做出勘查，需要注意的是这里的资源认定并不是按照村内居民的标准来进行，而是根据具有投资能力和消费能力的城市市民的需要来确定的。因为三产化所对应的业态多种多样，曾经在一产化条件下不可能被定价的资源在三产化条件下就有很高的溢价可能。

在进行勘查之后，对于任何可以对应的有经济效益的资源做资产化的定价，依法统一由集体所有，按政策做股到户。在地化资源的一级市场原初交易首先在村内进行，因"熟人社会"长期形成的社会资本、风俗习惯以及社会网络在各主体之间构建起结构性合约，产生的风险也因村社理性的存在较容易被内部化处置。农村集体经济组织可以作为村内财产所有权主体促进村内交易的规范化，比如制定股权证在村内质押的资产管理规则，将外部市场中规范交易的流程逐步引入。

通过一级市场完成乡村资源转化为价值化股权的核心观点，在于内部定价既能提高集体经济对外谈判地位，应对资本下乡，又能体现农民财产性收入增加的政策目标。

过去，在原来农户已经分散占有财产条件下交易费用过大，外来投资人很难进入，即使勉强进入，也会造成很多矛盾。唯有村集体内部定价方可降低交易成本。承接官方投资的村级组织发动本村农户参与协商，通过内部化的原初定价，来实现村域内的资源变资产。利用股份的可拆性和灵活性，增加村内股权的类型和层次，以差异化的股权设置来应对各种"不平衡不充分"矛盾，不搞一刀切。村集体经济组织作为集体资产的定价发行人，是按照农业作为第一产业来内部协商定价，这样一方面有利于村集体在财力有限的条件下进行资源整合，另一方面能够在二级和三级市场获得更大溢价收益，如"塘约模式"中全体村民以土地入股合作社，每年只按照约定价格领取资产性底线收入，更大部分则来自资产经过经营增值后的分红收入。农村的各资源资产要素不受外部环境的影响，而是内部按照民主协商的原则形成资产价格。以一产价格定价，也便于村集体经济组织将来托底回购之后再转租。

我们当然知道，农村"再组织化"对于中西部广泛存在的集体组织溃败、集体经济空壳村庄来说并不容易，很多地方为了掩盖本级政府粗放市场、懒政怠政，也假托意识形态指称农民"谈合色变"。这就尤其需要国家把政府投入作为重建和壮大集体经济组织的"杠杆"，以宪法为据清理法规政策，改变近年来国家大量支农资金下乡被私人部门"精英俘获"的复杂状况，这也要求以集体经济组织为载体承接财政项目和资金下乡。

具体做法就是"以投作股"：将国家财政直接补助、各部门涉农项目经费和他人捐赠都以"专项资金"名目注入集体经济组织，国家基础建设投资形成的固定资产也可以借由产权制度改革确权给集体，形成集体经济组织的财产，再按比例或资产性质分为集体股（优先股）和成员股（普通股）。其中成员股按照参与本村集体劳动的年份平均量化（或者差异量化）到村民股东，村集体参股合作社的资产则按照剩余盈余按比例分配。政府投资到村的"专项资金"不得以现金形式分配给社员，且应该要求社员按照规定的比例进行实物或现金配股，才能得到专项资金分配的股份。一方面，财政投入到农村的可变资金产生的收益可以在集体内部分配，避免精英俘获；另一方面，财政资金投入可以充实壮大村集体经济实力。村民与村集体形成紧密的财产关系，进而形成紧密的社会和治理关系。到此，村内资源的初次定价完成，村内原初市场发育起来。

2. 二级市场：多元化进入下的公平

在农村生态资源完成一级市场内部初次定价之后，通过村集体经济组织来提高农民的对外谈判地位、吸纳外部投资人进入二级市场来实现乡村要素再定价。对于集体所有的这些可供开发的资产，组建多种合作社或其他经营主体，将价值化资产通过股权、债权等多种形式交给不同合作社，而合作社可以根据相关法律和政策进一步引进外来主体和资本，形成类似于 PPP 的开发模式，实现资源的多样性开发和组合性投资，因为多种合约形成的约束能够最大限度地分散风险。

比如，农村的日出日落和星空云海，以及"带甜味的空气"，加上国家水利投入建设的山坪塘坝、山水田林湖草等资源性资产被内部定价之后，可以作为集体经营性资产入股给农旅合作社，收益由合作社按股返给集体，再对成员股权做分配。

当然，集体范围内全域资产应尽可能和外部官方经济主体通过二级市场对接，而不是先去和外部私人主体对接。和外部投资主体对接的目的，是加强（扩充）集体资产的财产份额。地方政府可以要求农商行、农行、农发行和政府投资基金等本地注册的金融机构，设置针对集体资源性资产的信用额度。在信用额度内，对集体控股企业申报项目有减免审批程序的优惠。

理论上，政府金融机构支持集体经济是题中之义；集体的资源性资产如果不和官方金融对接，其活化程度就不高，如果仅靠私人资本来做活化，那就意味着二级市场增值空间给了私人资本。但集体资产份额在进入市场之前不可抵押，没有信贷可得性。但是，政府资金既可以增信，也能作为杠杆撬动集体域内资源形成经济资产。现实中，如果金融部门增信的困难大，政府可以用自有基金先增信。

由此，农村资源通过价值化创新纳入现代市场经济，就可以不再被稀缺资本控制，而是有条件与多元化的投入者对等谈判，吸引包括创意设计企业、社会组织、电商等不同城市主体与农民联合创业。这一方面降低了外部主体进入农村的谈判成本，另一方面集体经济组织因垄断了全域资源并且获得官方金融支持进而市场势力大幅度提高，能够形成相对平等和互信的交易关系，并且，在做二级市场有序开放时，农村集体是参与公平竞争的，第一是自己有资源资产，第二是官方给定的可减免审批程序直接使用的信用额度。

集体经济组织作为农村生态资源所有者与外部资本形成平等交易，促进内外部沟通形成的市场，能够平稳而持续地引入外来资本，撬动本地资源面向城市和三产的开发，形成价值化增值。而大规模的增量收益又能成为集体经济组织扩大再生产以及村社集体提供公共服务、改善乡村治理、进一步增加区域总地租的经济基础。

3. 三级市场：场外交易与创新融资模式

所谓三级市场，是指在二级市场基础之上进一步创新直接融资方式。亦即进入乡土社会的各种经营主体进一步做社会化包装，创新区块链等技术手段，对分布式生态和文化资源的可回溯信用进行再包装定价，形成针对农村优质资产租赁经营为载体、市民绿色消费参与内容的社会信用区块，进而才可能有比较制度优势去对接国内外金融资本。相对而言，直接开放外资进入农业这种尚未完成货币化的资源经济和战略命脉的政策则欠缜密。

为最大限度适应既定的金融开放，尽可能积极地发挥金融市场对乡村经济的杠杆作用，促进农村在地资源价值显化和活化，可以考虑以县或更大区域为单位活化生态产品的产权市场。为此，可以借鉴资本市场的场外交易，引入股票、期货等手段，让在地化全域农村生态资源演变成可拆分、可连续交易的产品，经域内具有官方背景的机构投资人交投后推出交易价格，吸引外部投资人进入。

同时，要引入资本市场活化在地资源，还必须有一个标的物的"回购商"。然而，由于标的物的在地性和不宜交割性，所以应该让集体经济组织作为主体来承担"回购商"的角色，在交易终止而投资人不能交割时做托底回购。但集体经济组织只需用村社内部一级市场的价格对标的进行回购，因为无论是无风险回报率还是因市场溢价而形成的风险溢价，相关增值收益在这一轮交易和经营过程中已经被分配。如果某个区域的生态化资产由多个村社共用占有，那么就由乡镇一级发挥作用，对接需要进行交割的外部投资人，再将资产权益交回给集体经济组织，而集体经济组织按原初定价折算给投资商。

三、探索与实践：对几个真实案例的再剖析

人民群众的创造力是无穷的，在我们提出农村生态资源价值化三级市场制度设计之前，全国各地开发和利用农村生态资源已经有了很多的实践探索，如浙江丽水的生态产品价值实现试点探索，其开展市

县乡三级生态系统生产总值的测算为生态资源价值化奠定了数据基础；宁夏隆德"以投转股"推动集体经济发展，夯实了集体经济组织这一生态资源价值化的关键载体，是政府政策和制度层面的有益探索；重庆城口岚天乡依托农村生态资源推进"三变"改革，初步完成了一级市场和二级市场的构建；贵州罗甸为单株海南黄花梨颁发不动产权证并尝试开展产权交易，则是对以产权交易为核心内容的第三级市场的有益探索。各地实践的侧重点不一样，路径方法不尽相同，推进进度和结果也各有差异，但总体而言都与中央生态化转型需要的制度设计有所呼应，对丰富我们的理论有所裨益，在实践创新方面值得借鉴。案例的选取与顺序安排也具有一定的逻辑关联，本章主要对四个地方的实践案例进行介绍。

（一）浙江丽水：从 GDP 到 GEP①

生态产品价值，可以定义为区域的生态系统为人类提供的最终产品与服务价值的总和。近年来，丽水市全力践行"两山"理论，在生态产品价值实现的核算、调节、服务及文化、制度政策设计等方面先行探索。

1. 把绿水青山蕴含的生态产品价值转化为金山银山

（1）守住了这方净土，就守住了"金饭碗"

习近平总书记主政浙江期间，曾先后 8 次到丽水调研，尤其是2006 年 7 月 29 日第 7 次到丽水调研时明确指出"绿水青山就是金山银

---

① 《生态产品价值实现机制的"丽水模式"》，丽水市发改委 2018 年 10 月 18 日，见 http://www.lishui.gov.cn/zfzx/bmdt/201810/t20181018_ 3424220.html。

山，对丽水来说尤为如此"，并殷切嘱托丽水的干部群众"守住了这方净土，就守住了'金饭碗'"，"一定要走生态绿色可持续发展道路"。2018 年 4 月召开的深入推动长江经济带发展座谈会上，总书记又专门点赞丽水，指出"浙江丽水市多年来坚持走绿色发展道路，坚定不移保护绿水青山这个'金饭碗'，努力把绿水青山蕴含的生态产品价值转化为金山银山，生态环境质量、发展进程指数、农民收入增幅多年位居全省第一，实现了生态文明建设、脱贫攻坚、乡村振兴协同推进"。

（2）从政策到机制

2017 年 10 月，《中共中央国务院关于完善主体功能区战略和制度的若干意见》明确在浙江、江西、贵州、青海等四省开展生态产品价值实现机制试点。2018 年 4 月习近平总书记在推动长江经济带发展座谈会上要求，选择具备条件的地区开展生态产品价值实现机制试点，探索政府主导、企业和社会各界参与、市场化运作、可持续的生态产品价值实现路径。

（3）对 GEP 新体系的探索

2013 年，浙江省委、省政府根据主体功能区定位，对丽水作出"不考核 GDP 和工业总产值"决定，考核导向转变为注重发展质量、生态环境和民生改善。多年以来，丽水市充分考虑资源禀赋、功能布局、发展水平和工作特色，制定推行了促进绿色生态发展的全新考核办法，构建形成生态系统生产总值（GEP）新体系。2018 年 7 月，丽水市发布《丽水市生态系统生产总值（GEP）和生态资产核算研究报告》。2019 年 3 月，《浙江（丽水）生态产品价值实现机制试点方案》由浙江省政府办公厅印发，标志着丽水承担起全省生态产品价值实现机制先行先试的重要责任。

2. 解析 GEP 的丽水模式

（1）构筑 GEP 核算大框架

与中国科学院生态环境研究中心合作，开展 GEP 核算探索，包括构建丽水市 GEP 与生态资产核算框架和指标体系；开展丽水市 GEP 的功能量、价值量核算；以森林、草地、湿地等生态系统为对象，核算丽水市各类生态资产指数及生态资产综合指数。2018 年 7 月发布了《丽水市生态系统生产总值（GEP）和生态资产核算研究报告》。根据核算结果，2017 年丽水市生态系统生产总值为 4672.89 亿元，包括调节服务、物质产品生产、文化服务三类，其中生态系统调节服务总价值最高，为 2579.49 亿元，占丽水市生态系统生产总值的 55.2%，其次是生态系统文化服务总价值，为 1933.11 亿元，占丽水市生态系统生产总值的 41.37%，生态系统物质产品总价值为 160.29 亿元，占丽水市生态系统生产总值的 3.43%。2019 年 5 月，由浙江大学、中科院生态环境研究中心、中国（丽水）两山学院共同完成的全国首份以村为单位的 GEP 核算报告《遂昌县大田村 GEP 核算报告》出炉。大田村 GEP 包括物质产品、调节服务和文化服务三部分价值。其中，物质产品包括林养土鸡、清水溪鱼等农林畜牧业和渔业产品；调节服务包括水源涵养、水土保持、洪水调蓄、水环境净化、固碳、气候调节等；文化服务包括生态旅游与休闲资源。经过测算，大田村 GEP 中调节服务价值最高，约为 1.276 亿元，物质产品价值约为 0.246 亿元，文化服务价值约为 0.081 亿元；合计约为 1.603 亿元。[①]

---

① 翁浩浩、聂伟霞、暴妮妮：《丽水发布全国首份村级 GEP 核算报告 1.6 亿元！这个村的绿水青山"有价"》，《浙江日报》2019 年 5 月 31 日。

（2）生态保护区与生态红线区

全市95.8%的区域列为限制工业进入的生态保护区，其中生态红线区占比达31.9%。制定了涵盖一、二、三产业的产业准入负面清单，按照"园区外无工业，园区内无非生态工业"的理念推进腾笼换鸟。编制绿色发展指标体系，建立领导干部生态环境损害责任追究实施细则，全面开展乡镇（街道）主要领导干部自然资源资产责任审计试点。

（3）从"卖柿子"到"卖风景"

依托生态环境、气候条件、山区资源等天然优势，充分发挥生态系统供给功能，积极探索资源资产化的生态产品价值实现机制，推动"林权改革""河权到户"① 等首创性改革，实现从"卖柿子"到"卖风景"的转变。

（4）为生态让路

以生态核心区、高山远山、地质灾害点为重点，连续实施两轮"十万农民异地搬迁规划"，让位于生态。着力将绿色循环理念植入发展进程，利用清新的空气、洁净的水源、宜人的气候等天然优势，吸引环境适宜性企业落户发展。通过生态+、品牌+、互联网+，深化全域旅游，做精"丽水山居"，做大"丽水山耕"，做强"丽水赶街"。

（5）丽水大花园

依托各县（市、区）独特的历史文化遗存，形成独具特色、各领

---

① 2014年丽水市青田县章村乡开始进行"河权到户"试点，即：河道所有权国有，管理权赋予行政村，经营权到村到户到人，通过集体承包、股份制承包、合作制承包、农户承包、公司制承包以及华侨承包等多种模式，建立了集保洁、渔业、采砂、建设等于一体的河道开发与管理长效机制。该经验后向全县推广。

风骚的优势特征，包括龙泉青瓷和宝剑、青田石雕、云和木玩与梯田等。通过农旅融合、城旅融合、文旅融合等理念，将丽水全域作为一个大花园，全力打造"慢生活、漫享受、寻乡愁"的世界一流生态旅游目的地。

3. 让叶子变成票子

(1) 量化"绿水青山"

"叶子变票子、水流变资金流"。林权抵押贷款余额和总量一直占据全省一半以上份额，居全国各地市第一，"河权到户"实现河道管理和河道经营的有机统一，已完成河道承包 243 条，承包人每公里河道增收达 8000 元以上。"农民变股东、资产变资本"。完成 2727 个村的集体经济股份制改革，220 万农民变成了股东，并实现了林权、农民住房财产权、农村土地流转经营权以及茶园、石雕、农副产品仓单、股权、农村水利工程产权等抵押贷款。全市涉农贷款余额 908.6 亿元，占全部贷款比重 50.75%，高于全国平均数 30 个百分点。"信用变信贷，村里变城里"。在全国率先实现农村基本金融服务不出村。

(2) 夯实"绿水青山"底蕴

目前，丽水生态环境状况指数连续 14 年浙江省全省第一，生态环境质量公众满意度连续 9 年全省第一，生态文明总指数全省第一。境内水质达标率 98%，饮用水合格率 100%，水环境质量全省第一。每立方厘米空气的负氧离子平均浓度为 2800 个，全市环境空气质量指数优良率全省第一，各县（市、区）空气质量均达到国家二级标准，市区空气优良率 93.2%，是全国空气质量十佳城市中唯一的非沿海、低海拔城市。最新统计显示，丽水森林覆盖率达到了 81.7%，位居全国第二。据测算，2017 年，全市实现 GEP 4672.89 亿元，较 2006 年增加

2576.58 亿元，按可比价计算，增值率为 86.7%。

（3）走在全国前列的丽水农民收入

截至目前，全市农民人均可支配收入增幅已连续 9 年位居全省第一，农民收入水平由 2006 年低于全国平均 200 元增加到 2017 年高于全国平均水平 4640 元，是 2015 年的 1.5 倍。"丽水山耕"品牌价值 26.59 亿元，累计全市销售额达 104.69 亿元，产品平均溢价率超过 30%。全市累计培育民宿农家乐 3881 家，实现年营业总收入增长 30% 以上。目前全市建设 8200 余个赶街村级电商服务站，7 个县入选全国电商百佳县，数量居全国第一。赶街模式还推广至全国 17 个省（市、区）的 44 个县。上市公司科伦药业并购丽水市所属龙泉市国镜药业，主要是因龙泉生态环境优越，降低了过滤器更换周期，系统维护费下降近 60%。

4. 多视角探究丽水经验的背后

（1）GEP 核算模式的具体内容

核算丽水市生态系统生产总值，就是分析与评价丽水市生态系统为人类福祉和经济社会发展提供的最终产品与服务及其经济价值。GEP 共有 15 个核算指标，25 个核算科目。丽水市生态系统生产总值从功能量和价值量两个角度核算。先根据生态环境监测、水文监测和气象监测，以及统计数据，核算各类生态系统物质产品与服务的功能量；然后运用市场价值法、替代市场法、旅行费用法等方法，确定生态产品与服务的价格；最后，在各类生态产品与服务功能量核算与价格的基础上，核算丽水市生态系统生产总值。

（2）"河权到户"与水利富民

"河权到户"是将村子的河道打包承包，以河养河，目前形成了股份、个人、集体、合作社等多种河道承包模式。通过厘清所有权、经营权、管理权边界，变政府治水为共同治水，同时将承包收入、渔业收入及工资收入，甚至多元的潜在溢价等交给农民，做到在最严格生态保护下的水利富民。

（3）生态品牌与电商平台的深度联姻

"丽水山耕"品牌是丽水市注册的全国首个含有地级市名的集体商标，以政府所有、生态农业协会注册、国有农投公司运营的模式，建立全产业链一体化公共服务体系。电商化营销模式，通过"赶街"公司+村级电商服务站，借助网商平台，把农产品变成农商品，卖向全国各地。

（4）"三权"抵押贷款

丽水林权改革建立起来包含林权确权发证、价值评估、抵押登记、贷款发放、交易流转、司法处置、风险缓释、财政奖励等完善的制度体系，在政府主导下，通过人民银行发挥牵头作用，林业、财政、法院等部门全力配合，金融机构积极参与共同完成；并发展成"林权""农民住房财产权""农村土地流转经营权"为主的抵押贷款模式。

（5）"审山审水审空气"

率先建立了体现生态文明要求的领导干部评价考核体系，探索健全自然资源产权、资产管理和监管体制。组织编制自然资源资产负债表，制订出台《丽水市生态环境损害党政领导干部问责暂行办法（试行）》。

（6）农村金融改革先行一步

开展信用户、信用村、信用乡、信用县"四信联建"，并在全国率先建立了农户信用信息数据库；推进村级担保组织和资金互助社建设，着力解决农村产权抵押贷款法律障碍和不良贷款处置难等问题；创建农村金融服务站，实现新型农村金融组织县域全覆盖。

（7）全域旅游大景区

把丽水当作一个大景区，促进旅游全区域、全要素、全产业链发展，推动农旅融合，走休闲养生路线，发展"丽水山居"民宿、农业观光、农事体验旅游项目，打造有机农产品、民俗演艺精品节目等；全市12家国有旅游公司启动旅游景区的资本化、旅游公司的实体化、旅游资产的证券化"三化"改革。

案例评述：

丽水在推进生态产品价值实现方面走在了全国前列，许多经验值得借鉴和推广。

首先，树立了符合生态文明的全域和系统思维，将丽水市域当作一个大景区，突出全区域、全要素和全产业链，立足于全域生态文化价值提升进行战略布局和改革试点。

其次，在全国率先开展了GEP核算的试点，具有引领作用和示范效应，且使用的方法和核算的结果也较有公信力和科学性。另外，丽水市将生态环境审计纳入干部考评当中，进一步从行政体制机制上对生态文明转型起到推动作用。

再次，丽水将生态文化内涵融入到产业和产品中，推出了"丽水山耕"生态农产品、"丽水山景"乡村旅游、"丽水山居"田园民宿公用品牌，带动了全域农文旅品牌的提升和效益的提高。同时，充分利用互联网等手段，开展营销推介，拉近与城市居民的距离。

最后，丽水在生态产品价值实现机制上的试点探索还有向纵深推进的必要和条件，一是测算出来的GEP数据如何真正转化为生态价值并且显化是摆在丽水试点工作面前的突出难题，比如怎样和资本市场结合；二是如何让生态价值增值和效益显化真正惠及普通群众，改变有些地方教条化地维护生态环境而迁出老百姓的做法，深入体现人与资源的和谐共生原则。这里就有前文中一、二级市场体系建设的必要，也就是要进一步完善集体产权制度改革和推进农村"三变"改革。

（二）宁夏隆德李士村："以投转股"与集体经济①

1. 从 5 万元起步的集体产权制度改革

宁夏隆德县 2018 年被国家农业农村部和区农业农村厅确定为国家级和自治区级农村集体产权制度改革试点县，开展农村集体资产股份权能（投改股）改革试点工作。为发展壮大集体经济，整合各类扶持资金 7117 万元，覆盖全县 102 个村（社区）。2018 年村集体实现收益 299.16 万元，共有 8 个乡镇 12 村实现收益分红 107.5 万元。

李士村位于隆德县凤岭乡西部，辖 6 个村民小组，户籍人口 370 户 1214 人，常住人口 222 户 785 人，其中建档立卡贫困人口 111 户 391 人，已脱贫 109 户 385 人，2 户 6 人未脱贫。全村总面积 6.8 平方公里，耕地面积 4358 亩，草地面积 3361.8 亩，退耕还林面积 970 亩，2018 年农民人均可支配收入 8120 元。

（1）将资金变股金

李士村最初得到了财政扶持资金 5 万元，在作股量化时，资金的

---

① 说明：本调研报告是温铁军生态文明服务团队固原李士村小组成员的集体成果，提纲与框架由张俊娜老师指导，撰写成员有林珊、陈董琼、江小莉、李雪、曾程遥、兰子馨、黄松、张俊娜、杨贺。全文最后由江小莉、林珊、黄松和张俊娜汇总与编辑，实地调研时间为 2019 年 7 月。

15%即0.75万元作股给集体，剩余4.25万元则作为成员股量化到各户。后区财政投入了200万，在作股量化时，扣除15%村集体股，剩余170万也量化到村民。

李士村用这些扶持资金发展产业。对现有闲置学校6幢校舍进行改造，建成并扩大李士村昌信农家超市、风河醋厂、意兴油坊和小杂粮磨坊，成立农机服务队，实行村集体自主经营，上述产业被称为李士村集体经济发展壮大的"五驾马车"。村股份经济合作社年终纯收入38.6万元，其中提取公益金、公积金和风险金5.6万元，剩余33万元进行分红，其中村集体分红9.9万元，成员分红23.1万元，户均分红638元，人均分红约200元。

（2）村民变股东

在认定流程上，先由小组摸底，村级汇总，以户为单位，形成报告，上报县里，审核通过。审核通过的户数会与实际认定的户数存在较大出入。例如李士村共有户籍人口370户1214人，最后认定了362户1155人。

认定方式多种多样，与当地实际情况相结合，分为原始认定、合法认定、申请认定和不予认定。其中，1998年以前户口在村的即原始认定，1998年后为合法认定。结合村庄实际情况，李士村不予认定有三种情况：移民或女儿出嫁但户口仍在本村的、2018年12月12日前去世的以及拿财政工资的。

股份量化以户口、人数为标准，以户为单位、人人平均。李士村将除去四种情况外的所有村民都列为分红对象，村党支部书记齐永新表示：村两委也清楚为了提高村民积极性是需要用土地、资金等其他资源入股的，目前正在等待一个合适的时机。李士村社员持股85%，村集体持股权15%，其中村集体经济合作社所得分红的40%用于村集体公益项目，60%用于合作社扩大再生产。

全村一共界定成员身份1155人，量化股本金额210万元，股份标准500元/股，设置股权4200股（其中村集体持股630股、占比15%，社员持股3570股、占比85%）。隆德县农业农村局把股本分为四类：资金股、资产股、资源股和其他。资金股中的资金来源也做了细化：分别来自区财政、县财政、扶贫资金、村积累、帮扶单位（相当于社会捐赠）及其他。农经站在开始设计制度时也为以后其他资产的认定预留了空间，可以更改。

（3）政策的矛盾与基层的智慧

隆德县的文件中规定：股份量化到户（人）后，原则上不随人口的增减而变动，实行"增人不增股、减人不减股"，维护现有持股成员的稳定，实行静态管理。若实施户内成员持股增减变化，户内自行分配。赋予农民对集体资产股份占有、收益有偿退出，持股成员的收益权，原则上可依法继承、内部转让，但不得退股提现。

村集体土地成员权的认定决定了村集体经济组织成员身份的认定，一直存在着政府法律政策的逻辑和乡土逻辑的争论。政府希望生不增死不减，村民希望可以适时调整。股民身份一旦确认后，按国家规定生不增死不减，长期稳定不变。李士村灵活运用，采取"三十年不变，五年一次小调整"，以应对出生、死亡、迁出等一系列问题。股权变更程序较为复杂，数据管理也有一套严格的管理制度，与股民认定程序基本一致。

（4）股权划定的实际

据农经站仇站长介绍，目前基本不存在因股权划定而产生的矛盾问题，一方面因为村干部在前期股权划定时就做了大量工作，另一方面，随着工作的持续推进，经过几次改进，最终成了我们今天所能看见的版本，充分地考虑了农村的现实情况。当然，仇站长也表示，工作没有一次就能做好的。我们实地的走访过程中，也存在有人对股权划定不满的情况，在李士村，受制于传统重男轻女的思想，对出嫁了但户口还在本地的女性不予认定，她们甚至没有资格参加村民代表大会，但目前没有升级成较大的矛盾。

（5）灵活分红，多元业态

分红方式灵活，股份与红利灵活组合，分为同股同红、同股不同红、不同股同红、不同股不同红，最后组成一个固定的金额进行分红。村集体经济组织吸纳本村劳动力 18 人参与产业发展，务工每人每月收入达 2000—5000 元。

李士村在集体经济组织建设股权设计上是多元的，根据不同身份不同情况的村民设计相应的股份，第二个重要特点就是可调，多元股权具有可调性。因为可调，所以才有村级企业实现治理有效的基础条件。如果村集体根本不能调整股权，对于每年产生的收益只是做一个账上的分配，那么村集体在村庄治理中的作用是很难发挥的。李士村多元股权形成的集体经济所发展出来的就是一个多元业态，种养产加销结合发展，多措并举，这样才有产业兴旺。

（6）多重创新保障村民

不同身份不同股。根据一般户、建档户、兜底户三种不同的户类别，进行不同的量化股份合计、量化股本金额。目的是防止未来出现的四种情况：同股同利、不同股不同利、同股不同利、不同股同利。因此在"隆德县村（社区）集体经济组织年终现金分红统计表"设计中划分了三类：一般户每股分红金额、建档户每股分红金额、兜底户每股分红金额。如果出现不同的分红金额，可以填入相应的表格中，减少不必要的麻烦与冲突，减少政府人员的工作量。

股民身份认定根据当地实际情况，体现了有效的村民自治，考虑较为长远，为以后其他资源的认定预留了较大空间。

2. 一份李士村的改革清单

（1）基本保障：来自政府的村庄建设投入

李士村于 2017 年 7 月开始村庄改造，政府补贴 3700 万元用于改造土路、进行道路硬化及村庄立面改造。县文化旅游局投入 120 万建设公共基础设施，其中文化活动室建设花费 23 万元、厕所 60 万元、站亭文化培训室 150 万元（国家补贴 50 万元+扶贫项目 100 万元）、农机服务中心 25 万元。2018 年水利局补贴 300 万元用于建设污水处理中心。

（2）三驾马车：集体经营性资产

李士村集体涉及经营性项目总投资 205 万元，其中用于投资建设超市 5 万元、投资建设醋厂 31.94 万元、投资建设油坊 23.45 万元、投资建设小杂粮磨坊 32.11 万元、投资建设农机服务队 102.5 万元，剩余 10 万元由乡政府代为保管。

前驱马车——集体超市。集体超市始建于 2017 年 3 月 28 日，起初扶贫办投资 5 万元用于壮大集体经济，超市开业后在 3 个月期间实现 11.08 万元盈利。集体超市功能主要有以下两种：

一是激励建档立卡户进行创业与创新。集体超市先以雇用某身有缺陷的建档立卡户为员工（工资为 600 元/月），商品均由村委统一进货。但由于薪酬较低，后为调动建档立卡户积极性，激发其能动性，村委采用由该建档立卡村民承包超市自主创业方式，承包费用为每年 5000 元。现超市每月盈利可达 2 万元，运作良好。

二是村庄自治积分兑换交易室。超市内部结构与其他超市无异，而集体超市中的货物分为两种——一般性商品和积分兑换品。积分兑换品是乡镇为激励村民参与村落建设与管理的激励积分可兑换的物品，如参加村庄会议可以积 10 分，参加村庄组织的培训可以积 20 分，改进庭院卫生环境和获得尊老爱幼评价可以分别积累 50 分等，而 10 积分即可兑换一节电池，20 积分可兑换一个插头，100 积分可以兑换一大桶洗洁精，300 积分则可以兑换电源连接线等。

动力马车——醋厂、油坊与小杂粮磨坊。醋厂车间为现代化消毒清洁车间，共有 4 名生产员工，1 名技术员，技术员工资可达 5000 元/月，普通员工 3000 元/月。以玉米、小麦、小米、荞麦为主原料的醋厂车间每月可生产 5000 斤自然发酵醋，零售 6 元/斤，批发 5 元/斤，年销量可达 1.5 万斤，总销售额可达 36 万元。油坊采用"土方子"，共有六道榨油工序："炒油籽、磨油籽、踩油饼、蒸油、包坨、榨油"，每道工序全靠人工完成，4 天出成品，不损坏胡麻油籽机理。月产油量 1400 斤，年销量 1.68 万斤，零售价 30 元/斤，批发价 25 元/斤，年售额 50.4 万元。小杂粮磨坊采用传统石磨磨面，慢工出细活。

后擎马车——农机服务队。2018 年，松土机共工作 5000 亩田地，租用费用 70 元/亩（政府每亩补贴 40 元，农户自交 30 元），2018 年创收 35 万元。收割机共工作 1650 亩，每亩租用 140 元，创收 23.1 万元。全村有 6 位有农机车驾驶证人员，村委为农机车和驾驶员都购买了保险（农机车 1200—1300 元/年，驾驶员 100 元/年）。

3. 李士村案例解析

（1）有主有辅，多元发展

积极开展股份权制改革。李士村集体建成并扩大李士村昌信农家超市、凤河醋厂、意兴油坊和小杂粮磨坊，成立农机服务队，发展五个经营实体，整合发展壮大村级集体经济资金，经村民代表会议通过，成立村股份经济合作社。

发扬非遗传承及民间传统工艺。坚持非遗传承与产业扶贫相结合，着力打造"朱庄河"农产品品牌，恢复纯手工生产无添加剂、原生态、无污染的传统农家酿醋、榨油、小杂粮工艺流程。年生产量达30吨（其中醋20吨、油9吨和小杂粮1吨）。建立农产品展示厅和电商物流服务，开展农产品推介会，促进农产品营销工作再上新台阶。

多渠道增加村集体收入。组建了农机服务队，购置大型青贮玉米收获机2台、大型拖拉机2台，配套耕种收农机具等5套，为合作社、大户、农户优惠低价提供农机作业服务0.3万亩，增加了村集体收益。

（2）软硬结合，经济稳步发展

村庄基础设施建设明显改善。全村组道路硬化实现了全覆盖，贫困户自来水和广播电视入户率达到100%，网络宽带实现了行政村全覆盖，文化活动场所、健身器材、综合服务网点、标准卫生室、电商服务中心等配备齐全；实施危房改造，村民住房安全实现完全保障；安装太阳能热水器和路灯，厕所设施改造，村民居住条件大幅改善。

脱贫攻坚任务完成在望。截至目前，李士村有109户385人贫困人口脱贫，剩余2户6人未脱贫，贫困发生率下降到0.47%，建档立卡贫困户人均可支配收入预计达到7880元，贫困户均实现了"不愁吃、不愁穿"。九年义务教育阶段学生"零辍学"，建档立卡贫困户基本医疗参保率达到100%，健康扶贫政策惠及全村所有建档立卡贫困户，贫困户全部进行了危房改造，实现了义务教育、基本医疗达标情况。

(3) 依托传统的低风险改革

李士村的产业是多元的且是农户低成本可以进入的，如传统的制醋、传统的制油、传统的磨面等五业并举。这些产业基本上都是老百姓留在农村的，不需要多大规模的投入。将产业调整成小加工厂，是一个低成本的结构调整的方式，针对大多数农村地区来说，恰恰是有一定的普遍性。很多人认为假如产业不能形成产业链，没有附加值，就产生不了大收益，其实恰恰是当产业要形成一个完整的产业体系的时候，其风险就会随着产业体系的投资增长而不断向"重资产"方向扩张。资本量越大，风险就越大，资本的收益和风险的累积几乎是同步的。很多时候不一定非要追求大规模种植、大规模加工、大规模销售这种大规模、高风险的方式。小品种、高质量、低产量的非大面积种植，反而更有利于收入提高。

从产业角度来说，李士村的五大产业是一种"创旧"，利用农村的传统作坊工艺，把它和现在的网络销售相结合，就是一个用现代的技术来创旧"互联网+农业"、"网络+作坊"，使多业并举发展起来。李士村食品加工业使用的原材料都是本地的粮食，本地昼夜温差大，且高山冷凉气候几乎没有害虫，不用打农药，因此醋、油、面等产品都是高质量的。而李士村的产品缺的是品牌，缺的是用网络营销方式，鉴于此，可以利用网上的手段把传统手工艺不断地进行线上推广，利用各种各样现代的网络营销模式，让小商品实现稳定销售，并且能够体现传统工艺价值的合理价格，而不是像现在这样贱卖。

案例总结与评述：

总体而言，李士村在集体经济发展方面的一系列制度安排和调试改进值得肯定和借鉴：

一是财政投入"以投转股"成为集体经济发展壮大的杠杆。2017年在村党支部的带领下李士村利用村集体经济壮大发展项目资金200万元，建成了超市、醋厂、香坊、磨坊并成立了农机服务队，确立了"五驾马车"发展模式。集体经济不仅成为村民收入新的增长点，同时也有效激发和增强了全村的凝聚力和集体荣誉感。

二是集体经济发展壮大成为改善乡村治理的经济基础。一方面集体经济组织对资产开展多种形式的经营，使得集体经济收入不断壮大，同时也在一定程度上解决了部分村民就业问题，让村民看到了希望，增加了发展动力；另一方面充分利用积分制，将村民的社区行为与个人利益紧密挂钩，进而形成激励，村民对自我行为的约束得以增加，社区参与的积极性得以大幅度提高，村庄治理明显改善。

三是上文中提到的在集体产权制度改革方面设置多种股权、充分考虑本地实际、预留未来增值空间、五年一调整等，不仅减少了集体产权制度改革过程中的矛盾冲突，减少了阻力，而且也在一定程度上降低了未来发生风险的可能性，为今后灵活处置预留了空间。

虽然李士村的脱贫攻坚实现了突破性的胜利，发展趋势也是向上的，但是其整体发展水平还是比较低，存在着很多需要解决的问题。

一是村委干部当前的工作重心是发展经济，农业生产过剩以及生态环境污染问题没有引起重视，如青贮玉米种植（过度使用化肥农药以及地膜）、养殖业（牛粪处理），在生态脆弱的前提下，需要坚持农业绿色生产方式。

二是村集体经济薄弱。村集体收入村民占股85%，倘若每年都全部分红下去，村集体财产所剩无几，不利于集体资产的积累和扩大再生产，也不利于延长产业链。目前李士村集体经济决策、管理和运行主要依靠村党支部，支部书记就是集体经济的主要负责人。在长期运行中可能出现履职与经营的冲突、集体经济与村民利益的冲突等问题，不利于集体经济健康持续地发展壮大。作为特殊法人的集体经济组织在治理结构和体制机制方面还需进一步探索和改进。

三是李士村集体经济壮大目前还主要依赖对资产的直接经营，而更适宜的路径是集体经济组织扮演集体资产运营管理公司的角色，鼓励村内发育的生产、信用和供销等多样化的合作组织，并对以这些合作组织为主的经营主体进行组合投资。

（三）重庆市城口县岚天乡："三变"改革与三产融合[①]

重庆市城口县位于秦巴山区，是国家级贫困县，下辖的岚天乡处于大巴山区国家集中连片贫困地区，但城口县拥有丰富的生态资源和悠久的历史文化，其中森林覆盖率达到92.9%。重庆市城口县岚天乡充分发挥村集体经济组织的作用，进行"三变"改革，推动"三产融

---

① 本案例为温铁军西南大学科研团队集体成果，案例撰写：罗士轩、陈春文。

合"发展，发掘农业的多功能性，吸引市民下乡，在农村生态资源价值实现和乡村治理改善方面进行了积极的探讨，取得了显著的成效，实现生态效益和经济效益和谐统一。

1. 岚生风光，天生美景

"岚生风光，天生美景。"岚天乡地处神秘的北纬31度大巴山脉腹地，位于重庆市城口县东北部，地处国家级自然保护区——重庆大巴山自然保护区的核心区域，东邻河鱼乡，南毗修齐镇、高观镇，西接北屏乡，北连陕西岚皋滔河，距城口县城32公里（距规划建设的渝西高铁城口站和在建的G69银百高速北屏互通约10公里），幅员113平方公里，拥有耕地7830亩、林地15.7万亩，辖4个村（岚溪、红岸、星月、三河）17个村民小组，户籍人口953户3520人，场镇居民438户1763名，占全乡总户数的50.7%，全乡集中居住率达到79%。

岚天乡处于中国南北气候的过渡带，总体森林覆盖率92.9%，主要居住区海拔1000—1300米，负氧离子含量2万个/立方厘米，年平均气温13℃，夏季平均气温22℃，冬季平均气温3℃，夏无酷暑，冬无严寒，四季分明，宜居宜游宜业，千亩高山草场锅底凼、万亩原始森林黑老帕坐拥其中，落红溪、夫妻树、秦巴古盐道、千年寒冰洞、雷打天星桥、火烧鸿恩寺等23个历史人文景观引人入胜。

岚天乡丰富且独特的生态文化资源具备良好的开发潜力，如何防止空间资源价值化进程中发生精英俘获占有收益造成的"空间基尼系数"增加是关键问题。对此，2017年以来，岚天乡在促进"资源变资产、资金变股金和农民变股东"的"三变"改革方面走在了全县甚至全市前列，下辖的岚溪村被确定为城口县唯一、重庆市38个之一的"三变"改革示范村，有效地实现了生态化扶贫的长效机制。

2. 国家级贫困县的产业转型

岚天乡的传统农作物有玉米、土豆和红薯（俗称 "三大坨"），特色农产品有中药材（木香、党参、重楼）、山地鸡、黄牛、山羊、核桃、高山蔬菜、七彩杂粮等。岚天乡近年来重点打造以板栗、中蜂、中药材为主的 "岚天三宝"，实施 7500 亩板栗、核桃树低效林改造，板栗在地面积达 4 万亩，并投资 500 万元建成以板栗酒为主要特色的民宿彭家酒庄。引进市场主体与农户合作包装岚天岩蜜品牌，发展中蜂 2300 余箱，着力打造生态养蜂观光园、农家蜂园、蜜源植物观赏园。大力发展中药材种植 2500 余亩，建成 50 亩以百合花、山药为主的三河村药膳基地。

岚天乡大力实施 "+旅游" 行动计划，整合政策资金增大扶持力度，撬动社会资本发挥主体作用，加大宣传营销，开辟客源市场，委托专业团队提供智力支持，大力推进重庆市全域旅游示范乡、岚溪河乡村旅游（大巴山森林人家）集群片区、乡土岚天国家 3A 级旅游景区建设。着力构建 "一中心四集群" 旅游发展布局。"一中心"，即以乡政府所在地岚溪场为中心，重塑场镇街区特色，完善场镇休闲度假功能，提高接待能力和水平，做旺场镇人气，打造 "大巴山水上乐园""中国岚天岩蜜特色小镇"。"四集群"，一是依托三河村，将普通民房改造成大众民宿，新建精品民宿，开发农家农事体验项目，打造 "老家三河" 原乡民宿旅游区；二是依托红岸村，丰富乡村野外生活体验项目，开发创意创作项目，打造 "色彩红岸" 乡村公园；三是依托大洪溪，完善童趣乐园、记忆老家、夫妻树步道，新建苗木花卉基地、创意手工基地，开发农事体验项目，打造 "大巴山乡村欢乐谷"；四是依托星月村，完善岚天门、月亮崖、小寨山，新建岚天中蜂体验园，开发农旅融合项目，打造 "物华星月" 农旅融合旅游区。

近两年岚天乡分片区委托专业公司和团队设计、建设了堰塘湾至三岔河的旅游标识标牌、岚溪村草籽沟步道、堰塘湾大巴山水上乐园（旅游步道和亲水设施）、五人制足球场、大巴山钱棍舞广场、大洪溪大巴山乡村欢乐谷（童趣乐园、旅游步道、记忆老家文化广场）、大洪坝社会主义核心价值观一条街、红岸村乡村公园、落红溪步道、星月村小寨山步道、月亮崖、岚天门旅游步道和观景台等项目。

上档升位大巴山森林人家 108 家，接待床位达到 1500 个，餐饮接待能力达 4600 余人。大力推进乡村旅游扶贫，引进市场主体与村集体经济组织建成落红溪、大巴山水上乐园、记忆老家、孙家坝等 4 个扶贫众创空间。引导建立利益联结机制，建成"旅游联合中心户"11家，吸纳农户就业 30 余户，认购代销农产品 100 余户。乡村旅游直接从业人员占全乡常住人口的 20%，间接从业人员占全乡常住人口的60%，年接待游客 10 万人次，实现旅游收入超过 1000 万元，直接或间接带动贫困户 100 余户，乡村旅游业逐渐成为脱贫致富的支柱产业。

延伸阅读

10

岚天乡主要景点介绍

1. 岚天门

岚天门是从南边进入大巴山腹心岚天乡的一个天然巨型峡口，又名天星桥。相传古时此处两山不断生长，合为一体阻断了河流。眼看淹没村庄，玉皇大帝遂遣雷公劈开巨石疏通河流，这就是流传至今"雷打天星桥"的传说。相传王義之沿河溯流而上游历至此，看见两块天然巨石形成的石门壁立眼前，半山云雾缭绕，遂诗意大发，提笔蘸水在石壁上刚书写一"岚"字，"岚"字竟突然变大升空，附于左边巨石之上。抬头仰望，天空豁然开朗，岚天门因此而得名。

2. 大巴山乡村欢乐谷

位于岚天乡岚溪村大洪溪，主要展示大巴山独有的风俗人情、人文景观、农村生态资源。欢乐谷内不仅有象征神圣爱情的夫妻树，而且还有民俗文化彩绘墙，更有五彩斑斓的花卉苗圃、童话城堡，置身于其中，远离尘嚣，既能感受大自然的鬼斧神工，也能体会乡土人情味，还能享受静下来的时光。

3. 大巴山水上乐园

位于岚天乡岚溪村堰塘湾，主要以"亲水、嬉鱼、消夏、避暑"为主题，充分利用丰富的岚溪河流域资源，采取"村集体+公司"模式经营，共开发了垂钓、游泳、划船、漂流等20余个游乐项目，能让游客朋友在清澈见底的水中，感受夏日里的欢乐、凉爽。

4. 童趣乐园（因环保督察已关闭）

位于岚天乡岚溪村大巴山乡村欢乐谷内，占地面积约5000平方米，以乡村传统建筑材料、乡村生活器具等布局乐园场景，呈现20世纪大巴山区农村儿童快乐成长的乡村生活景象。白天可以观赏和体验攀岩、梭梭板、风车、铁环、陀螺、鸡毛毽、弹弓、木滑梯等数十种乡村游戏和乡村玩具，晚上可以欣赏和参与乡村民俗文化表演、品尝各类乡村美食。

5. 记忆老家

位于岚天乡岚溪村大洪溪大巴山乡村欢乐谷内。记忆老家占地面积约 2000 平方米，主体建筑利用乡村遗弃的青砖、青瓦、水缸、石磨等传统建筑材料和生活器具建成，艺术化地展现了大巴山区 20 世纪乡村房屋改造升级、乡村生活不断提升的历史。

6. 夫妻树

位于岚天乡岚溪村大洪溪大巴山乡村欢乐谷内。夫妻树本是两棵独立生长的大树，高 10 余米。在距离树根约 2 米处，一根树枝将两棵大树相连，这根树枝中间向上再长出一根树桠，犹如一对夫妻共同呵护一个孩子成长，颇为奇特。许多热恋中的青年男女、已婚夫妻都来此许愿，希望自己的爱情丰收结果、家庭幸福美满。很多人的愿望都得以实现，夫妻树的神奇因而被广为流传。

7. 许愿树

位于岚天乡岚溪村草籽沟。许愿树是一棵润楠树，高约 20 余米。过去多次经受住暴雨洪灾的冲刷而屹立不倒，被当地村民奉为神灵。一些人来此许愿，并很快实现了愿望，许愿树由此而得名，慕名而来祈求家庭幸福、出行平安、创业成功、打工挣钱、孩子升学的游客也越来越多。

8. 红岸乡村公园

位于岚天乡岚溪村至红岸村 5 公里公路两旁。乡村公园内群山连绵、植被丰茂、溪水潺湲，被誉为"大巴山最美彩叶观光带"。板栗树连绵成片、漫山遍野，板栗年产量高达 200 吨。落红溪步道伴随溪流分布，长约 3 公里，环境优美，远离尘嚣。落红溪慢时光驿站处于乡村公园中部，不仅有小桥流水、翠竹怪石、曲径通幽，还有烧烤啤酒、音乐唱吧、纵情高歌，更有可以体验儿时欢乐的跷跷板、秋千、小迷宫等。

3. "三变"改革试点村的集体产权制度改革

岚天乡积极推动农村集体产权制度改革和"三变"改革，引导四个村分别全面开展农村集体资产清产核资，结合土地承包关系和人口户籍信息等确认集体成员身份，确定成员股份份额，成立股份经济合作社，选举理事会、理事长、监事会、监事长，制定章程和管理制度，确保村级集体经济组织规范搭建和规范运行。目前全乡四个村已经全部建立股份经济合作社，共有 945 户 3678 人变股东，持股 3282 股，平均每股配比达 694 元。

集体产权制度改革政策体系与过程

岚天乡建立健全"2+2+3"文件体系，制定了《关于发展壮大村级集体经济的实施意见（试行）》《关于推进农村"三变"改革促进产业增效农民增收生态增值的实施意见（试行）》两个统领性文件，出台了《关于农村集体资产清理工作的指导意见》《关于农村集体经济组织成员身份界定的指导意见》两个指导性文件，颁布了《岚天乡农村集体经济组织资金资产资源管理办法（试行）》《岚天乡财政支农资金变股金实施办法（试行）》《岚天乡农村集体资产股权管理办法（试行）》三个规范性文件，从乡级层面搭建了推进农村"三变"改革的文件体系。

1. 清产核资

在乡党委政府的引导下，岚天乡四个村分别全面开展农村集体资产清产合资。在 2014 年清产核资的基础上，再次对各村的农村集体资产进行梳理、分类，完善"三资"台账，确保集体资产归属明确，产权清晰，管理维护责任落实到位。

2. 股权量化

通过成员大会或成员代表大会，界定各村新型农村集体经济组织成员，结合有关法律规定及先进地区经验，通过综合考虑土地、户口、居住等因素，将现有村集体资金、可经营性资产折股量化，确定成员股份份额，成立股份经济合作社，选举理事会、理事长、监事会、监事长，制定章程和管理制度，确保村级集体经济组织规范搭建和规范运行。目前全乡已经村村建立股份经济合作社，共有 945 户 3678 人成为股东，持股 3282 股，平均每股配比达 694 元。

3. 开发打造

岚溪村引入了城口县落红溪旅游开发有限公司，与岚溪村集体、房东合股联营民宿项目。目前正在做"民房变民宿"项目前期工作，将按照入户走访、发布公告、会议动员、确认民房、设计方案、组织施工、共同验收等七步流程将民房改造为民宿，逐户签订合作协议，共同确定民房改造设计方案，统一组织改造施工，共同验收存档，公司统一经营。

表 4-1 岚天乡四个村集体经济组织产权制度改革方案比较
(岚溪、红岸、星月、三河)

村名称	相同点	差异点
岚溪村	①各个改革方案的程序设定上大致相同，主要包括集体资产（经营性、非经营性）的量化确权和价值认定，集体经济组织成员界定，股权配置（户籍+人），量化确权的方法，股权管理，组建新的集体经济组织。②成员身份认定上总体一致，存在小的差异	无明显差异
红岸村		成员认定上：2017 年 10 月 18 日后出生的人员不纳入本次集体经济组织
星月村		成员认定：2017 年 12 月 10 日后出生的人员不纳入本次集体经济组织
三河村		在成员认定：1. 二轮土地承包人员自 1998 年 12 月 31 日以前出生的视为有土地人员（但 1998 年 12 月 31 日前婚嫁人员除外），2. 五保户人员不纳入本集体经济组织

红岸村引导注册了城口县佼雄旅游专业合作社，主要与红岸村集体（红岸村股份经济合作社）合股联营落红溪慢时光驿站项目。

三河村引导注册了城口县岚瑞旅游开发有限责任公司，将与三河村集体合股联营孙家坝露营基地、传统民宿、马牛羊拉车、黑老趴穿越行+锅底凼露营、旅游观光车等旅游项目。

星月村引导注册了城口县红尖石旅游开发有限责任公司，将与星月村集体合股联营小寨山、月亮崖、岚天门等旅游项目和农旅融合项目。

下一阶段，岚天乡将继续深入研究每个村的资源禀赋，差异化策划每个村的合股联营项目，特别是要策划有特色、有市场前景的旅游经营项目和农旅融合项目。

4. 利益分配

目前由于处于发展初期，为了吸引企业，确保存活率，无论是资产入股还是资金入股多是按照入股金额的6%收取固定分红。

一是在民房变民宿项目上，构建了"经营主体+村集体+农户（房东）"的经营模式。把项目财政补助资金的50%补助给乙方，40%作为房东持股部分、10%作为村集体经济组织持股部分，并按出租房屋间数平均量化到户，还要求企业总投资必须达到财政资金两倍以上，持股人持有乙方财政补助资金股份属于转移性股份，不参与乙方经营决策，只享有股份金额的所有权、分红权。

二是在盘活资源资产上有突破，构建了"经营主体+村集体"的联营机制和"三变"+乡村旅游的经营模式，把集体资产折资入股到企业，按照5%的比例保底分红，如红岸村将溪流和荒地折资40万元入股到佼雄旅游合作社，合作开发了慢时光驿站；岚溪村将河提等基础设施折资 60 万元入股到大巴山水上乐园；星月村将集体土地折资 25 万元入股到中蜂观光园。

三是在利益联结上加重了贫困户的股份，一是在每个项目中都设置了扶贫岗位，二是在集体股份分红中特别提留 10% 给贫困户。

四是在利益分配上与基层社会管理相结合，把股东分红与"红黑榜"制度结合，实行乡风文明 100 分制，按照比例最终确定每户分红金额。

五是鼓励建卡贫困户通过扶贫小额贷款入股股份经济合作社获得不低于 6% 的年度固定分红。

六是推行"八步程序"，实施低技术小投入项目。2018 年对7500 亩板栗树、核桃树进行了低效林改造，实施了 15 公里的窄路面拓宽工程，村民实现了务工收入，村集体实现了利润收入。

岚天乡按照"基础设施建设跟着产业走"要求，四个村全部成立了股份经济联合社，引进市场主体 9 个，引回返乡能人 40 余人，整合财政投入村集体资金 920 万元，以"村集体+市场主体+农户"模式，合股联营水上乐园及钓鱼台、孙家坝露营基地、落红溪慢时光驿站、彭家酒庄、民房变民宿、农村电商、记忆老家及夫妻树、草籽沟等项目，切实解决"空壳村"问题，彻底盘活了闲置资源。每年全乡集体经济组织的收入超过 50 万元，租金、股金、薪金等多种收益叠加，户均增收3000 元。探索创新村集体经济组织运行机制，推行"七步流程"将闲置民房改造成民宿，构建"经营主体+村集体经济组织+房东"的联营机制，现已营业 100 余间民宿客房。2018 年，岚溪村被确定为全市农村"三变"改革试点村，红岸村被确定为县级"三变"改革试点村。

4. "三变"改革与集体经济发展

表4-2 岚天乡集体经济项目一览表

项目名称	项目计划文号	资金下达文号	建设地点	项目总投资（万元）	财政补助金额（万元）	补贴对象项目建设要求	绩效目标	享受扶贫财政补贴的社会经济组织名称	财政资金兑现金额（万元）
夫妻树（记忆老家）股权化改革项目	城府发（2018）34号	城府发（2018）181号	岚溪村	7.5	5	修建停车场1500平方米	每年6%的固定分红	城口县旷怡旅游开发有限公司	5
大巴山水上乐园（包括钓鱼平台）股权化改革项目	城府发（2018）34号	城府发（2018）181号	岚溪村	100	40	修建钓鱼平台35个、休闲设备用房，景观长廊等	每年6%的固定分红	重庆智达旅游开发有限公司	40
岚天乡大洪溪创意农业扶贫基地股权化改革项目	城农发（2018）34号	城府发（2018）181号	岚溪村	22.5	15	新建花卉、苗木、盆景、奇石创意扶贫基地1个	每年6%的固定分红	城口县中树园艺有限公司	15

（续表）

项目名称	项目计划文文号	资金下达文号	建设地点	项目总投资（万元）	财政补助金额（万元）	补贴对象项目建设要求	绩效目标	享受扶贫财政补贴的社会经济组织名称	财政资金兑现金额（万元）
民房变民宿股权化改革项目	城府发（2018）34号	城府发（2018）181号	岚天乡	300	150	改造村民闲置房屋共计18户，143间	每年6%的固定分红	1.重庆智达旅游开发有限公司 2.城口县落红溪旅游开发有限公司	0
板栗产业农旅融合基地	城农发（2018）34号	城府发（2018）181号	岚溪村	200	40	建成板栗产业农旅融合基地1个，酿酒厂房一个	收购农户农产品，每年6%的固定分红	城口县铭洋酒业有限责任公司	40
花卉苗木扶贫基地	城农发（2018）34号	城府发（2018）181号	岚溪村	120	80	种植培育花卉、苗木50余亩，修建生产用房1个及附属生产设施	带动岚溪村贫困户15人务工，每年6%的固定分红	重庆市城口县岚木园林绿化有限责任公司	40

245

项目名称	项目计划文号	资金下达文号	建设地点	项目总投资（万元）	财政补助金额（万元）	补贴对象项目建设要求	绩效目标	享受扶贫财政补贴的社会经济组织名称	财政资金兑现金额（万元）
荞麦扩繁场产业扶贫基地	城农发（2018）34号	城府发（2018）181号	岚溪村	100	60	岚天乡辖区种植苦荞300余亩及购置生产设备等，新建1000m²	收购农户农产品，每年6%的固定分红	城口县博傲农业发展有限公司	43
中蜂产业扶贫基地	城农发（2018）34号	城府发（2018）181号	星月村	15	15	建设基地100群的扩繁场1个及购买生产养殖用器具若干	每年6%的固定分红	岚天乡星月村股份经济合作社	15
中药材产业扶贫基地	城农发（2018）34号	城府发（2018）181号	三河村	100	50	种植百合12亩，山药35亩，建设生态观光园基础设施及仓储等配套设施	每年6%的固定分红	城口先岚瑞游开发有限责任公司	50
板栗产业扶贫示范基地	城农发（2018）34号	城府发（2018）181号	红岸村	100	50	建成一个集生产、加工、包装于一体的综合性酒厂	收购农户农产品，每年6%的固定分红	城口先县怡清园大巴山森林人家农家乐	50

246

（续表）

项目名称	项目计划文号	资金下达文号	建设地点	项目总投资（万元）	财政补助金额（万元）	补贴对象项目建设要求	绩效目标	享受扶贫财政补贴的社会经济组织名称	财政资金兑现金额（万元）
"三变改革"试点资金		城农工组办（2018）6号	红岸村	200	50	现金投入50万元用于房屋的扩建装修	收购农户农产品，每年固定6%的分红	城口县怡清园大巴山森林人家农家乐	50
			红岸村	150	50	现金投入50万元用于房屋的扩建装修	收购农户农产品，每年固定6%的分红	城口县裴方雄大巴山森林人家农家乐	50
试点资金			岚溪村	120	120	打造6000平方米植物景观1个，以动漫为主题开展科普系列活动	每年6%的固定分红	岚天乡岚溪村股份经济合作社	40

通过近一年的探索，集体经济组织发挥了以下作用：

一是吸纳了资金，全乡集体经济组织共参与项目 18 个，企业投资 1080 万元，财政投资 600 万元；

二是解决了群众就近务工问题，全乡在集体经济组织劳务工资开支近 200 万元；

三是构建了创业平台，吸引了 10 位返乡能人和民间艺人回乡创业；

四是盘活了山水林地资源，使得以前荒废的资产得到效益发挥，全乡折资入股达 125 万元；

五是各村集体经济实现零的突破，2018 年全乡四个村都实现收益，共计 58 万元，有 3 个村完成财务核算和分红方案，每股分红最低都可达到 80 元以上，其中岚溪村已经开了分红大会，每股分红达到 100 元，分红最高的家庭达到 800 元；

六是社会效益明显，极大地调动了群众参与项目建设的积极性，自创自建自管、公开公平公正的议事原则得到群众高度认可，增强了村支两委在基层的凝聚力。

5. 改革激发动力：岚天乡的多元化发展之路

（1）民房变民宿项目

岚溪村引入了城口县落红溪旅游开发有限公司，与岚溪村集体、房东合股联营民宿项目。项目探索创新村集体经济组织运行机制，推行"发布公告、民房确认、方案设计、组织施工、共同验收、统一经营、兑现分红"的"七步流程"改造闲置民房变民宿，构建"公司+村集体经济组织+房东"的联营机制，把项目财政补助资金的 50% 补助给乙方、40% 作为房东持股部分、10% 作为村集体经济组织持股部分，并按出租房屋间数平均量化到户，还要求企业总投资必须达到财政资金两倍以上，持股人持有的乙方财政补助资金股份属于转移性股份，不参与乙方经营决策，只享有股份金额的所有权、分红权。

城口县落红溪旅游开发有限公司以投入的改造资金和提供经营管理折资入股，折资95万元，占股63.9%，其中，包括公司现金投入45万元，村内部分贫困户入股至城口县落红溪旅游开发有限公司的扶贫小额贷款50万元，前3年，每年以不低于6%的比例保底分红给贫困户。3年后，贫困户可以选择不再入股，也可以选择继续入股，并按入股比例分红，资金风险由公司承担；村集体以道路、路灯等基础设施和营造良好的旅游环境等折资入股，折资24万元，占股16.1%；农民以闲置民房使用权折资入股，共150套，折资30万元，占股20%，入股民房由城口县落红溪旅游开发有限公司统一规划设计、施工改造和运营管理。经三方商议，经营收益由城口县落红溪旅游开发有限公司、村集体、民房入股农户按照7∶1∶2的比例分红，若投资效益较低，则民房入股农户以1000元/间的标准保底分红。村集体收益分红部分，按859.5股成员股量化分配给本村集体225户，927人。目前，已改造100余套民房，经营80余间民宿客房，项目总计投资149万元。2018年年底，农房入股农户户均分红能达1200元，集体经济组织成员户均分红能达500元。

在民宿项目经营收益分配中，民宿经营收入扣除经营成本、管理费用、房屋保底分红（类似房屋租金，房屋基础好保底分红高，房屋基础差保底分红低）等，再提取10%的公积金（用于提升经营活动，弥补意外亏损，巩固财政基础等），剩余部分按股份进行效益分红。岚溪村集体按比例所得收益，提取10%的公益金（用于基础设施建设维护、公益性事业支出、困难家庭扶持等），剩余部分由岚溪村集体经济组织成员按股分红,"量化到人、分红到户"。房东群体按比例所得收益,由每家房东按改造后的床位数获得分红(每个床位分红=房东群体收益/床位总数),"量化到床、分红到户"。另外,通过融资构建与贫困户的利益联结机制,建卡贫困户以扶贫小额贷款入股落红溪旅游公司,落红溪旅游公司为建卡贫困户提供不低于6%的年度固定分红。

表4-3 "民房变民宿"项目利益联结机制

主体	入股形式	利益分配	预估净收入 54.6万元
城口县落红溪旅游开发有限公司	以投入的改造资金和提供经营管理折资入股,折资95万元,占股63.9%	7/10	31.14万元
贫困户	扶贫小额贷款50万元(投入落红溪旅游开发公司,包含在95万元之内)	前3年,每年以不低于6%的比例保底分红给贫困户。3年后,贫困户可以选择不再入股,也可以选择继续入股,并按入股比例分红,资金风险由公司承担	3万元(按50万的6%计算)
村集体	以道路、路灯等基础设施和营造良好的旅游环境等折资入股,折资24万元,占股16.1%	1/10,按859.5股成员股量化分配给本村集体225户,927人	5.46万元(按净收益的10%计算)
农民	农民以闲置民房使用权折资入股,共150套,折资30万元,占股20.0%	2/10,若投资效益较低,则民房入股农户以1000元/间的标准保底分红	15万元(按20%分红为每间728元,不及1000元,按1000元计)

民宿项目效益分析。以改造民房 150 间、床位 300 个为例，改造费平均 0.5 万元/间（0.25 万元/床，按 5 年折旧，每年折旧费 500 元/床），年保底分红平均 1000 元/间（500 元/床）。每个床位年接待 70 天，每个床位每天销售利润 45 元（销售价 70 元/天，餐饮成本 25 元/天）。每个床位分摊保底分红约 4 元/天，分摊劳务支出约 4 元/天（每 10 间房配 1 名服务人员，80 元/天），分摊管理费约 4 元/天（管理费总计 17 万元），分摊折旧费约 7 元/天。每天净收益：45-4-4-4-7＝26（元）。民宿总净收益：26 元/天×70 天×300 个＝54.6 万元。则按照 20% 的比例分红，农户每间可获得 728 元，由于之前已经约定了按照最低 1000 元/间进行分红，所以农户总共分红 15 万元，集体按照 10% 分红则为 5.46 万元，贫困户投入的 50 万元按照 6% 的比例分红则为 3 万元，公司剩余纯收入为 31.14 万元。

（2）乐园+水域

该项目位于岚溪村，由重庆智达旅游开发有限公司经营。这家公司于 2018 年 3 月 2 日成立，企业法人是张某（岚溪村人），以 100 万元独资注册。经营范围是旅游开发、旅游景区管理服务、会议服务、企业营销策划、文化技术交流服务、住宿服务、餐饮服务、水上游乐园服务。

2018 年 6 月 15 日，智达旅游公司与城口县岚天乡岚溪村股份经济合作社签订农村集体资产出租合同，打造岚天欢乐水世界。出租岚溪河位于岚天乡场镇张国利桥头至双河口桥头段约 1 公里河道，估值 80 万元（由村集体与公司协商确定），用于水上垂钓、水上游乐、旅游景点的开发运营管理（内含步道、周边停车场、各景点公共设施）、河道经营管理等。租赁期限为 10 年，2018 年 6 月 15 日起到 2028 年 6 月 14 日止。租金是第 1 年 3 万元；第 2—4 年为 4.8 万元（80 万元的

6%）；第5—7年为5.6万元（80万的7%）；第8—10年为6.4万元（80万的8%）。

此外，根据"三变"改革要求，以财政补助资金40万元的50%作为岚溪村股份经济合作社的持股入到智达公司，股份经济合作社可享有每年9%的固定分红，为期5年。

由于岚天乡的海拔较高，水上乐园项目一般在7、8月份营业，这一时间段之外的水温相对较低，不适合进行水上活动。

2018年8月项目试运营了一个月，一期投入了60万元，客流量平均每天100人，入场门票100元/人，再包括救生衣、泳鞋和手牌等附加产品，人均消费150元/人。以2018年的情况计算，毛收入为100人×150元×30天＝45万元。根据协议，集体经济组织以河道入股分红3万元（资产收益率3.75%），集体用财政资金投入的20万元（财政共投入40万元，其中20万元直接补贴给项目，另外20万元用于入股）按照9%分红为1.8万元，集体经济组织总收入为4.8万元，剩余40.2万元为智达旅游公司收入。

（3）落红溪慢时光驿站

该项目位于岚天乡红岸村。红岸村位于河鱼-北屏-岚天环线，地处岚天乡西北部，距离岚天场镇约3分钟车程，辖3个社、149户，585人，是典型的地广人稀村落。红岸村一直以传统农业产业为主，重点发展板栗和核桃产业。

当前，红岸村初步构建了"经营主体+村集体"的联营机制和"三变"+乡村旅游的经营模式（因之前建设落红溪慢时光驿站项目时土地已被政府整体征用，所以直接采用"经营主体+村集体"的联营机制）。政府财政投入资金60万元修建落红溪慢时光驿站项目（红岸村乡村公园），目前该乡村公园长约3公里，建设有小桥流水、翠竹怪石、曲径通幽，还有烧烤啤酒、音乐唱吧、跷跷板、秋千、小迷宫等设施，可同时容纳 50 人烧烤聚餐。该项目由岚天乡红岸村股份经济合作社与佼雄旅游专业合作社合作经营，佼雄旅游专业合作社的负责人是该村的村主任聂方雄。

根据协议，一是村集体以落红溪慢时光驿站旅游设施折资入股，经营主体（佼雄旅游合作社）以设备投入和提供经营管理折资入股；二是由经营主体（佼雄旅游合作社）负责项目的运营管理并自行承担经营风险；三是合作社以量化的产权资金额度 6%—8%/年的标准作为村集体经济组织分红收益，村集体经济组织每年分红约 2 万元，并带动周边农户（贫困户）实现务工收入 4 万元；四是红岸村股份经济合作社成员在村集体收益中按股分红；建卡贫困户通过扶贫小额贷款入股股份经济合作社，获得不低于 6% 的年度固定分红。下一步佼雄旅游合作社计划投入 50 万元用于扩展场地，增加落红溪娱乐设施，同时还计划与红岸村集体合股联营桃树湾 50 亩大寨田项目和树屋项目。

（4）怡清园大巴山森林人家农家乐（彭家酒业）

该项目位于岚天乡红岸村，老板毕业于四川大学，是本村村支书妻子的哥哥，其就读的是财会专业，之前在成都安家，做服装生意。后因小弟生病去世，留下两个孩子，父母亲年纪太大，因此返乡创业。另一方面乡政府做动员工作，加之能为家乡做贡献也是他小时候的梦想。

彭家酒庄的前后有 30 亩地，均为其自家所有，其中 11 亩是农田。目前建设占地面积 2000 多平方米，计划投入 1000 万元，实际投入 600 万元左右。投入资金里面，贷款和其他来源资金有 150 万元，分别为中银富登小额信贷公司 50 万元（财政贴息），集体经济试点资金 50 万元，项目扶持资金 50 万元。该酒业自有资金总投资 450 万元，已建成

4000 余平方米（两层），是集餐饮、住宿、酿酒、电商等休闲娱乐于一体的综合性农业实体。内含房间 29 间，可同时容纳 64 人住宿和 200 人就餐，无尘酿酒车间 120 余平方米，可进行高粱、玉米、苦荞、板栗等土灶酿酒。

彭家酿酒自曾祖父开始，年代久远，工艺传统。当时主要在周边地区销售，酒的品质一直很好，闻名乡里，回头客很多。现在车间年产量已达 8 万—9 万斤，申请到品质认证并开始做包装，注册了"彭家酒厂"商标。当前主要市场还局限在城口县域范围内，计划通过电商平台向外走出去，打开销路。彭家酒窖已储藏 2 万斤酒，储存时间长的已有七八年。过去年产 5 万斤，销售额年均为 40 万—50 万元。目前该酒庄的酒价格在 8—15 元/斤，有高粱酒、荞麦酒等，以后打算发展板栗酒厂，每年营业额可以达到 300 万元左右。此外，该业主还计划用酒糟养猪，形成循环的全产业链。

配套的大巴山森林人家（民宿）按照五星级农家乐标准打造，采用的是村集体经济组织以资金入股的形式，即将"三变"改革的试点资金 50 万元（试点资金共 100 万元）入股。项目采取"市场主体+村集体+农户（贫困户）"利益联结模式，试点资金主要用于装修该森林人家的房屋、配套设施建设及生产经营活动的流动资金。城口县怡清园大巴山森林人家农家乐（彭家酒业）负责房屋建设生产经营投入和生产经营管理，并自行承担市场风险。彭家酒业每年提取村集体经济组织投入本金（50 万元）的 9%（4.5 万元）红利作为村集体经济组织固定分红收益，其中 6% 的红利（3 万元）每年一次性支付给村集体经济组织，余下 3% 红利暂存于彭家酒业。合作期满后，本金和每年暂存的 3% 的红利一次性支付给村集体。

该项目计划通过合作经营，带动集体经济组织成员 15 人就业（建卡贫困户 7 户），村集体经济组织每年可取得分红 4.5 万元，并带动周边农户（贫困户）实现务工收入及农产品销售 40 万元。

大巴山森林人家价位在每天 168—288 元。2018 年 7 月 31 日试运营以来，生意比较火爆。他们在 2018 年秋天组织了板栗采摘节活动吸引游客，其板栗林为自家所有。饭菜主要为农家菜，一些制作方法也恢复传统工艺，作为留住乡愁的一种方式。住宿和吃饭的游客主要来自达州、万州、重庆、开县和云阳等城市。

该业主的思路比较清晰，看到政府很多的农业项目投资都失败了，因此认为不能纯粹搞农业。他推崇差异化发展，多样化消费，当前吸引的客源也相对处于中高端水平。目前的发展困境在于如何实现在地化管理，在外寻找专门管理人员并不容易，也不一定适应本地的一些特点；本村的人素质又不易达到餐饮酒店服务业标准要求，且当地人不习惯市场化的管理方式。

该酒庄事实上正在践行的是三产融合的思路，以板栗、玉米等种植为第一产业，以板栗、荞麦、玉米等加工为第二产业，以旅游、采摘等为第三产业。而且其雇用人员的工资也基本在每天 100—150 元，基本达到了三产融合后的劳动力再定价，其发展仍具有进一步探索的空间，包括与全乡的第一产业结合联动发展。

6. 岚天模式：集体经济带动的乡村治理改善

（1）月坪的乡村治理探索

月坪是星月村的一个自然村，共有 29 户居民，位于城口县城进入岚天乡场镇的必经之路上，地处要道有"岚天门"之称。星月村长期以来缺乏经济发展基础，整体较为贫困。实施精准扶贫战略之后，因月坪自然村是岚天乡的"门面"，于是乡里将"精神扶贫示范点"建设落地到月坪，政府在月坪的乡村旅游示范片建设、文化广场升级改造以及旅游配套设施建设上共投入 50 多万元。

据乡政府工作人员谢某介绍，选取月坪作为一个示范点打造，一方面在于月坪的地势条件依山傍水，以良好的村庄环境来促进乡村旅游发展，特别是避暑产业集群发展。另一方面全乡在推进精准扶贫工作中，计划打造 10 个"文明院落"，每个院落都会有相应的主题，星月村计划建设 3 个"文明院落"，月坪则作为"文明院落"建设的试点探索，经营主题是"外婆家的菜园"，引起游客的乡愁。月坪村在景观打造上围绕"乡愁"做文章，各种景观小品都是由本地村民和能工巧匠就地取材进行制作，不仅成本低，而且达到变废为宝的效果。同时，在相关的宣传标语方面摒弃了以往过于生硬和呆板的方式，充分利用网络流行语和青年人视角，喷涂"生活不止眼前的苟且，还有诗和远方"等标语，给人以亲切感。

（2）月坪文明大院与社区治理

月坪文明大院的建设体现出良好的社区治理。村民共同维护参与，在算盘、小转盘、杆秤以及旗帜等小物件上展示着包括星月村"红十条"、月坪文明大院自治组织名单、村内卫生值日表、月坪文明大院党员"红色细胞工程"等在内的村社治理规章。月坪文明大院还利用县电视台对口帮扶资金设立"爱心超市"，实行积分制兑换日用生活品，实施文明家庭"流动红旗"制度，定期评选文明家庭并授予"流动红旗"。"算盘"造型的展板上写着星月村"红十条"，主要是明确村规民约中不能违反的条款，加强村民的自我约束，如果违反则会扣除相应积分。积分的多少会影响文明家庭"流动红旗"的评选、"爱心超市"商品的兑换以及最后的股份分红。"算盘"意味着精打细算，显示出积分累计的重要性，切实与村民参与的利益相关联。

在文明大院的场景设计下，充分发挥基层组织的带动作用，积极引导村民参与到社区治理当中，也调动了村民参与的积极性。

星月村的"红十条"是村民代表大会制定的，是村民共同遵守的村规，以院落为单位进行核算。各户的积分直接与集体经济分红相挂钩，于是成了村民自我约束和自我管理的红线。此外"积分"还与"爱心超市"相挂钩，每个季度评定的积分可以作为兑换"爱心超市"商品的依据，10分可以折价1元，60分以上才能够将积分兑换成相应价格的物品。"爱心超市"经营的商品主要以生活用品为主，如肥皂、洗衣粉、暖水瓶等。

延伸阅读

12

星月村"红十条"①

本十条由星月村村民代表大会制定，为全体村民共同遵守的公约，实行积分制管理，每户每年共100分，违反以下十条的报村委员会直接录入文明家庭评选扣分台账。

一、"红十条"内容

1. 无故不参加会议，不参加公益活动的每次扣5分；村社干部邀约民心、当老好人、不履行村规民约监督责任的每次扣10分。

---

① 资料来源：课题组实地调研时岚天乡人民政府提供的资料。

2. 办无事酒席的每次扣 10 分；参与无事酒送礼的每次扣 5 分。

3. 存在"等靠要"思想的每次扣 5 分；能脱贫而不愿脱贫的每次扣 5 分。

4. 户容环境（室内规定室外）、耕作田地脏乱差，乱倾乱倒垃圾每次扣 5 分。

5. 不遵守用水协会等自治管理组织规定 1 次扣 5 分；无理取闹、恶意攻击、歪曲事实、传播谣言的每次扣 5 分。

6. 达不到建卡贫困户、低保户等评定标准采用缠访、越级上访等方式持续表达诉求每次扣 5 分。

7. 在评定建卡贫困户、低保户等过程中故意隐瞒家庭财产以及经济收入的每次扣 5 分。

8. 采用不正当手段骗取建卡贫困户、低保、五保、民政救助等国家补助资金以及不诚信使用商业银行贷款资金的每次扣 10 分。

9. 不履行赡养老人和教育子女义务的扣 10 分。

10. 其他违反村规民约和本院文明公约的，以及其他影响到乡村、社工作的每次扣 5 分。

二、结果运用

1. 院落住户的平均分值作为全村开展院落创建的重要考核依据。

2. 以社（或院落）为单位开展文明家庭的月度、季度、年度的评选，以积分在本社（或本院落）排名为主要依据。

3. 凡是不满 60 分的，以户为单位，列入"黑名单"管理，并报乡、村备案处理，考察期为 3 个月，考察期间村支两委对列入"黑名单"的住户不办任何相关手续，并取消享受相关优惠政策的权利，直至"黑名单"农户改正错误行为，经村民代表大会考察合格并同意取消"黑名单"后，方可继续享受国家一切优惠政策和村支两委提供的服务。

4. 每户"红十条"的积分与"集体经济"年度利润分配挂钩。以每年每户的年终得分除以 100 为该户的分配系数，以在"集体经济"年度利润分配时应分金额乘以分配系数后得出实际的分配金额（如：李某家有集体经济股份 5 股，当年"红十条"得分 80 分，每股应分 100 元，该户合计应分 500 元，乘以诚信系数 0.8，该户实际分得 400 元）。

除了惩罚和约束机制之外，月坪还积极开展文明互助等活动。月坪大院于 2018 年 6 月成立了互助小组，以增强院内村民之间的互动联系，以互帮互助增强村民之间的团结友爱精神，使得村民感情联系紧密，更易于内在矛盾的化解。村里成立 6 个互助小组，开展"互学""互管""互帮"等活动，具体的开展方式如教育互助、劳力互助、思想互助、灾害互助等。

月坪文明大院"互助小组"活动方案

（2018 年 6 月 4 日晚全体户主代表通过）

为有序推进扶贫攻坚工作，切实改善全村生产生活环境，发挥村民互帮互助的优良美德，增强村民之间团结友爱的精神，经星月村村民代表大会讨论通过，决定成立村民"互助小组"。结合我院实际情况，制定本方案。

一、"互助小组"组成原则

1. 坚持"同院同组、相邻为组、强弱搭配"的原则，小组一般以 3—5 户一组。

2. 根据邻里的文化程度、身体条件、家庭情况等不同情况进行编组，以强帮弱，优势互补着眼小组的共同增收致富、克服嫌弃邻里的倾向。防止和纠正不愿与素质弱、家庭差的邻里编在一组，或把平时表现一般的邻里"凑合"编在一起的现象，通过科学编组促进邻里共同进步。

3. 小组长的确定，根据民主推荐，充分尊重小组成员的意愿，由本组人员推荐出小组长候选人员，利用小组会、院坝会，对所推荐的候选人员统一衡量，确定上报名单，由党支部审定，支委会根据上报名单，严格把握条件，认真审慎研究决定小组长。小组长也可以适时轮流担任，不带入任何行政职务，小组长和组员之间是一种彼此平等、团结和谐、相互制约、相互监督、相互促进的互助关系，双方既有监督、帮助他人的义务，又有接受他人监督、帮助的权利。

二、"互助小组"活动内容

互学：主要是指小组成员之间要相互学技术、学文化，相互促进、共同提高生产生活技术水平，学习致富本领，让小组技术本领强的人，带领大家共同提高致富增收的本领。

互帮：主要指小组成员之间帮助对方解决各种思想、生活问题和实际困难，在缺少劳动能力、技能知识、法律常识时，互相帮助，解决问题。

互管：主要指小组成员之间要相互教育管理，相互检查监督，督促小组成员摒弃生活陋习，整治居住环境，完成脱贫目标任务，共同实现脱贫致富。

三、"互助小组"的活动形式

1. 劳力互助：主要针对因家庭人员体弱，个人无法完成的重体力劳动或者农事季节需抢时间的生产活动，其他"红白喜事"等需要劳动力协同完成的生产生活活动。

2. 教育互助：主要针对留守儿童等需要在教育上进行辅导的学生，采取初中帮小学、高中帮初中、大学帮高中等学生之间的互学模式，组长要代为履行留守儿童的监护责任，让其感受家庭温暖。

3. 技术互助：主要通过互教互学，根据小组中掌握不同的技术相互学，解决贫困户生产生活中摸不到窍门，不懂生产生活技术，种养殖效果不佳等情况。

4. 思想互助：茶余饭后，三五百米散散步，三五句话宽宽心，言行有误提个醒，帮助小组成员辨别是非，解开思想疙瘩，进行心理疏导，解开思想包袱。

5. 生活互助：在环境卫生中互相监督学习，临时急需的生活物资可互助借用，互助看管老人和孩子，条件成熟的还可共同生火做饭。

6. 灾害互助：对小组成员在家里出现变故、个人或家庭出现重大伤病或受到自然灾害，要第一时间参与救灾抢险，主动寻医问药，端饭送水，嘘寒问暖，让小组成员时时感受到大家庭的温暖。

7. 孤老互助：由孤儿和散养"特困"人员一组的，亲属为第一监护人或是没有亲属的，组长应该为监护人，并在民政部门的监督下签订供养协议，保证衣食吃住行等"两不愁三保障"。

8. 务工互助：互助提供务工信息，在外务工团结友爱，树立月坪人自立自强吃苦耐劳的品质。

9. 评比竞赛：每一季度开展一次小组评比排名，对提前实现了脱贫目标、小组成员切实增加了收入、改善了居住环境、在全村中表现十分优秀的小组和小组长，村委会给予小物质和精神奖励。

月坪文明大院自治组织名单

（2018 年 6 月 4 日晚全体户主代表通过）

一、院长：张某；对文明院落的管理负责，督查和协调各组活动开展

二、卫生总督查：王某；对环境卫生负总责，督查住户轮流卫生值日工作，搜集汇总卫生检查情况表

三、用水协会

会长：郑某；工程维护人员：月坪大院全体住户代表；财务组长：彭某

四、巡山护林：郑某

五、公益设施管理组

组长：彭某；旅游步道管理：于某；路灯管理：文某；其他公物管理：彭某

六、院民"互助组"①

七、"月坪温馨家园"微信群：目的是沟通生产生活、商业、政策法规等信息，宣传月坪人文景观，树立月坪美好形象，由土生土长的月坪人或荣誉院民组成，群成员必须热爱家乡，传播正能量，凡是传播有违背法纪、道德、有损月坪声誉言论的成员，群主有权监督，并被踢出本群。

群主：彭某

---

① 名单略。

此外，月坪文明大院还实行清洁卫生值周制度，以转盘形的展示板将每户户主名字记录上去，用指针指向本周负责公共区域卫生执勤的家庭，一方面便于农户知晓自己何时执勤，另一方面便于大院内部互相监督。整个院子的卫生环境维持较好，同时村民卫生清洁的意识明显提升了。在环境风貌和社会风貌整体改善的情况下，月坪人的精气神也有了明显的提升，积分制管理对村民开展自我约束和参与公共事务具有明显的激励效果。配合整体打造的以大巴山森林人家和避暑民宿为主的产业基础，月坪在社会治理与经济发展之间的互动上走出了一步有益的探索。

案例评述：

案例所记述的内容由于客观原因详略不一，一则因为受访谈对象态度和意愿各异，二是因为各个项目和政策实施的进度并不一致。但从已有的信息和资料中，我们依旧可以对岚天乡在推进"三变"集体产权制度改革和农村生态资源价值实现等工作有所掌握，权当管中窥豹、略见一斑。

观点一：基层干部群众对本地资源的认知是农村生态资源价值实现的前提

重庆市城口县岚天乡除了东安镇的4A级景区中国亢谷由政府主导按照一般旅游景区方式打造之外，岚天乡党委政府和干部群众是最早认识到了自身的生态文化资源优势，并最先开展行动的。在乡党委书记江奉武带领下，首先在发展理念上进行全面转型，不再走传统农业产业化道路，而是结合岚天乡的海拔优势，发展避暑经济和特色旅游业，率先提出"乡土岚天"的口号和形象定位。基层干部群众对本地资源、区位条件的认知是农村生态资源价值实现有效进行发展规划的前提。

观点二：新型集体经济组织是农村生态资源价值实现的组织制度创新

在岚天乡的发展过程中，政府财政投入起到了重要的杠杆作用。由于岚天乡进行了集体产权制度改革并在全县率先成立了集体经济组织，财政投入并没有像新农村建设时期那样直接补助了公司和大户，而是首先注入集体经济组织，或者是政府开展基础设施建设之后将形成的固定资产确权给集体经济组织，这成为集体经济组织重要的"本钱"，再由集体经济组织通过保底分红的方式入股（相当于出租）到经营主体中。这样，一方面在一定程度上解决了经营主体资金短缺的问题，另一方面集体经济组织获得了收益，掌握的资产有了一定的收益率。财政投入对于集体经济壮大和产业发展都具有重要的杠杆作用。

岚天乡在产业选择上有比较明确的定位和清晰的规划，以"乡土岚天"为基本概念，主要布局大巴山森林人家、避暑民宿、慢游项目、特色农林产品、娱乐和文化活动等，将农村生态资源价值通过多种途径显化。第一是在全域规划和宣传上突出生态和乡土，并将其植入外来消费者的印象中，并产生和扩大需求，岚天乡的民宿价格相较于海拔低一点、环境差一点的乡镇要高很多，且吸引的游客更多。生态内涵的打造和营销带来的是岚天乡全域总租值的增加。第二是部分经营主体在生产农产品、开发新业态时，充分挖掘了其中的生态内涵，比如岚天乡的"蜂情园"就主打蜂蜜产品的原生态，避暑民宿也重点突出本地夏季凉爽的气候、清新的空气和原生态氛围，大巴山森林人家的菜品也在突出野味、新鲜、传统和地道等，生态价值无形中蕴含在了众多的产品和产业当中。第三是部分农村生态资源的价值通过产权等交易方式直接显化了，比如岚溪村集体经济组织将属于村内财产的部分河流和河道折资入股到经营主体当中保底分红，水资源的价值通过这样的契约直接体现出来了。所以，部分具有可交易性的农村生态资源的价值可以直接显化。

岚天乡所处的大巴山区是国家集中连片贫困地区，所属的城口县也是国家级贫困县。事实上，中西部大多数生态条件优越且自然资源丰富的地区在工业化时代都因内部无法自主原始积累而外部资本也无法进入而沦为贫困地区，当地群众也因没有足够的现金收入（有的地区因人地关系紧张甚至无法保障农户基本生存）而沦为贫困户，多数青壮年劳动力只能选择外出务工获取并不稳定的劳务收入，且到年老时又只能被劳动力市场析出而回到农村。当前的精准扶贫战略虽然在一定程度上通过国家的大规模财政投入基本解决了"两不愁三保障"的问题，但并不足以使村民获得稳定的现金收入，并且没有将资源盘活。在全国层面于2020年实现全面脱贫之后，需要认真谋划的是如何和乡村振兴衔接的问题，这时候乡村丰富的农村生态资源的价值就可以进一步凸显出来。

丰富优质的农村生态资源是像岚天这样的乡镇村民最重要的财产，将这些资源通过各种形式盘活进而获得财产性收入，是实施乡村振兴提高农民收入水平和稳定性的最重要手段。由于部分农村生态资源具有不可分割性和系统性特点，所以常常由集体经济组织占有，所以农民的财产性收入至少包括两块：一是已经分到户的资源直接开发获得的收益，二是集体资产经营获得的收益按照股份分红。总之，岚天的经验告诉我们，促进农村生态资源价值实现，增加农民的财产性收入，是典型山区乡村生态化振兴的必由之路。

观点三：新型集体经济组织带动有效乡村治理

最后，集体经济组织获得收入之后，在组织发动老百姓方面能够更有力，不再是巧妇难为无米之炊。以星月村的月坪自然村为例，利用扶贫资金设立的爱心超市，村民每户在社区内的表现都会转变为积分，村民可以凭借积分换取不同的生活物品；同时结合集体产权制度改革，村民的社区表现最后会与集体股份分红挂钩，既有激励机制，也有约束机制，村庄社会治理明显得到改善。岚溪村年底举行的集体分红大会，虽然资金额度还不高，但已经能够充分调动村民的参与热情，村庄治理井井有条。所以，岚天乡的实践最为重要的经验，就是有了集体经济的基础，乡村治理的效果得到了全面改善。

当然，用岚天乡党委书记江奉武的话说，岚天乡的实践还处于1.0版本，需要进一步升级，比如在农村生态资源价值实现的形式上需要更加多元，在集体经济组织的治理方面需要进一步完善，产业的业态需要进一步提档升级，经营主体上需要更多地培养综合合作组织以避免大户倾吞、精英俘获等问题。

瑕不掩瑜，岚天乡在集体产权制度改革、"三变"改革、农村生态资源价值实现一、二级市场构建以及乡村治理方面的探索是值得肯定的。

（四）贵州罗甸：基于黄花梨的产权金融交易探索

我们认为"两山"发展理念是自然和生态环境作为"价值中心"的属性被认知，即生态资源的价值化和生态资源的资本深化。

任何实质性的改革都充满风险，更何况生态文明是我国从工业化时代向生态化时代的历史转型，生态资源价值实现所要求的深化改革牵涉金融法规及与运作机制如何做适应性调整问题，这必然是个复杂过程。作为国家级贫困县的贵州省罗甸县，其单株名贵活立木交易在生态金融扶贫之生态资源资本深化的探索实践中虽然走得踉踉跄跄，还有很多改进之处，但是其曲折探索也为后续生态金融扶贫之生态资源资本深化的探索起到了灯塔作用。

我国农村的大量自然资源都是未被定价的资源，因此必然成为国际资本追逐结合的"热土"。一方面应对国内在"三大资本"过剩、高污染、高负债等多重压力下的绿色经济转型需求，另一方面应对中美关系不确定因素增大，使中国加速启动主权信用货币化资源性资产，主动在推进生态化扶贫之中体现资源价值化，可以缓解金融风险。为此，进一步使生态资源资本深化，已成为打造"压舱石"应对全球金融化挑战的当务之急。

1. 对活立木的单株定价探索

贵州省罗甸县 2008 年通过招商引资引入贵州 HS 林业开发公司采取"公司+农户"模式，先后在罗甸中南部地区 8 个乡镇流转荒山，建立以降香黄檀、沉香为主的珍贵林木示范基地 3 万余亩（其中海南黄花梨 2.2 万余亩，柚木 1 万余亩），村民可通过土地租金、到基地务工和林木资产价值 20%分红三项利益分配实现收益。分红后降香黄檀价值增长的部分，仍可以享受 20%的继续分红，直到树砍了终止交易为止。企业与村民签订固定租约的土地流转合同（5 元一亩/年，30 年），另外签订土地征占合同或者联防联保合同进行 20%的林木收益分红。同时，公司计划出台"三三三一"规定（30%现金，30%新农村建设，

30%投资基金，10%公益）进一步涉入20%分红金的管理和再投资。

降香黄檀活立木可以进行单株定价并颁发活立木不动产权证，通过不动产权中心进行单株活立木交易。2016年11月29日，贵州乾朗交易中心与HS林业签署战略合作协议，计划合作开展降香黄檀产权交易，但是由于贵州正在全省范围内开展金融交易所整顿工作，降香黄檀活立木尚未在乾交所上市交易。目前主要通过线下渠道进行单株活立木交易，5—8年生单株降香黄檀活立木价格为2.5万元。贵阳银行对降香黄檀进行内部价值评估，并根据市场价值法对购买者进行按揭贷款，HS林业提供保证金或者承担回购任务。中国人保财险公司为单株活立木进行保险，保险金额2万元，保险费率1%。如果林木灭失，HS林业赔偿同龄活立木，再由HS林业与保险公司进行结算。

2. 不砍树：但体现出树木的价值

贵州HS林业开发有限公司，是一家以珍贵林业（降香黄檀等）营造及深精加工为核心，以名贵中药材（石斛等）林下种植及林下养殖（黄花梨绿壳鸡蛋）、经营和农产品贸易为辅营产业的现代珍贵用材林产业综合开发企业。2008年，罗甸县通过招商引资引进该公司。2009年，罗甸县引进贵州HS生态建设有限公司①，公司在中国林科院热带林业研究所支持下，在五星村试种黄花梨成功。HS林业公司目前注册资本为5.2亿元，实际缴纳的资本金是2000万元，负债9000万元。广东中广信资产评估有限公司对HS林业2015年4月30日前已种植约2.4万余亩（海南黄花梨1.6万余亩，柚木9000余亩）林木资产评估价值为68亿元（约28万/亩）。2017年2月正式成为发改委"贵

① HS生态建设有限公司，法人刘某（女），注册时间2008年12月9日，注册资本100万元，王某是第二大股东。资料来源：天眼查。

州脱贫攻坚投资基金扶贫产业子基金"入库项目。

HS 林业依托中国林业科学院热带林业研究所的科技支撑和科技成果生产转化，徐大平所长和梁坤南教授对该项目给予高度评价。通过六年时间，组织当地农民先后在罗甸县 8 个乡镇，完成降香黄檀（海南黄花梨）和柚木种植 2.5 万余亩，其中海南黄花梨达 1.6 万余亩，柚木 9095 亩。当地拥有 7000 平方米育苗大棚，苗圃 60 余亩，年育苗量达 100 万株以上，是全球最大的海南黄花梨种植基地。2016 年至 2017 年罗甸县实现降香黄檀活立木交易达 5000 万余元；组织当地村民劳务用工 65 万余人次，支付工资、租金等 5127 余万元。罗甸基地的护林人员已发展到 53 人，各部门管理人员和一线员工 30 人，他们来自不同的乡镇。

表 4-4　HS 林业已种植面积①

序号	乡镇	面积（亩）	已种植（亩）
1	龙坪	5000	1196.14
2	八总	20000	0
3	茂井	10000	12675
4	罗暮	6000	520
5	沟亭	2000	1890
6	班仁	8000	1966
7	凤亭	8000	3776
8	罗妥	3000	2646
9	罗悃	10000	6165
10	红木河	8000	0
合计		80000	30834.14
已种植面积统计截止日期：2015 年 6 月			

---

① 数据来源：HS 林业官网 http://www. hs－forestry. com/about/i＝6&comContentId＝6.html。

270

用相关负责人的话说，HS 林业开发的创新之处在于不砍树，但体现出树木的价值。除了海南黄花梨芯材加工和交易，HS 林业公司还开放了关联产业交易。如林下种养殖、文旅、民俗、康养；活立木交易、附加值加工；林业补助、碳汇营收、生态扶贫和政策性补贴等作为边际效益。目前开发的产品有：黄花梨酒，制香，精油，海黄蜂蜜、林下鸡和鸡蛋、海黄辣椒，降香黄檀药品。

对于单株活立木不动产交易，主要客户包括三种类型：一是投资型客户，也即将海南黄花梨作为不动产进行长期投资；二是兴趣需求型，比如手串、红木家具爱好者，购买海南黄花梨，多年之后即可使用其芯材制作手串等，因为按照当前价格，十几万能买好几棵树，但是只能买两串手串；三是家庭资产配置型，部分经济相对宽裕的家庭有资产配置和理财需求，海南黄花梨作为投资品的门槛不高，并且活立木的增值空间非常明显。

3. 单株活立木不动产权登记的历史性创举

国家于 2015 年 3 月 1 日施行《不动产登记暂行条例》，2016 年出台实施细则，从 2015 年到 2019 年都属于不动产登记的过渡期。黔南州是少数民族自治州，政策可以先行先试，不需向上级汇报。2017 年林业局曾经给 HS 公司办了一小批林权证，后被国土资源部门发现叫停，之后相关部门出台了一个办证的流程。2017 年 8 月，实现了单株降香黄檀活立木办理不动产权登记证的历史性创举，林木资产变身不动产（可确权、可交易、可抵押、可传承）。2018 年 6 月 6 日，公司给全体 7526 名合作村民兑现首批 1000 万元（按 5000 万元的销售额计算）的分红。

4. 金融工具的创新

（1）银行贷款

目前已通过与贵阳银行的首期合作，获得银行授信额度 2900 万元，其中 2000 万元用公司房产抵押贷款，用单株林权抵押 900 万元的信用授信。同时还获得罗甸县农村信用联社贷款 450 万元和重庆银行贷款 338 万元。

（2）单株活立木交易按揭贷款

2018 年 9 月 3 日，贵阳银行以 2.5 万元/株的价格全国首创地开通了单株活立木按揭贷款业务，价格为 3 万元/株。2018 年共销售 200 株，其中 45 株是按照单株 2.5 万元销售市场，交易额 5000 万元，村民分红 1000 万元。

贵阳银行和 HS 公司签订了《林权销售贷款合作协议书》，贵阳银行作为 HS 林业公司与单笔林权销售中的第三方提供按揭贷款，单笔林权销售按揭贷款最高额为 300 万元，贷款期限最长不超过 5 年，在单笔林权购买人无法按时足额偿还贷款时，HS 林业公司承担连带责任，HS 林业公司同意将第三方总额的 20% 作为保证金，单笔林权购买人从初期违约开始未按时足额还款，银行无需 HS 林业同意，可直接扣划相关款项。

（3）单亩按揭贷款

在 2018 年单株按揭之前，2016 年 HS 林业公司已经探索单亩按揭。

2016 年富民村镇银行和 HS 林业公司签协议，可以以单亩按揭的方式来合作。当时一共销售 67 亩，销售额 4020 万元，其中通过富民村镇银行按揭的金额是 1680 万元，全部为贵州和周边省的客户购买，共有 18 户按揭，其中有 5 户因生意亏损造成贷款逾期。根据 HS 林业公司和富民村镇银行签的协议，逾期 6 个月 HS 林业公司就要回购，因此 2017 年公司需要六七百万元的回购资金，无法负担，所以和银行联系延期。2018 年，富民村镇银行行长因此被处分。HS 林业公司大股东意见很大，要起诉这些逾期的客户，公司作为第二被告承担连带责任。截至目前，HS 林业公司已经陆续回购了 3 户。

（4）保险公司

2018 年 9 月，中国人保财险（PICC）正式开始为公司的降香黄檀活立木办理商业保险，按照市场销售价进行保险。如果林木灭失，由 HS 林业公司赔偿同龄的树，再由公司与保险公司协商结算。因为 HS 林业公司目前销售规模不大，备份树充足。

价值保险最主要的问题在于资产价值的评估。目前的评估价格一般按照成本价值法，一亩几千元不到。对于降香黄檀这种珍贵苗木的巨大未来价值，没有一家评估公司敢按照市场价值评估，贵阳银行推荐的评估单位不敢签字。贵阳银行的行长自己去调查做评估，银行认定为 2.5 万元，但没有出具正式的评估报告。

（5）乾朗交易所

由于贵州在全省范围内开展交易所整顿工作，目前乾朗交易所还没有拿到正式牌照，还没有活立木在乾交所交易。之前在网络上宣传第三方资金监管，原计划放在乾交所进行，由于整顿，也没有实现第三方资金监管。当前的单株活立木都是线下销售。

（6）融资情况

新三板挂牌失败。为了冲新三板，HS 林业公司与投资人签订了风险极大的对赌协议。

2015 年 8 月 20 日签订《股权转让协议》，认购 HS 林业公司的股份，认购股本金 110 万元。HS 林业公司承诺其将在 2016 年 5 月 31 日之前完成新三板挂牌。若未能成功挂牌，投资人可以选择继续持有股份或者选择退出。若投资人选择退出，HS 林业公司将一次性退还实际认购股本金 110 万元，同时按照资金实际到账时间年化 30% 作为股本金回报款。目前新三板挂牌失败，正在寻求法律途径解决。

计划纳斯达克借壳上市。美国联合商业协会副会长、美联商汇（亚洲）资本集团创始合伙人、总裁、首席执行官王某某是美国著名的私募基金投资人。美联商汇是纳斯达克资本运作的顶级集团，有很雄厚的资本实力。目前美联商汇已经发了协议给 HS 林业公司，准备把 HS 林业公司推到国际市场上，对方已经购买好了壳公司。

企业债务情况。公司总投入 2.2 亿元，负债 9911 万元，其中金融机构借款 2588 万元，其他金融机构 2195 万元，自然人借款 5128 万元。

案例评述：

HS 林业公司开展珍贵苗木单株不动产权证申办、单株活立木产权交易、引入产权交易市场和多种金融工具等探索，为构建生态资源价值化"第三级市场"提供了有益的借鉴和参考。只是由于基础性工作的缺失、市场与政策风险以及自身经营管理不当导致公司的发展与业务的创新探索举步维艰。

观点一：多种金融工具组合平衡生态资源资本深化的预期收益和预期风险

1. 预期收益

（1）资产评估价格

2015 年 2.4 万余亩（海南黄花梨 1.5 万亩，柚木 9000 亩）林木资产评估价值 68 亿元（广东中广信）。

（2）大料的价格

之前有报道海南拍卖了两棵树，一棵树龄 40 年，另外一棵树龄 70 年，两棵树一共卖了 1428 万元。通过计算，40 年树龄的这棵树，平均每年的稳定现金流应该是在 6.1 万元，另外一棵 70 年树龄的，每年的稳定现金流应该在 8.6 万元。

（3）小料的价格

小料可以做手串，按照每年长 2.3 公斤的芯材，每斤 4000元，一年生长量的价值 1.8 万元。

（4）贵阳银行给的内部价值评估是 2.5 万元（5—8 年生的降香黄檀）

这意味着从预期角度来说，这是一个有着极高回报率的投资品，大大地高于一般的投资品，而且比社会上通行的高利息借贷的收益率还要高得多。

2. 预期风险

（1）种植风险

虫灾：中国林业科学院热带林业研究所梁教授介绍，降香黄檀的主要虫害是双线卷裙夜蛾和蛀干害虫瘤胸天牛。因为当地人采集叶和花做茶，所以不用杀虫剂。大规模种植导致大面积的虫害发生。风灾冻灾：降香黄檀怕风，因此他们选择了罗甸县，罗甸县是一个三面环山开口朝南的地理位置，无风，温度高。

（2）市场风险

在四川乐山也能种植降香黄檀。如果说形成降香黄檀的生产基地不具有唯一性，那也就意味着它远期收益（几十年之后才能实现的收益）很可能会发生其他变化。比如说在其他地区也可以种，那当大量的木材产品上市的时候，木材的单株回报肯定会大幅度下降。

（3）政策风险

被严格监管的期货市场，现在大连期货交易所、郑州期货交易所上市交易的基本上是比较成熟的交易品种，当然也不可能回避投机。如果给出了年回报率24%等这种不规范的传销方式，被有关部门监管，甚至制裁等，都是难以避免的。另外，由于机构改革，林权证发放由林业局转到不动产登记中心，导致无法办理，出现了违约，也是一种政策风险。再比如交易所整顿，使得原计划在乾朗交易所进行的线上销售计划被迫停止。

3. 金融工具组合

预期既有收益也有风险。用什么样的金融工具在创造收益的同时又能应对风险？这是一个值得我们思考的问题。我们都知道，林木具有长周期的生长特点。降香黄檀的成材时间至少30—40年。这么长的周期内，资金的流动性肯定是个大问题。贵州罗甸县做了以下探索：

（1）单株活立木交易

对单株降香黄檀颁发不动产权证，单株定价（一棵5—8年生的树定价2.5万元），2018年6月销售额5000万元的20%（1000万元）分给农民，之后每次交易差价的20%都返还给农民，也就是农民享有林木全生命周期增加价值的20%收益。同时，按揭贷款、林木保险、私募基金等金融工具，可以保证交易的顺利进行。

（2）附加值开发

开发降香黄檀花茶、叶茶、降香黄檀酒、精油等，实现附加值收益。一亩一万多的利润就可以支撑产业的发展了。

如果顺利实现这样的资本深化，山区贫困户就可以通过转手交易或者代际传承，做到不砍树也致富，成为一种生态化扶贫的林业经济和资本市场交易产品的创新。通过这种方式，利用资本市场的交易使短期不产生收益的林业产品形成短期收益。即期的交易收益回报可以去激励更多的人种树，去恢复生态，有正向的积极意义。但也要从防范风险的角度，防止过度投机，防止搞传销。

目前各地各部门还没有跟上习近平总书记提出的生态资源价值化实现形式创新的要求，没有理解生态资本深化的思路。于是合规风险就是公司最大的困境。比如用公司现在给出的这些预期收益来融资的时候，就有合规问题。于是他们先后遭遇了一系列风险。

观点二：生态资源资本深化过程中内部化机制处置外部性风险

企业总是会有各种各样的外部性问题，当外部性问题陡然爆发，用分红来启动村民对预期的稳定，用预期的稳定来形成公司和村民之间的利益关系，相当于用内部化机制进行处置外部性风险。

这样一个具有创新性的、使得绿水青山变成金山银山的案例，遇到了林木非标资源性资产适应的非规范制度尚未突破壁垒的困局，唯一的办法就是强调生态化的中央主导各部门突破制度壁垒；与此同时，深化重构新型集体经济的供给侧制度改革，推进"三权"分置、加强资源变资产的"三变",然后开放地方的小品种期货，先行先试。这些才是符合今天生态文明深化体制改革思路。

观点三：生态资源资本深化过程中建立一级市场的重要性

根据前文中关于农村生态资源价值化市场体系构建的内容，在整个生态资源价值化实现的三级市场的制度设计中，一级市场是最重要的。比如该公司遇到的林权证问题、交易所整顿、按揭贷款风险等，都是三级市场问题。对此，不管使用产权交易、期货交易、抵押贷款，还是按揭贷款、保险公司、私募基金，大部分的地方金融工具，几乎所有可能融资的手段公司都使用上了。都直接对应着前文中讨论的三级市场。

也就是说，公司在没有做一级市场的情况之下，先去做了三级市场，而三级市场恰恰是风险最高的。

若未建立一级市场，势必降低资源主权主体（农民）的谈判地位。而没有对等谈判就会导致农民出现机会行为，使得契约不可维护。低租金对农民来说就是谈判地位不对等，公司把农民变成一个非常弱势的谈判对象，形成的契约就是不可维护的，因为双方没有对等谈判。拥有资源主权的主体的谈判地位是被人为压低的，当然就导致小农机会行为，这个机会主义导致任何契约都不可维护。

金融化竞争中的三级市场是高风险的，所以我们团队在一级市场的设计中，回购商是村集体而不应该是公司。然而，现在保险公司、按揭贷款所有这些资源价值化的交易最后的回购商都是公司。

本来一级市场设计中之所以要村集体承担回购责任，就是因为三级市场风险过高，所以设计出来的主体是村级集体资产管理公司，它同时又是三级市场交易失败的回购商。这样才能形成一

个完整的闭环，使得生态资本深化的创新风险最小化。重视一级
市场的另一个考虑是外部性可以被内部化处置，就在于资源性资
产长在农村的山上，也就是长在村集体的地盘上，有"不可移动
性"，谁也拿不走。因此，越是长周期的农村生态资源资本化，就
越是要稳定的村社集体经济。

第五章

风物长宜放眼量：农业可持续
发展的国内外视野

　　人类的生产生活依赖于自然环境，不同的气候地理环境条件下产生不同的农业形态。中国长期维持以村社聚落为载体的生产、生活、生态合一的农耕模式，是东亚所处的地理环境使然，其最大特点是喜马拉雅山脉隆起造成青藏高原成为地球第三极，从而形成了自西向东呈三级阶梯的中国地形，除了横断山脉之外的大山脉系与大河流域都是东西走向；此外，中国被五个气候带覆盖，太平洋、印度洋洋流和青藏高原崛起共同作用形成东亚季风气候，加上山水地形复杂，形成了异常丰富的浅表地理资源和生物物种多样性。但西方发达国家在第二次世界大战之后相继进入农业现代化阶段，依靠石油动力机械及大量农药和化肥的高投入、高产出模式创造了农业增产的奇迹，这一模式在世界范围内推广。20 世纪 60 年代，发展中国家广泛开展绿色革命运动，以实现从传统农业向现代农业的过渡。通过改良作物品种，增加化肥、农药投入，亦使广大发展中国家受益匪浅，但紧随而来的是土壤板结、肥力下降、单一品种的耕作制度对病虫害抵御能力差、水体严重污染等一系列农业生态问题。

我们可以看到，此类改造农业运动的本质是资本深化，在经营者通过资本化农业资源获利的同时，一方面制造了以"农业生产过剩"为内因的"谷贱伤农""菜贱伤农"；另一方面造成对资源环境和食品安全转嫁为代价的严重的"负外部性"。由于这类矛盾在人多地少的中国表现得很尖锐，因此国家于2018年强调改变"粗放的数量型增长"，明确批评"结构性矛盾最突出的领域就是农业"，要求向绿色生产方式转型，为此还针对农业过剩提出"农业供给侧改革"。

如果说20世纪是可持续农业的战略退却，那么21世纪则是战略反攻。这里的反攻不是打仗，而是东西方面对共同的生态危机和人类不可持续之忧，借助东方优秀传统文化中的"天人合一"理念来实现人类的自我拯救。我们在本章中将以发生在世界各国的真实经验为本位，展现生态转型过程中世界可持续农业的发展图景。这些案例对于人类从资本主义向生态化转型的引领意义，也内含其中。

一、他山之石：多国农业可持续发展观察

农业生态恶化这一事实使得人们开始重新审视现代农业发展模式，并引发了全球农业可持续性的思考。1981年，莱斯特·布朗在《建立可持续发展的社会》（*Building a Sustainable Society*）一书中，系统阐述了"可持续发展观"，被视为较早的对农业可持续性的思考；1984年，哥尔丹·道格拉斯在《农业可持续性改变世界秩序》（*Agricultural Sustainability in Changing World Order*）一书中明确指出"农业可持续性"问题。农业可持续发展问题提出后陆续得到社会各界的响应。1987年，世界环境与发展委员会（World Commission on Environment and Development，简称WCED）提出"2000年转向持续农业的全球政策"；

1988 年，联合国粮农组织（Food and Agriculture Organization of the United Nations，简称 FAO）制订"可持续农业生产：对国际农业研究的要求"的文件；1991 年，FAO 在荷兰丹波召开农业与环境国际会议，发表了著名的《丹波宣言》，拟定了关于农业和农村持续发展的行动纲领；1992 年，WTO 在巴西召开的环境与发展会议上通过了著名的《21 世纪议程》，将农业与农村的可持续发展作为可持续发展的根本保证和优先领域，并写入第 14 章。

自此，农业可持续发展不仅成为一种农业发展的新思潮，达成全球的共识，而且也得到了最高级别的政治承诺，这使农业可持续在世界范围内开展成为可能。[①] 农业可持续发展思想虽在世界范围内得到广泛传播，从过去单一地追求农产品的数量增长，开始更多地关注食物的质量、安全及营养，同时农业的环境保护、文化教育等其他功能也得到发掘。但由于政治、经济、文化等国情不同，各国在实施农业可持续发展模式上各有特色，实施进程也不尽相同。

（一）德国：市民农园与农业多功能性

市民农园是德国都市农业的主要体现形式，即由政府或农民将位于都市或近郊的农地出租给城市居民，市民可以在土地上种植花草、蔬菜、果树或经营家庭农艺，体验农业生产经营过程，享受耕作乐趣。

19 世纪工业化的背景下，农民大量涌入城市成为产业工人，人口激增导致城市住房紧张、食物紧缺等社会弊端出现。德国的一位医生兼教育家施雷贝尔认为工人"即使无法享有个人住房，也应当拥有亲近自然的权利"。他主张在工人区为工人子弟修建农园，既可作为贫困

---

① 刘力、于爱敏：《世界可持续农业发展模式比较研究》，《世界地理研究》2001 年第 1 期，第 41—45 页。

家庭孩子的活动场所，为他们创造接受大自然教育的有利条件，还能提供健康的食物、节约生活开支，此外园艺工作可以缓解人们工作的疲劳。19世纪三四十年代，市民农园在大都市和工业区得到迅速推广，比如位于柏林红十字会带小屋的园圃区和铁路农场花园。促使市民农园大量兴起的另一个原因是19世纪中期兴起的自然疗养运动，自然疗养运动主张通过阳光、空气和运动保持身心健康。[①]

最初的市民农园是德国工业化进程中城市生活、居住和食物供给缺乏的产物，但市民农园在后期发挥的作用则超乎人们预期。20世纪20年代末30年代初的经济危机中，对很多失去工作和住房的人来说，市民农园及园林小屋是唯一可能的生活方式。市民农园还在两次世界大战中发挥了重要作用。市民农园的收成在饥荒时期，尤其是第一次世界大战期间起到了帮助人们维生的作用。第二次世界大战时，德国遭受空袭，人们在市民农园中躲避度日，靠着这里所生产的蔬菜才得以免除饥饿。两次世界大战期间，由于战争、饥饿等原因，在无家可归的野外居住者以及长期租赁者的努力下，市民农园规模越来越大并越来越坚固。二战后，市民农园继续发挥供应水果、蔬菜等农产品的功能。

第二次世界大战后的20年中，在水果和蔬菜整齐种植成行列的市民农园中出现了灌木园、水生池等特殊的小生境以及像花园矮人那样的园林艺术品，精致又实用的花园成为空间经济使用的典范。20世纪70年代的生态运动使市民农园一改其传统形象，绿色环保的理念引入市民农园的管理中。理想的农园不再是整齐、干净、精心维护和有序管理的，相反，它应当是自然的、一种有控制的混乱。

---

① 范子文：《德国的市民农园》，《世界农业》1998年第7期，第49—50页。

1983 年，德国在《市民农园法》中加入"社区发展"的概念。按照法律，德国的所有都市都有义务将市民农园提供给市民，目标是达到每 10 户居民中就有 1 户拥有市民农园。近年来，德国市民农园的做法与宗旨，与过去相比已有很大不同，主要是转向农业耕作体验与休闲，而不是以生产经营为方向。

20 世纪 90 年代，随着自然疗法、瑜伽、冥想、健身运动的兴起，休闲健身成为 21 世纪人类社会生活的主旋律。休闲、健身的价值被引入市民农园，康体园成为除了实用园、生态园之外的第三大主流形式。在城市水泥丛林中，休闲农地是具有稀缺性的公共财产。德国市民农园强调绿色环保教育及休闲功能高于物质生产，提供绿野阳光的空间为城里居民享受，以符合身心均衡发展的需要。

从宏观上看，市民农园促进了农业在都市的保存与发展，使农业不因都市建设范围的扩大而萎缩，同时市民农园的存在，增加了城市的绿地面积，改善了生态环境。而且，它还发挥着社区活性化作用，为市民提供了交流与沟通的社交场所，有助于改善居民邻里关系。从微观上，市民农园对于市民个人也有多种功能：体验农耕文化的同时享用新鲜、卫生、安全、健康的农产品；回归大自然，在田园中休养身心，消除精神紧张；寓教于乐，让小朋友近距离接触农耕文化；更重要的是，在共同劳动中增进家人、朋友间的感情。

市民农园的存在，表明农业不仅具有生产粮、菜、花、果、鱼的生产性功能，而且具有改善城市生态环境的生态性功能和为人们观光、休闲、体验、娱乐提供空间的生活功能。同时，这也说明城市与农业是可以相互依存、共同发展的，而非决然分割的。生产、生活、生态三生合一的农业经营方式对应的是市民、农民、政府的三方共赢。市民可以在农园中亲近大自然，全家一起耕种、四季采摘花草蔬果，享受丰收之喜、田园之乐；农地出租的租金收入，加上帮助市民照顾农园的工资收入，远高于农民自己种田所得，政府可以减少空地管理的成本及部分绿化开支成本。德国市民农园的成功实践，吸引了来自国外的众多参观学习者，美国、日本、韩国等国纷纷仿效，引为己用。

（二）美国：有机农产品需求下的社区支持农业

有机食品是美国食品工业中增长最快的部门，销售额每年以两位数增长，远远超过了整个食品市场的增长率。据美国有机贸易协会统计，2018 年，有机产品销售额首次超过 500 亿美元，其中水果和蔬菜仍是主导产品，占所有有机食品销售额的 36.3%，占所有农产品的 14.6%，其市场份额在过去 10 年中几乎翻了一番。[①] 对于美国许多小规模的商业农场来说，进入有机食品行业，销售有机认证的农产品，是增加农场收入，维持农场财政稳定的重要渠道之一。

过去 20 年，在小规模家庭农场流行的社区支持农业（Community Supported Agriculture，简称 CSA）与美国有机食品行业的发展及基于本地生产的市民农业的兴起，二者息息相关。"市民农业"一词由康奈尔大学发展社会学教授托马斯在 1999 年"乡村社会学社区年度会议"中最早提出，托马斯教授认为美国出现了本地化农业及食品生产的逆趋势。托马斯把这种基于本地生产的农业及食品生产称为"市民农业"，其组织表现形式为农夫市集、社区花园及社区支持农业等。由于食品生产的全球化带来了一系列社会问题，诸如食品安全不能得到较好的保证，工业化生产较依赖机械化、燃料、化肥、杀虫剂，导致像农田开发、森林采伐、水污染及生产多样性缺失等问题。因此"市民

---

① 美国有机贸易协会：*U. S. organic sales break through ＄50 billion mark in 2018*，见 https://ota.com/news/press-releases/20699。

农业"被认为是解决食品生产全球化及工业化所带来的食品安全及环境问题的一个可行方案。①

　　CSA 业务的核心竞争力在于有机农产品新鲜直销模式拉近了农场与消费者二者的距离，促进农场主、土地、会员三者之间的联系。美国农场 CSA 业务的经营模式主要包括四方面的内容：产品线规划、会员制、线上线下营销推广、盈利模式。美国家庭农场正是通过 CSA 业务经营模式的设计，加强 CSA 业务的核心竞争力，放大农场的竞争优势，同时扩大农场的价值和收入。CSA 农场旨在推行有机农产品规范化生产及健康的生活方式，传统的种植单一作物的产品模式已经不能够满足当今消费者的要求，越来越多的 CSA 农场通过多元化经营方式提高了农场的竞争力，为消费者提供多样化的有机农产品。②

　　虽然大部分的 CSA 农场并未通过有机认证，但生产的农产品符合甚至超过美国农业部在 2002 年 10 月 21 号发布实施的"国家有机标准"。不同的 CSA 农场选择生产的农产品类型不尽相同，结合当地消费者的需求、偏好和气候等自然环境因素，可以是蔬菜、水果、奶酪、肉或者是面包等食物。CSA 盒子中不仅有多种农产品组合与搭配（产品种类一般为五六种），还附有农场新闻和菜谱。有的 CSA 农场会每周向会员发送邮件，让会员从本周丰收的农产品列表中做出选择。为了降低运营 CSA 农场的风险，CSA 农场常与其他有机农场合作，或与其他 CSA 农场建立联盟关系，可以在农场遭遇自然灾害或收成不好时从合作的农场收购农产品。同时，由于所种植产品的差异，收获季节不相同，农场可以延长提供 CSA 盒子的周期，让市民能在一年之中的

① Chen S Q, "Civic agriculture: towards a local food web for sustainable urban development", *APCBEE Procedia*, 2012 (1), pp. 169-176.

② G. Frank, "Going local", *Florida Grower*, 2010 (3), pp. 6-7.

最大时间范围内买到健康有机的农产品；一些规模较小的农场也可以组织起来，各个农场分工生产农产品，最后将这些集中起来，形成多样化 CSA 盒子销售给消费者。[①]

美国 CSA 业务主要以发展订单模式为主，即为会员提供"新鲜宅配"服务或者将 CSA 盒子运输到具体"配送点"等直销服务，市民也可到农场"自主收获采摘"，大部分 CSA 农场会综合运用这三种配送方式。在美国，CSA 会员包括市民、酒店、学校和企业等。农场一般在农夫市集及连锁超市（如美国的全食超市）等零售商店、酒店设置 CSA 盒子配送点，这样不仅能极大地方便会员直接购买或取货，在增加该配送点的人流量、提高其知名度的同时，还能增加顾客在该配送点冲动性消费的可能性，是一种互利共赢的合作方式。

美国 CSA 农场采用"同心多元化"的发展战略，即一个农场可以经营多个 CSA 项目，并赋予不同的命名，例如以地区或公司（机构）名称命名，自然而然地将 CSA 会员细分成多个群体，且这些群体具有共同的社会活动领域。这样做的目的是加强农场与特定区域或某个特定组织内部 CSA 成员的联系，加强每个 CSA 项目内部成员之间的联系，方便农场活动的展开，加强会员"社区"意识的培养。同时 CSA 成员可以对各自的 CSA 项目及会员制度改革建言献策，对农场的社区建设及活动开展提供切合实际的建议。CSA 农场能够收到更有价值的反馈，农场与会员共同促进 CSA 项目的成功进行。[②]

线下营销推广包括农场宣传材料的制定以及活动营销，线上营销推广包括 CSA 相关网站的建设与应用。通常农场都有一系列宣传推广

---

① C. Hale, "Making marketing work", *Florida Grower*, 2011 (11), pp. 14-16.
② 周淑甄、王树进：《美国家庭农场 CSA 经营模式研究》，《天津农业科学》2014 年第 7 期，第 38—42 页。

材料，如农场宣传小册子、开通农场博客、制作农场宣传视频及 CSA 会员推荐书等。特别是对第一年参与的会员会特地制作一份生产季节的教育宣传材料，例如一系列的农场宣传视频、农场简介、新闻，或其他一些说明书，如菜谱、农产品储存指导或建议书，以帮助 CSA 会员更好地适应参加 CSA 后的饮食及生活变化。

美国 CSA 农场经常定期或不定期地举办一些节庆文化活动，如农事体验、旅行参观、游玩试吃、乡村生活聚会、农业知识培训、养生知识竞赛等，这些活动加强了农场与 CSA 会员的联系，营造了平等互助、自然生态、教育学习和城乡合作的良好氛围。会员们在农场找到了归属感与幸福感，不仅不会轻易退出 CSA，甚至会积极地向周围亲朋好友推荐农场。

（三）韩国：消费者生活合作协会与产销互助①

消费者生活合作协会（以下简称"生协"）在日本和欧洲都很发达，主要以城市市民为主，在日本的成员大概有 2000 万人，基本上每三个城市家庭中就有一个是生协成员。日本生协生产出来的产品和商场里的产品没什么差别，销售的产品中有 50% 是直接从生产商手中买来再进行销售，生协则扮演流通的角色；还有 30% 带有生协自己的标志，一部分是自己生产，也有一部分是当地的生产商贴有生协标志，通过生协卖出去；剩下 20% 是当地的一些生产商专门为本地居民服务生产的一些产品，通过生协出售。

同日本相似，韩国的生协也是由消费者本人出资建立的组织，最初的发起方式可分为两种：一种是由同一个地方的居民自发成立的，

---

① 本案例所涉及的材料由中国人民大学农业与农村发展学院研究生高俊、刘亚慧、唐溧等人调研所得，刘亚慧、唐溧负责案例撰写。

还有一种就是宗教团体、市民组织等社会组织成立的。生协的主要成员是城市市民，尤其是家庭主妇。众多单个的生协组织需要进行沟通协调，因而就有了消费者生活合作协会联合会（简称"生协联会"）的出现，各个生协的负责人组成生协联会的理事会成员。生协联会和生协内部都实行一人一票制，与最初的出资金额无关。韩国有专门的法律，规定生协的权利、义务及具体的执行标准，生协的性质、资金的调节及运营准则。

生协联会每年定期开生协大会，一年一度，采用代议制，每个街区或者村子选出一个代表，100—200人来参加大会，选出理事会成员、会长，对组织的预算方案、项目计划进行审议批准，当然平时也会召开一些临时大会。

生协联会销售的商品需要经过国家检验、有国家层面的认证商标；然而农民想要贴上商标，则需要通过国家认证机构，首先由农民提交简历，国家进行书面审查和实地认证；韩国生协机构（Icoop）有自己的得到国家授权认可的认证机关；豆来（Doorae）没有认证机关，因此需要委托第三方进行抽样检验。

生协的盈利方式同一般的销售商一样，购入产品后加入差价卖出去，大约25%的盈利率，收益分配主要用于卖场的租金、职员工资、配送费、理事会成员工资，用提取完风险金后剩下的资金给成员发放红利。分红有两种方式：一种是按照出资额分配，另一种是根据交易额分配。法律鼓励按交易额分红，并规定按照出资额分配的比例不能超过总分配额的50%。但是大部分生协组织都没有分红，即使有盈余也是用于开新的卖场，进行发展壮大。

目前，韩国一共有四大生协联会：韩莎林（Hansalim）、韩国生协机构（Icoop）、豆来（Doorae）和幸福中心（Haengbokzhoongxim），其成员涵盖了韩国所有的生协组织。幸福中心协会是由一个女性团体组织发起成立的，规模相对较小，所售商品的价格也相对偏高。

韩国生协机构（Icoop）并不像一般的超市，有属于自己的商店，对自己销售的物品非常有选择性，大概有两千种，能够保证食品安全或者有机性。现在韩国境内一共有十家多元文化中心，很多都分布在韩国的乡村。这些中心的结构第一层一般是商店，第二层是咖啡馆，第三层是成员的工作室，第四层是剧院或者供成员休息的公共场所。基本上只要一进去，很多活动都可以在这栋楼里面进行，当然可以进行消费。其中商店的咖啡厅，会有自己的吉祥物，以韩国的小麦作为模型。与别的生协不同之处在于它的定价方式，它是在消费者和生产者两方平衡中来压低产品价格。

豆来（Doorae）是一个农民单个供货给协会的组织。豆来建议农民建立一个组织，以方便双方之间进行协调，并且提出在开设新的卖场时，允许农民组织出资参与分红。豆来的会员有 29 家，是一个全国性的组织，但主要集中在首都圈，生协联会从农村购买农产品，再分给各个组织，每个生协组织都有自己的卖场来销售购来的产品，扮演商品流通的角色。销售渠道主要有两种：一种是便利店、小超市等卖场，卖场的规模大小不一，大至 170 平方米，小至 40 平方米，平均规模 70 多平方米；另一种是网络，这个则必须是生协的成员才能购买，每位消费者出资 30000 韩元（约 180 元人民币）即可成为会员，没有上限。

韩莎林（Hansalim）是韩国成立的最早的生协联会，距今已有 30 多年的发展历史。韩莎林是由生协和正农会合作成立的，它的成立是双方互动的结果。正农会是一个规模不大的农民组织。受到日本爱农会的影响，韩莎林也认为按照现在资本主义、发展工业文明的逻辑是走不通的，应该追求环保绿色的农产品，并在成立时发表了《韩莎林宣言》，强调"互相帮助、追求环保"的精神，旨在通过韩莎林的消费者来守护农民的生活，反过来，农民向消费者提供优质的有机绿色食品，进货和消费的价格均由双方协商来确定。后来成立的生协组织传承了这种精神，所以韩国的生协组织销售的基本上都是有机绿色食品。

（四）泰国：米之神基金会的多重实践[①]

泰国位于亚洲中南半岛中南部，属于热带季风气候，全年分为热季、雨季、凉季三季，年均气温 27℃；国土总面积 51.3 万平方公里，可耕地面积约占国土面积的 41%。总人口 6900 万，其中农业人口约 1530 万，占总人口的 22%。作为传统农业国，农产品出口是外汇收入的主要来源之一，主要生产稻米、玉米、木薯、橡胶、甘蔗、绿豆、麻、烟草、咖啡豆、棉花、棕油、椰子果等。[②] 其中种稻米者居多，其次为渔民和果农。稻区主要分布在泰国中部、东北部和北部，南部很少种稻，且大米不能实现自给自足。中部平坦，水利工程发达，一年两茬或三茬，以低价稻米为主；北部和东北部以茉莉香米为主，多出口，本国百姓则多吃糯米。

20 世纪 60 年代开展的绿色革命为泰国农村带来急剧的变化。绿色革命推广高产的杂交种，大量地使用机器、燃料、化肥、除草剂和杀虫剂，使农民越来越倚赖外部市场，生产成本日益增加，健康也受

---

① 本案例由泰国有机农业交流学习团成员袁小仙、严晓辉、黄志友、许兆麟、袁易天等人在实地调研的基础上完成撰写工作。

② 泰国国家概况，中华人民共和国外交部网站（更新时间为 2019 年 7 月），见 https://www.fmprc.gov.cn/web/gjhdq_ 676201/gj_ 676203/yz_ 676205/1206_ 676932/1206x0_ 676934/。

到威胁；加上水利设施的完善，稻米主产区也于 1970 年前后将传统的育苗插秧技术改为直接播种……这一切都为泰国之后农业的发展埋下隐患。

泰国农民当前遇到的最大问题是负债。在中部，种的莊数越多，农民到市场上购买化肥、农药、种子原料等的投入就越大，开支也就越大。同时由于交通和信息业的发展以及受现代商品的诱惑，农民需要从市场上不断购买生活用品和交通工具。种植稻米的收入有限，仅用于购买汽车、摩托车、手机、彩电、冰箱、衣服等商品。但随着开支越来越大，农民负债不断增加。

泰国米之神基金会（Khao Kwan Foundation，简称 KKF）是泰国一个推广可持续农业理论及实践的非政府组织，1984 年适用技术协会在东北推广的鱼米文化计划发展成现在的 KKF，于 1998 年在当地注册。KKF 以素攀武里府为基地，KKF 立足于对本省的考察，关注从古至今的稻米种植方式。

随着绿色革命及高投入的现代农业的到来，农业发生了急剧转变，泰国农民的生计及环境也随之受损。素攀武里府及其他地方的小农失去自我依存的能力，同时给消费者及作物的生产本身带来高度的风险。对于这种发展现状，KKF 作出回应，实施了可持续发展农业支援计划，从理论到技术范畴，引入可达到自然农业或生态上合理的农耕技术。该计划旨在帮助农民降低生产成本，重建农业社区，并致力于让农夫生产有机食品的同时消费者也开始重视食品安全、社会公义及生态环境，在二者之间建立另类市场及新型伙伴关系。具体而言，来自不同生产领域的农民通过学习掌握相关技术从而发展可持续农业，包括稻米、蔬菜、果树、花卉，以及葶荠等作物，涵盖土质改善、草药杀虫、传统农作物的保护和植物种的改良与选育等。成功案例则被推介给农民及感兴趣的人士，并及时拿来与政府、另类农耕网络中的非政府组织及其他国家的农民和 NGO 田间工作者进行深入交流，让农民与消费者之间相互了解，更好地建立另类市场，同时 KKF 会同另类农耕网络中的其他成员合作，颁发民间能达到国际标准的有机农产品认证，共同推动政府有关另类农耕、环境及生物多样性的政策的实施。

"技术是最重要的"，这是 KKF 多年经验教训的总结。要想摆脱对农药、化肥、杂交种及其相应的使用管理技术的倚赖，则必须发展新的替代技术，从而继承或改良原有的一些有效做法，以证明有机耕作并不一定是低产的、辛苦的和高投入的，而且有巨大的发展前景。

KKF 以农民学校的形式，和农民一起研究可以降低生产成本且有利于环境的生产技术。

1. 水稻研究

病虫害管理（初级班）：①在稻田建立观虫网，观察在水稻整个生长过程中相伴而生的昆虫的形态、种类和数量的变化以及其对水稻生长的影响；②每周一次，用捕虫网到稻田里抓虫子，观察昆虫的生命周期（例如它是怎样长大的？又是如何影响庄稼的生长的?）。农民学校的学员首先要学会识虫，将抓回来的虫子分别挑选出来，然后统计虫子的种类及每种的数量，并按益虫害虫归类，分析它们之间的食物链关系。最后，在指导老师的帮助下，观察昆虫形态，并用画笔将其描绘出来（画虫）。这种画图的方法在学员的田间管理日志中也得到了很好的应用。基于上述对昆虫的科学认识，学员可以在当地寻找并自制合适的草药杀虫，控制虫害。

图 5-1　病虫害管理过程

改良土壤（中级班）：①自制肥料、发展本土微生物是有机农业的重要内容之一。KKF 于 2002 年开始进行微生物试验，组织农民学校的所有学员，一起去泰国和缅甸交界的原始森林采集土著微生物，为之后自制微生物肥以及增进这个新集体的凝聚力奠定了基础；②学员在中心学习制作微生物肥的知识，然后自行使用周边可以方便获取且省钱的材料（微生物生长基质如林中土壤、竹叶、树叶、谷壳、果皮、果汁、牛粪、鱼虾、田螺等；微生物的食物如红糖、糙米皮等），进行研究试验，将不同材料不同配方制作出的肥料（营养液）施用到田里，观察植物的反应，最终摸索出行之有效的、适应不同植物及其不同生长时期所需要的配方。这项技术操作虽然简单成本低，但需花费一定的时间并投入适当劳动力。

图 5-2　学员在林中采集土著微生物并制作堆肥和营养液

选种（高级班）：在这三项核心技术中，培育种子是相对最难的一环，非单家独户所能解决。KKF 对本地原有的选米方法进行适当改进，提倡农民重新捡回育苗插秧的传统。为了摆脱种子公司对农户的控制，KKF 建立了区域性的育种中心，以强化农民自力更生的能力，并在经济上获取更多收益。选种的课程内容包括：①选米，选米属于农民自己的技术，但过去稻农选米并不去壳，而去壳后的稻米更能满足出口市场的需求。选种需要耐心（选 1 铼地的种需用一个星期），眼力不好的老农，则需用放大镜，即从 200 粒糙米中，挑选出 5 粒最好的（标准很严格：长且直，鼻子即胚芽小，圆滑透明，没有裂缝等）作为原始种子，经过 8 次左右的种植，形成稳定性状才能投入生产；②倡导并推广插秧技术（人工或使用插秧机）：育苗插秧本是传统做法，但在绿色革命的影响下，当地于 1968 年开始停止插秧，但采用直接播种技术的稻田更容易发生病虫害[①]。

2. 菜园管理

KKF 中心原为稻田，现成为有上百种蔬菜的菜园。菜园分为 6 小块，每块之间有 1 米宽的水沟，发挥存水与隔离的效果，部分菜园分给了各工作人员去经营。菜园主要发挥以下三种作用：

对外：与其他 NGO 联合推动蔬菜运动，即让普通泰国民众回想过去记忆中菜的味道，结合现实状况进行分析反思，进而改变人民的观念。

对内：实行两条腿走路，一是通过寻找传统的可留种的种子，以

---

① 也有农民开始尝试自然农法，即一茬稻子收割后，立即淹水，两天后用拖拉机将稻草压入泥里，不用撒种，这种方式简单实用成本低。

保持菜的品种多样性，并进行选种工作（每一蔬菜种至少要种4代，豆类2—3代，性状才能稳定），建立种子储存库，年终总结探讨决定下一年发展的种子（比如，中心有60多个绿豆品种，只有5个比较适合这个地方，所以就发展它，以此也发展土壤）；二是种植普通市场上销售的杂交种，但尝试有机耕作方法，包括菜园的免耕覆盖、喷施微生物肥的对比试验等。

日常管理：菜园有一些专职人员负责管理，须做好种子登记表（内容包括种名编号、谁的种、谁去取的、日期、地点、存放在何处、特征等），每种蔬菜的生物学特征描述以及日常观察管理记录等。当技术发展比较成熟时，KKF中心开始尝试组织农民田间学校学习，以传播他们的理念和做法。目前，中心推动成立的农民学校有4个，最远的80公里，最近的10公里；做得最长的4年，最短的2年。一个工作人员负责一个学校，一个学校一般有20—50个学员，活动地点或设在当地的小学，或村中的寺庙，或某一农户家。推广农民学校最大的麻烦是，改变农民的思想观念很难（迪查把农民分为三类：①一听到什么好就去试什么；②怎么讲也不去做；③有80%只是看技术，有效就用）。不过，农民学校对这些学员还是有相当的吸引力，一个很大的原因是，中心推行的做法，在降低农民的生产成本方面确有明显效果。平均来说，一茬、每铢地的本钱，常规做法约2600铢（合人民币520元），中心做法约1200株（合240元），二者产量则相当，每铢约1吨，但品质更优。此外，农民也免于农药的毒害，身体和精神状态好多了。迪查说，农民学校的好处是，他们开始学会互相帮忙，分享好的东西，来到这个学校，他们就是好朋友。

泰国农民学校概况

一、组织农民学校的过程

找当地政府及村中有威信之人→召开村民大会，宣讲中心的理念和做法→有些农民愿意尝试，可自愿加入，条件是每家须提供两铼地（5亩）作为试验田→成立农民学校，公选一人为该校负责人。

二、农民学校管理条例

第一，每周上一次课（上午9点到12点），每学期3—4个月（一茬，即一个种稻周期）；

第二，每天须写田间管理日志，或文字，或绘画；

第三，缺席5次不发毕业证书，出勤10次以上才能配发校服，不能来者可派家属代表顶替。

图5-3　农民培训班、田间管理日志、农民学校校服

三、课程

课程分为三个层次：①初级班：学习病虫害管理技术，包括如何制作草药，如何建立观虫网，如何抓虫、识虫、进行昆虫分类和画虫，并分析它们之间的食物链关系等；②中级班：学习发展土壤的技术，包括如何堆肥、免耕覆盖及制作微生物肥等；③高级班：学习选种技术，培育有机种子。

一般上课程序：读书→做早操→讲故事（报告一周来各自的发现或遇到的问题）→老师讲课→互访农地、实地指导和操作

目前，泰国有几家大公司出口有机农产品，每年以 20%—30% 的需求量增加，或许这是一个新的发展方向和机会。但农民必须成熟，能自我组织，独自与这些公司谈判，开展这项业务，这对于他们既是机遇也是挑战。另外一个问题也不容忽视。东北部有一些团体，组织当地的米农进行有机种植，他们有自己的磨坊，并将加工后的有机大米出口到欧洲。收入是增加了，但生活并没有改变，因为所有产品（农资和日用品）买入和卖出（农产品）仍倚赖市场，原先的架构并没有改变，仅仅是将一个化学的生产过程变成有机生产［使用从欧洲进口的有机肥和从日本进口的 EM（一种菌）］，早已偏离了有机生产应遵循的原则。

（五）秘鲁：挑战西方农业体系的安第斯农民科技协会①

1. 背景：秘鲁的殖民历史

秘鲁处于安第斯山脉中部，是世界五大农业发源地（中东地区、中美洲、南美洲、印度和中国）之一。安第斯人的农耕文化有着约一万年的历史，由于境内的安第斯山脉南北走向，形成狭长的海岸带，没有大面积的农耕土地，因此，本地农业规模小，多为小块地的坡地耕作（梯田），形成小农的自给自足型经济。特殊的地理环境使得其文化与物种多样性均能保存。例如，土豆品种有3500种，玉米有1600种，农夫在地里一次可收获超过50种的土豆。

西班牙人到达中美洲后便一路向南，于1532年到达秘鲁。他们看到这里主要是山地，有丰富的矿产资源；山上有很多不同种类食物，且这里的食物能自足。他们难以想象当地人在坡地上竟种植了那么多东西！西班牙入侵者利用本地奴隶开采矿产，得到的金银全部用于支援西方的发展；他们将原住民赶到山上，在境内大力推行西方的种植方式，种植甘蔗、棉花，养殖牛羊等，并大批量地运往欧洲。殖民者对当地人的剥削与奴役，长达300多年。即使如此，由于安第斯山脉的保护及坡地耕作的特点，原住民仍能够自给自足，保持种植的多样性，让文化得以延续。②

20世纪初，秘鲁境内建起了第一所农业大学，聘请了比利时来的老师，教授的是如何种植欧洲需要的产品如甘蔗、棉花，以及牛羊的

---

① 本案例由黄国良撰写，黄志友做了进一步修改。

② ［乌拉圭］爱德华多·加莱亚诺：《拉丁美洲：被切开的血管》，王玫等译，南京大学出版社2012年版。

养殖，而当地大地主雇用无地农民或使用农奴进行生产。20 世纪中期，西班牙殖民者离开，秘鲁名义上转为共和国，但仍沿用留下来的政治、经济及教育体系，并以新的形式出现。

2. 现状：现代教育的缺陷

西班牙人的到来，不仅带来了西方科技，更重要的是带来了欧洲的文化，并与当地的印加文化发生碰撞。不仅如此，通过与当地人的婚配，混血人口的比例占了多数，纯血统的原住民只占人口总数的15%—20%，在墨西哥亦是如此。

20 世纪初期，境内的农业大学将西方的农业体系推广到了秘鲁。20 世纪 50 年代，伴随着发展项目的引进，特别是绿色革命的到来，种子改良、农药化肥的使用等配套技术被引进到秘鲁的中部。当时政局混乱，时常发生军事政变，相对进步的政府上台后会对此做一些改革。1969 年，政府把大地主赶走，开始大规模土改，由当时的农业部来推行这项改革。在当时，当地人基本上是不上学的。伴随教育改革，20 世纪 60 年代秘鲁普及平民教育，原住民的孩子因此也有机会进入大学，接受西方教育。

这些孩子在大学接受完优越的西方教育和一些革新的观念后，就受聘于政府，回到自己的社区工作，但推行的都是与当地情况不吻合的农业政策，对社区造成了极大的伤害。他们大学期间放假回家，看父母那样种地，就说"太落后了"。父母于是就把地交给孩子做试验，结果发现孩子更没用，什么都没学到，还花了那么多钱！便觉得读大学无用。例如：当地有着悠久的农耕文化，原住民会根据天象播种，而现代农业却完全不考虑这些。老人们说，当地的传统，在新月时节种下去的土豆，虽可收获，却不能留种，这是回到社区的孩子不能相信的。但当他们亲自种植后，所得到的结果让他们自己也受到打击。这则启发人们要懂得尊重传统的做法。

20世纪70年代，很多NGO推动农业发展项目，鼓励农民按照西方的种植模式，即大量依赖拖拉机、改良种子、化肥和农药去种植，当时政府还有补贴。到80年代的时候，政府不再补贴，农民要自己去银行贷款并承担风险，起初收成很好，但因所有人都这样做，导致农产品价格下降，受到市场的无情打击。许多农民因此负债，甚至变卖土地，成为无地农民。

3. 觉醒与实践

秘鲁很多曾参与推动绿色革命的农业专家雄心勃勃地想要让农民过上好日子，结果反而让农民负债累累。因此一些人离开城市和原来的岗位，重新回到社区，向老人和种田能手学习，聆听他们讲述农耕的具体操作和生活的每一个细节。一般的科学家最不善于的就是倾听，只知一味教化"无知"的农民，所以农业专家要下乡考察确实有些困难。起初社区的人也不理解，甚至怀疑和嘲笑回乡的人，把他们看作失败者，但这些人还是坚持了下来，因为他们看到了不一样的希望。

20世纪90年代初，一批回乡的知识分子成立了以社区为基础的NGO，并通过秘鲁安第斯农民科技协会（PRATEC）串联在一起，彼此联系和申请资金开展工作。他们开始收集当地的不同种植方法并加以记录，现在已经整理记录了2500个经验，并将此编成了2500个小册子，每本几页，图文并茂，以保留和推广另类农耕方法，取代现代农业方法。

他们不但要面对西方农业体系的挑战，同时还要面对自然的挑战，例如当地白天温度可达39℃，而夜晚可达零下十几度，如何向祖辈学习克服自然条件的困难，成为他们摸索的方向。将不同实践经验总结后，PRATEC 设立了一个关于安第斯农业的课程，并与大学合作，给大学教农业的老师开了一门硕士课程，还颁发文凭。这真是难以置信，西方模式的大学竟允许他们的传统农业技术课程登上大雅之堂。

至 1994 年，本土 NGO 提出的课程基本结构，主要以安第斯社会与抗衡西方现代化思潮为重心。从 1990 年到 1999 年，共办了 10 届培训，每届大概十二三人，共有 120—130 人毕业，同一届的学员都非常亲密，年龄在二十到五十岁之间，以三四十岁的人居多，因为此年龄段的人有一定的人生经历。招收的学员主要来自 NGO 组织、政府或其他对传统农业感兴趣的人（志同道合者走在一起，或走在一起而志同道合）。此时期的培训是文凭课程，虽然附在大学课程体系之中，但仍不算正规课程。在 2002—2005 年，课程有些修改，同时延长了一学期，改为正式的硕士课程，共开了 4 次。硕士生中比较好的有 9 个是大学教师，其中 3 个已经完成毕业，并尝试将所学渗透到他们的日常教学中。PRATEC 现有全职人员 6 人，其中 4 人为技术人员（1 人负责摄录技术），2 人为行政人员，主要工作是与全国各个"回乡建设安第斯文化核心小组"合作，通过课程寻找同道者，形成团队。现在他们侧重于以安第斯农业课程为中心，与农村教师合作来开展工作，至今已有十几年。

（六）古巴：国内外冲击与古巴农业转型[①]

基于绿色革命技术的现代工业化农业所造成的生态危机，以及 1989—1991 年东欧剧变和美国封锁，造成了化肥、农药、燃油等农业

---

① 房宏琳、单吉堃：《古巴可持续农业发展的模式与经验》，《中国农村经济》2009 年第 9 期，第 86—92 页。

生产资料严重短缺，古巴不得不转向低投入生态化农业发展，即以适用技术替代过去的高技术，通过生态管理和改善土壤有机质的替代措施，改善土壤质量；实施有害物综合控制计划，大力发展间作和轮作，推行种养业一体化等，从而成功实现了由工业化农业向可持续农业的转变。古巴凭借发展低投入农业，不仅实现了农产品产量的稳步增长，而且实现了农业生态环境的改善。

1. 危机重重的古巴农业

1492 年以前，古巴由未开垦的土地和森林所覆盖，土著居民与自然和谐共存。在成为西班牙殖民地的 400 年间，古巴则形成了以种植甘蔗和咖啡为主的农业。这一期间大规模的砍伐森林和燃烧秸秆导致土壤退化现象严重。其后作为美国的新殖民地，古巴又出现了拥有上万公顷土地的大型私人甘蔗种植园，单一的甘蔗种植导致土壤进一步退化。古巴革命以后，大部分种植园被国有化，成为大型国有农场，以使用重型机械、大规模灌溉、大量使用化肥与农药、广泛的单一种植等为特征的农业进行生产，使古巴的土壤退化加剧。为防止土壤的进一步退化，古巴采取了一系列举措。例如，国有大农场被拆分为中等规模和小规模的合作农场，以减少大规模使用化肥与农药，科学技术和环境部制定了土壤保护和环境保护的新法律，鼓励通过施用有机肥和动物粪便、实行作物轮作和多作物间作以及其他土壤保护实践，减少对化学投入品尤其是化肥的依赖；通过传统方法与现代科学的结合，建立相应的替代计划，例如利用制糖业的废渣、蚯蚓腐殖质等制成堆肥和各种土壤调节物质；重新应用最小耕作计划等。[1]

---

① Rosset, Peter, Medea Benjamin, *The Greening of the Revolution: Cuba's Experiment with Organic Agriculture*, Australia: Ocean Press, 1994.

古巴的改变是复杂坎坷的，主要是受到国内外危机的冲击。

其一，现代工业化农业处于危机之中。

因为投入农业生产的基本自然资源或耗竭或受到污染，在全球范围内曾经导致农业产量增加的工业化的农业生产方式面临着巨大挑战。古巴过去的农业生产主要基于"绿色革命"技术，其产量较高，但"绿色革命"技术在使农业产量增加的同时，也带来诸多问题，例如经济和生态成本较高等。工业化农业在生态上的影响包括滥用灌溉、化肥和杀虫剂，导致地下水污染、土壤有机质耗竭。工业化农业大规模的单一作物种植取代了过去的多种作物混种和轮作，影响了生物多样性，农业生态系统的生产能力下降。工业化农业在经济上的影响有两个方面：一方面，农民因为被迫使用昂贵的机械和农业化学投入品，生产成本增加，而农产品价格则呈下降的趋势，这种成本-价格困境导致成千上万的农民破产；另一方面，因为农产品价格低，小规模农场无利可图，因而土地越来越集中于少数人手中。同时，农业生产资料公司对农业基础投入品的控制也越来越强。

其二，农业生产资料严重短缺。

在 1989 年以前，古巴 85% 以上的贸易是与东欧社会主义国家进行的，只有不到 10% 是与资本主义国家进行的；古巴 2/3 的食品、几乎所有的燃料和 80% 的机械及零部件要从社会主义国家进口。随着东欧社会主义国家的剧变和苏联的解体，加上美国不断加强对古巴的封锁，古巴遭遇了一场突如其来的因外部因素造成的严重危机，经济发展受到严重影响。1989—1993 年，古巴的 GNP 从 193 亿美元下降到 100 亿美元。同期进口下降了 75%，包括大多数食品、机械零部件、农业化学投入品和工业设备。特别是在经互会换货贸易体制正式解体之后的1993 年，古巴的购买能力比上年下降了 60%，燃料进口下降了 2/3，化肥进口下降了 3/4，杀虫剂进口下降了 60%。在可用的农业投入品急剧下降的情况下，既要满足国内消费对农业产量的需要，又要满足出口创汇对增加农业产量的需要，古巴的工业化农业体系面临着巨大的挑战。[1]

2. 工业化农业转型可持续农业

为应对危机，古巴政府采取了经济紧缩措施和应急调整措施，开始了工业化农业向可持续农业的转变。古巴农业的转变意味着技术和经济政策的深刻变革，一种新的农业发展模式——可持续农业，开始受到重视。这种新的模式把农场视为一个生态系统，并将现代科技与传统农业实践综合起来。

古巴过去属于投入集约型农业，即通过引进高技术和增加化学投入品提高农业产量和劳动生产率。但是，投入集约型农业面临很多问题，例如，化肥对提高作物产量的作用不断降低，土壤质量逐渐恶化，害虫对农药的抗药性增强，大自然的生态链断裂，过于强调大面积的单一作物种植导致虫灾时常暴发，树木被砍伐导致农田风速加快和其他环境变化等。

为了克服化肥、农药、燃料、饲料等投入品严重短缺和工业化农业导致的生态问题，古巴农业开始从过去的依赖高技术向依赖适用技术转变。这一特殊时期的农业政策目标是，通过转向外部投入低的农业生产方式来提高农业产量，通过寻求更本地化的发展模式来克服经济危机。古巴农业的转变意味着技术和经济政策的深刻变化，这些变化使得古巴农业脱离了以依赖石油及化学投入品、领取工资的农业工

---

① P. Rosset, "Alternative Agriculture and Crisis in Cuba", *IEEE Technology and Society Magazine*, 1997（2），pp. 19-25.

人、国有土地的扩张和高度集中的计划与管理为特征的农业模式。在古巴农业生产模式的调整中，首要的是对科技政策的调整，其科技政策的目标是寻求能够促进古巴农业发展的新技术。这无疑为建立技术与农业发展之间更加密切的关系提供了良好的基础，也使古巴能够利用本国资源实现农业调整，从而走上可持续发展的道路。与此同时，为了适应当地不同的农业生产条件，古巴也采取了许多灵活的政策措施，例如发展和实施替代措施。因为可利用的化学投入品急剧减少，古巴开始以本地可以生产的生物替代品代替进口的化学投入品；用生物杀虫剂和自然的天敌来控制害虫；选用抗虫害的品种；利用作物轮作和覆盖作物等方式控制杂草；恢复以往使用畜力的耕作方式等。许多传统生产方式不应该视为古巴在紧急经济形势下采取的临时措施，而应该看作技术多样性的一个方面。

与世界上其他国家常常发生的农业技术变化不同，古巴新的农业模式不仅仅是技术层面的调整，在相当程度上，技术变化使古巴农业生产模式的调整具有整体性特征，也使古巴农业生产模式的调整不同于其他国家的实践。

实施有害物综合控制计划，减少农药的使用，在害虫和杂草控制中减少或完全不用人工合成化学药物，是古巴发展可持续农业的主要特点之一。

在古巴农业化变化的过程中，与世界上其他国家的情况一样，化学药物出现以后，传统的作物有害物控制方法大都被古巴农民弃而不用。随着化学农药的大量应用，害虫的抗药性增强，一些杀虫剂在控制现有害虫时开始变得无效，同时又不断出现新的害虫和农作物疾病。化学农药不仅杀死了害虫，也导致害虫的天敌数量急剧减少，破坏了生物多样性，使得农业对农药的依赖性不断增强，农药使用量持续增长。

为了应对化学药物大量应用所带来的负面影响，古巴农业部从 20 世纪 70 年代中期开始建立国家作物保护体系，开始实施有害物综合控制计划，90 年代初又在全国各地建立了地区作物保护站，以使古巴能够对害虫数量进行监测，并对农民农药使用时间和农药使用剂量给出建议。有害物综合控制计划是在全国害虫数量监测早期预警系统的基础上，经过不断地调整和完善，并以持续的培训和教育计划相支持，才得以建立起来。有害物综合控制计划运用于 27 种作物。1975 年，在这一计划建立的第一年，全国的农药使用量就减少了一半。在 20 世纪 90 年代，古巴的农药使用量又进一步减少。到 1990 年，古巴掌握了生物控制助剂规模生产的方法，已经形成一定的物质基础，必要的组织体系也已经建立。因此，在 1991—1998 年，古巴的农药进口量在 6000—20000 吨之间波动，年平均进口量为 8375 吨，而杀虫剂进口量却显著下降。

时至今日，古巴在种植甘蔗、咖啡、牧草、甜土豆和木薯时已不再使用化学合成的杀虫剂；卷心菜、橙子、烟叶、大蕉和香蕉上使用的化学杀虫剂数量也很少，甚至根本不使用。

古巴的有害物综合控制计划不仅为古巴节省了大量外汇，而且创造了大量的就业机会。随着害虫天敌数量的增加，农药使用量也在不断减少。古巴目前综合考虑了病虫害控制的生态、经济和社会影响，作物保护体系以强大的科学基础为支撑，形成了一套科学高效的病虫害防控体系。当许多国家的农药使用量还在快速增长时，古巴由于已经建立起了作物保护体系，农药使用量不断下降，生物多样性逐渐也得以恢复。

依托于大学和研究中心的多种多样的计划，以及对农业专业技术人员和农民大规模的培训和再培训，古巴通过生态管理改善土壤有机质的技术已经形成成熟又科学的应用体系，并从一种简单的投入替代模式转向了可持续发展模式。在这一转变当中，农艺师和农民已不再把土壤作为一个无生命的工具，而是把它作为农业生态系统的子系统，按照自然法则来利用。

很明显，通过生态管理恢复和改善土壤有机质是可行的，古巴已经取得了很好的经验。古巴的实践证明，很多经验具有规模化商业应用的潜力，况且很多技术已经在生产中得到了很好的运用。

首先，推行种植业与畜牧业一体化，提高营养物质的循环利用。

古巴的畜牧业已经实现高度的专业化，过去推行种植业与畜牧业一体化，主要着眼于满足自给自足的需要，而且常常回归到旧的资本密集型农业生产方式，因此，农业与畜牧业一体化的进程比较缓慢。通过建立畜牧业与种植业一体化的生产体系，有机农业技术和生产方式能够支持可持续的农业生产。

很多相关研究证明，通过对农场自然资源营养物质的循环利用、保存和恢复，每个农场都能形成内部营养物质的最大化的循环利用，从而能够实现资源的高效率应用以及生产水平的稳定和提高。古巴的一些研究人员进行了一系列试验，研究如何实现种养业一体化，其中，古巴马坦萨斯省在柑橘园放马的实验进行了几年，取得了很好的效果。马吃掉了柑橘园内的杂草，而且没有破坏柑橘树，节省了除草所需要的劳动力和除草剂，仅此项每年每公顷大约能节省219古巴比索，且每公顷每年还能产生2吨马粪，相当于平均为每公顷土地提供氮40公斤、磷42公斤、钾12公斤和钙51公斤。从经济方面看，柑橘-马种养体系每公顷的利润比单一的柑橘种植高388古巴比索。

种植业与畜牧业一体化的一个重要方面是把牲畜粪便转化为作物

的有机肥料，其目标是实现营养物质在农场内的循环利用，从而改善农业资源利用效率和实现农业生产的可持续性，同时可以避免牲畜粪便污染环境。有机种植体系基于可持续农业的原则，杜绝大量使用农场以外的外部投入，可利用绿肥、覆盖物、堆肥和蚯蚓粪肥等替代化肥，在自己的农场就可以获得或自己生产，不同有机肥的使用状况取决于不同农场的各自情况。一个地区采用种养业一体化生产体系的农场比例越高，种植业生产的生物质就越多。

其次，推广多作物间作，改善农业生态系统。

农作物间作是可持续农业发展的关键因素，尤其是对于处于热带地区的古巴，农作物间作体系既能够提高产量，提高作物多样性，更能有效地利用可用的资源，还能够减少病虫害发生和抑制杂草生长，从而获得更高的利润。从生态角度看，农作物间作可以通过以下几种机制减少作物的病虫害：首先，一种作物可以作为物理障碍，阻止害虫在另一种作物的垄间移动，或者通过不同作物的颜色和气味使害虫紊乱。因而，多作物间种下虫害发生、扩散和复发的比率比单一作物种植下的比率低；其次，一种作物可以通过提供栖息地、避难所或提供诸如花蜜等食物来源，从而吸引可能是另一种作物害虫的天敌。另外，如果豆科固氮作物作为间作体系的一部分，还可以改良土壤，间作作物的残余物也能够增加土壤的有机质。

作物间作在古巴曾经是很普及的，特别是在一些小农场。一些中等规模和大型甘蔗园也允许工人在甘蔗园里间作一些作物，工人可以在垄间空地间作豆子或花生等，以作为对他们除草等劳动的部分报酬。后来这些间作实践逐渐消失，直到20世纪90年代，在一些小农场和合作农场，又开始恢复作物间作。经济危机导致了农业投入品短缺，却有力地促进了间作在古巴全国的恢复。间作作物的组合是基于全国不同地区农户的传统经验。古巴科学家搜集了各地的间作经验并进行改进，以使它们适应各种环境条件。在对农户田间多次的观察实践后，科学家统计出多种成功的间作组合，包括豆科植物、葫芦、茄科作物和谷类作物等，例如，在西红柿之间间作玉米，已经证明这种间作比西红柿单独种植产量更高。且研究显示豆科植物在多作物种植体系中具有特别重要的作用。

随着古巴可持续农业知识的积累，很多生态原则被广泛应用，农场和地块的生物多样性也在不断改善。多作物间作被证明是实施有害物综合控制计划的一种重要工具，尤其是对于易受虫害的作物，例如利用甘薯-玉米间作来防治甘薯象鼻虫。多作物间作体系在可持续农业发展中起着重要作用，也有利于提高农业产量和改善食品质量安全状况。

最后，用知识密集型技术替代资本密集型技术。

由工业化农业向可持续农业转变，需要具有更高受教育水平和技术水平的农业劳动力。古巴农业成功实现向可持续农业转变的关键，是对农民进行具体生产技术的培训和教育，而其中农业职业高中和农业大学在农民的培训和教育中最为重要。古巴的农业职业高中处于农业教育和培训的第一线，在校学生毕业后都将被准予从事农业和畜牧业专业技术工作，或者到大学继续学习。这些职业高中都有自己的生态农业生产田和实验田，使同学们可以亲身参与农业实践。每个学校都有学生生产用地和研究用地，学生在田间上课和工作，学校利用生产用地和研究用地让学生自己生产食品。因此每个学校农场的生产活动都是高度多样化的，种养业一体化程度也很高。同时，每所学校都主要以本地区的主要农产品确定专业方向，所以各学校间专业和设施也互不相同。

3. 可持续农业发展的成功应对

古巴在经历了危机初期农业产量的急剧下降之后，化肥、农药、能源等使用量开始大幅度减少，很多农产品的产量在 20 世纪 90 年代中期开始恢复，特别是根茎类农产品和新鲜蔬菜的产量已经超过危机前的水平。到 20 世纪末，古巴农业成功地实现了由工业化农业向可持续农业的转变。古巴农业向可持续农业的转变过程是极其复杂的，包括农业技术的变化、土地使用方式的转变、教育培训计划的调整等。古巴农业向可持续农业的转变是在解决问题的过程中实现的，在自然和经济状况不确定、投入不足的困难条件下，实现了稳定食品生产、保护生产能力、保护生物多样性、提供健康食品、稳定食品供应、循环利用城镇与农村残留物等目标[1]。可以预期，古巴农业未来将沿着可持续农业的方向继续前进。

延伸阅读

15

2011 年的北非和 2015—2016 年的委内瑞拉[2]

2011 年伊始，北非国家接连出现社会动荡，抗议示威不断，这些曾经一度被树立为发展中国家榜样的北非国家却深陷政治、经济、社会危机之中。

---

① L. Enriquez, *The Question of Food Security in Cuban Socialism*, Berkeley：*Institute of International and Area Studies*, University of California at Berkeley, 1994.
② 姚桂梅：《北非乱局的经济根源及影响》，《经济学动态》2011 年第 7 期，第 126—128 页。

北非国家拥有丰富的石油资源，而且地处全球经济链条的战略咽喉地带，尤其是埃及拥有波斯湾石油出口的两条重要通道：苏伊士运河（193.3公里）、苏伊士—地中海的萨穆德管道。北非在世界能源供应中占据重要地位，而欧美国家则是北非国家的重要贸易合作伙伴，但经济结构相对单一，以采矿业、石油工业或服务业为主（不同国家有所差别）。

1999—2009年以来，北非地区的人口以年均2%的速度增长，而劳动力大军以年均2.6%的速度增加，由于以石油、旅游业为主的产业体系不能吸收快速增长的劳动力，因而劳动力市场总体上呈现供应过剩、失业问题严重的状况，其中年轻人失业、妇女失业严重是北非地区劳动力市场的一大特征。尤其是2008年发源于美国的国际金融危机引发全球经济衰退，对外依附性较强的国家受到很大打击。据国际劳工组织资料显示，2007年至2009年，北非地区的GDP年均增长从5.8%下降到3.7%，而同期失业率从10.1%增长到10.5%，其中，男性失业率从8.4%上升到8.6%，妇女失业率从14.6%上升到15.6%。其中青年人的失业率尤为严重，从2007年的23.6%提高到24.7%。

在国内贫富分化严重的情况下，最终通货膨胀高企、低收入人群生计困难成为抗议爆发的导火索，而失业大军将成为动荡的定时炸弹。受全球金融危机和粮食危机影响，北非国家的输入性通货膨胀加剧，最明显的指标就是粮食价格暴涨。埃及、突尼斯属于农业国，虽大规模种植用于出口的经济作物，但国内粮食不能自给，主食小麦主要依赖进口。

以埃及为例，埃及是世界上首屈一指的小麦进口大国，每年进口约600万吨小麦，以满足国内60%的需求。随着国际粮食危机的加剧，一些国家限制小麦谷物出口，世界粮食价格快速上涨。2010年联合国粮农组织食品价格指数上涨了40%，其中，小麦价格飙升70%，玉米的价格在2010年1月中旬创出新高，甚至超过2008年7月国际金融危机粮价高涨时的最高纪录。国际市场食品价格的飙升，使得埃及、突尼斯等进口小麦数量下降，国内食品价格（谷物及面包）上涨，蔬菜价格也随之飞涨。食品价格扶摇直上的直接影响就是生活成本加重，在北部非洲国家，恩格尔系数即食品支出总额占个人消费支出总额的比重，都比较高。阿尔及利亚高达43.8%，摩洛哥为40.3%，埃及为38.3%，突尼斯为35.8%。

仍以埃及为例，2008年埃及居民家庭支出的近40%用于购买食品，40%的人属于贫困人口，每天生活费不足2美元。2010年10月，埃及市场上蔬菜价格节节攀升，达到了疯狂的地步。在基纳省，西红柿价格从正常情况下1千克2.5埃镑攀升至15埃镑，价格涨幅达到了600%。市场上黄瓜价格从2埃镑上涨到5埃镑，土豆、大蒜、扁豆的价格分别为4埃镑、9埃镑和10埃镑。粮食蔬菜价格的飞涨，已经超出了普通民众的承受能力，不满情绪蔓延。埃及大规模的群众抗议活动最初也只是要求政府提高工资待遇，遏制物价上涨，解决民生问题。为此，时任总理纳吉夫表示要尽一切能力控制物价上涨，但是他不得不承认，物价上涨已经超出了政府控制能力。

面对金融危机的冲击，埃及、突尼斯等国政府虽然都宣布了一些应对措施，但缺乏资金支持和制度保证，短期内根本不可能解决失业、贫富分化、恶性通胀等诸多问题。

历史总是惊人地相似。同样，以出口石油为主的委内瑞拉在石油价格下降之后，当时国内农业资源被跨国公司控制、主要为向国际市场出口而开展大规模种植，若国内不能支付外汇则不能从跨国公司得到在本国生产的农产品。于是，农产品总产量和贸易量都很大的委内瑞拉却因食品稀缺引发的恶性通胀最后转化成社会动乱。

委内瑞拉不能支付外汇缓解国内食品危机也主要是外部因素造成的。如果说有内部问题，也主要是该国属于殖民地单一经济模式，反对殖民者的革命在获得名义主权的同时也向跨国公司让渡了资源主权。这种经济上依附西方的革命不彻底性，使得新独立的发展中国家推出的任何意识形态化的政治主张都缺乏经济基础支撑！

须知，该国出口商品的90%、国内生产总值的32%、财政收入的80%都来自原油，而70%以上的商品需要进口。面对这种单一的经济结构，石油价格下降后，迅速发生的是货币贬值。委内瑞拉货币是玻利瓦尔，其全称是"强势玻利瓦尔"，彰显了在石油经济繁荣背景之下的骄傲和自负。可是，美联储加息后，2.15玻利瓦尔兑换1美元，迅速贬值成6.3玻利瓦尔兑换1美元。

进口和国内生产下降导致供应不足，继而引发了恶性通胀。根据委内瑞拉央行公布的数据，2015年委内瑞拉通胀率（消费者价格指数）为180.9%，远远超过1996年的上一个历史最高点即99.9%。通胀率较高的有：食品和非酒精饮料上涨315%，餐饮住宿上涨 294%，酒类和烟草 273.3%。如按照 2014 年委内瑞拉央行使用的商品权重测算方法，则 2015 年通胀率为 240.5%，这只是官方价格。在浓重的饥饿和绝望中，哄抢和抢劫的事情越来越多。

上述延伸阅读内容，可以与古巴的生态化转型实践做比较研究；据此为可持续农业模式提供新思想，古巴这种新的可持续农业模式的目标是环境友好、经济可行和社会公平。古巴可持续农业模式与工业化农业最重要的不同是：使用有机肥料、重视土壤保护和恢复、利用畜力作为动力、实施害虫综合管理、推行作物轮作与间作、种植业与畜牧业相结合、选择适应本地条件的种植体系、缩小农场规模、加强有关可持续农业的研究与教育培训等。这种适应当地条件的可持续农业模式的逐渐引入，减轻了对环境的负面影响，并且使农业产量获得了适度且稳定的增长。

古巴依靠自力更生、小农场和可持续农业技术，成功地克服了粮食危机，证明了生态农业等形态的可持续农业确实能够养活一个国家，从而也为工业化农业与替代农业之间的争论提供了一个有价值的例证。

二、真实的中国故事：中国可持续农业发展观察

在全球生态问题彰显的时期，中国作为世界上最大的发展中国家，在发展初期，经济得到大幅度的提升，但是有发展就会有污染，中国的环境问题也相当严重。20 世纪 80 年代西方绿色运动开始引入中国

之时，便得到了中国学者的关注，到 20 世纪 90 年代开始被广泛接受和认可，中国人民也开始采取各种政策措施解决生态环境问题。

2015 年，"绿色发展"一词在中国被正式提出，而在这之前的"可持续发展"和"生态文明"这两种思想可以说是与其一脉相承，可以被认为是与绿色发展并行不悖的概念。此前，1992 年 6 月，联合国环境与发展大会于巴西的里约热内卢召开，会议签署了《里约环境与发展宣言》《21 世纪议程》等有关环境保护问题的协议，中国政府也向联合国环境与发展大会提交了《中华人民共和国环境与发展报告》，系统回顾了中国环境与发展的过程与状况，同时阐述了中国关于可持续发展的基本立场和观点。中国的可持续发展之路由此展开。

在 2012 年 11 月召开的中国共产党第十八次全国代表大会上，生态文明被写入大会报告，生态文明作为一个理想目标，指引着我国政府做了大量的实践工作。习近平总书记在其讲话中给出了关于生态文明建设的重要论述，其中，最重要的是"经济发展决定人们的生活水平，生态环境决定人们的生存条件"。政府对生态环境保护的重视是其他国家前所未有的。在 2015 年党的十八届五中全会上，习近平总书记将绿色发展作为"五大发展理念"之一提出来，绿色发展开始被人们重视。随着环境问题的突出，绿色发展刻不容缓。

从可持续发展到生态文明再到绿色发展，中国的环境保护发展到了一个新的阶段。绿色发展思想基于全世界范围内的绿色发展潮流，是在我国资源危机与环境恶化日趋严峻以及我国坚持走可持续发展道路的背景下提出的。转变经济发展方式、发展循环经济、发展绿色技术、正确处理经济发展同生态环境保护的关系、发展绿色消费、改善人民群众的生存环境等都是绿色发展的重要内容，也对中国实现全面发展具有重要的理论和现实意义。

当今环境问题频发，全球性灾难也越来越多。全球环境变暖、温室效应、沙尘暴、水土流失、酸雨等问题，使人们更加重视保护人类赖以生存的环境。在全球生态危机的背景下，绿色发展理念应运而生，指导着我们朝着人与环境共赢的方向发展。

（一）小毛驴市民农园①

社区支持农业（Community Supported Agriculture，简称 CSA）让消费者与农民互相支持，在农业生产上利益共享、风险共担。CSA 平台的重要原则是农民在具有生态安全的农业系统中生产出健康的食物，消费者即是"股东"，也要承担生产耕作的风险。CSA 起源于 1965 年的日本，20 世纪 50 年代后期，日本的"水俣病"事件引起了人们对环境和食品安全的恐慌。② 同时日本与国外农业贸易的失衡也影响着食品供应。于是，许多家庭主妇自发组织起来，与农民签订合同，通过提前付款，参加劳动等方式，鼓励农民生产绿色食品和有机农产品。在 CSA 平台模式下，农民与消费者建立了良好的信任关系，既保护了生态环境，促进了农业的可持续发展，同时 CSA 平台通过缩短消费者与生产者之间的距离，又解决了食品安全的溯源问题，使得食品安全得到了保证。由于实行利益共享，消费者与生产者的收益得到增加。20 世纪 70 年代传到欧洲，80 年代又从欧洲传入美国，90 年代中国开始出现。

小毛驴市民农园创立于 2008 年，位于北京市海淀区苏家坨镇后沙

---

① 本案例由北京市农村工作委员会调研员范子文撰写。

② 李良涛、王文惠、王忠义、宇振荣：《日本和美国社区支持型农业的发展及其启示》，《中国农学通报》2012 年第 2 期，第 97—102 页。

涧村，占地 230 亩，是由中国人民大学农业与农村发展学院和海淀区人民政府共建的、以借鉴"农业三产化、社会化"的国际经验，发展"市民参与式合作型现代生态农业"为核心的产学研基地。农园的土地由海淀区苏家坨镇后沙涧村提供，日常经营管理则由中国人民大学乡村建设中心所辖的国仁城乡（北京）科技发展中心负责。农园成立十多年来，积极倡导并实践"发展生态农业、支持健康消费、推动公平贸易、促进城乡互助"的理念，推动食品安全、生态文明与城乡良性互动，促进中国城乡统筹和可持续发展。小毛驴市民农园的发展，大致可分为三个阶段：

1. 规划建设阶段

小毛驴市民农园从 2008 年 4 月立项，到 2008 年年底，用不到一年的时间基本完成了园区的规划和基础设施的建设，具备了农业生产能力。小毛驴市民农园位于北京西郊著名自然风景区凤凰岭山脚下，京密引水渠从西边穿过。这里曾经是一片多年荒弃的苗木地和农地，土壤水质优良。经谱尼测试科技（北京）有限公司检测，园区土壤符合有机耕作要求，具备发展生态农业的自然条件。2008 年 4 月，完成海淀区政府"现代都市农业示范园"项目立项，启动园区建设工作。国仁城乡的生态农业团队进驻农园，协调管理农园各项规划与建设工作，招募生态农业实习生、志愿者，并开展农业生产活动。4 月至 7 月，在中国台湾著名生态建筑师谢英俊先生领导的乡村建筑工作室支持下，按照生态农场的要求，完成整个农园的景观与建筑规划设计。8 月至 12 月，在北京绿色一族生态农业发展股份有限公司的支持下，农园开始进入紧张的施工阶段，修桥、建停车场、筑路、安水电、建温室大棚、造生态猪舍、建仓库（现在的员工食堂）、进行园林绿化美化，为农园的正式运营奠定了基础。

同期，农园积极开展国际合作、引进国外成熟的社会生态农业模式。2008 年 4 月至 10 月，在美国农业贸易与政策研究所（IATP）的帮助下，中国人民大学农业与农村发展学院博士生石嫣前往美国明尼苏达州的一个农场（Earthrise Farm）完成为期半年的"另类洋插队"的实习，体验美国农民的生活，观察、学习、研究 CSA 的运营模式。2008 年 10 月至 12 月，在受到国家外专局表彰的外国专家赵汉珪先生创办的地球村自然农业研究院和吉林延边自然农业研究所的支持下，完成发酵床猪圈的设计与建造工作，正式开展自然农业技术的本土化试验研究。

2. 单一产品试运营阶段

2009 年，小毛驴市民农园在对基础设施建设进行扫尾和对园区进行绿化美化的同时，于 3 月份正式对外运营。初期的主要业务是市民租地和蔬菜配送，产品相对单一，服务内容也较少。由于市民农园在我国是新生事物，一经推出，便受到了媒体的广泛关注。2009 年 3 月至 5 月，经过紧张的施工，完成西区景观水系修建、地形整理、园林绿化，以及整个农园的土地平整、田间道路修建和灌溉水网的铺设等。2009 年 3 月，小毛驴市民农园正式以"社区支持农业"（CSA）的方式对外运营，得到了北京市民的热烈响应和广泛参与，经过短短一个多月的招募，共有 55 位北京市民成为小毛驴市民农园的首批会员。与此同时，因小毛驴市民农园的 CSA 运营模式和对生态农业、可持续生活理念的坚持，持续得到海内外社会各界人士和包括新华社、《人民日报》、北京电视台在内的近 80 家媒体的广泛支持与关注，让人们更加关注食品安全和可持续发展等问题。

3. 多产品综合发展阶段

在试运营一年之后，2010 年，小毛驴市民农园对外全面开放。经营内容逐步增多，开展的活动进一步丰富，管理服务更为规范，参与的市民越来越多。2010 年 1 月，小毛驴市民农园牵头，组织召开了第一届全国社区支持农业经验交流会，成立了由 9 家农场组成的市民农业 CSA 农场联盟。2010 年，小毛驴市民农园拓展产品范围，增加了冬季配送、"附加份额"销售和"共同购买型"的团购活动。2011 年，小毛驴市民农园利用园区特有的农业环境和教育资源，专门为孩子们开设了田间学校和 DIY 木工坊，举办各种自然教育活动，并且细化了劳动份额和配送份额的业务类型，让参与的市民有更多的选择。2012 年，为丰富都市儿童的课外活动，开设"亲子社区"。每周末举办的亲子活动，为数千个家庭和孩子提供了自然体验的机会。活动主题包括农耕体验、艺术手工、健康饮食和自然活动等。2012 年 10 月，农园针对劳动份额成员成立"劳动份额社区委员会"，让市民组织起来，通过自我管理和自我服务，参与小毛驴农园社区的经营。这在市民农园的发展史上具有划时代的意义。经过五年的培育和发展，小毛驴市民农园在北京乃至全国有较高的知名度，是市民农园领域的一个知名品牌。2011 年，小毛驴市民农园获得北京市农委颁发的"社会主义新农村建设创新奖"；2012 年 10 月，在农业部主办的全国休闲农业创意精品大赛上，获得"园区创意银奖"。

小毛驴市民农园将生态农业的种养模式与市民农园的经营管理相结合，形成了一个包含市民租地、有机农产品产销、生态农业示范、参观体验、社会参与、培训教育、人才培养、技术研发、环境保护、理论研究与政策倡导等多领域相结合的综合发展平台。

（二）"分享收获"社区支持农业项目[①]

"分享收获"社区支持农业项目是由清华大学博士后石嫣创建的一个致力于研究、推广社区食品安全的项目，该项目同时也是清华大学社会学系的实践基地。自2012年5月份启动以来，经过三年多的发展，"分享收获"已经在通州区、顺义区和黑龙江五常县建有种养殖基地。通州基地位于北京市通州区西集镇马坊村，距北京市中心直线距离约40公里，采取与农户合作的形式，种植、养殖结合。种菜主要与村民郎叔合作社合作，菜地面积约60亩，有4个大棚、1个配菜棚，约能满足300—400户会员的蔬菜配送需求。养殖主要在100余亩的林地下散养"跑步鸡""大真猪"。鸡、猪日常主要喂饲玉米、麸子以及青饲料等，保证纯粮食喂养。鸡的平均生长周期150天左右，猪的整个生长周期7个月以上。分享收获顺义基地其中之一位于顺义区龙湾屯镇柳庄户村，基地占地面积约为50亩，其中有大棚26栋。该基地为分享收获的租赁基地，主要以种植蔬菜为主，养殖为辅。另外一个果园基地位于顺义区龙湾屯镇龙湾屯村，基地占地面积约为230亩，以各种果树为主，也作为分享收获大地之子食育教育项目的主要活动场所。分享收获在黑龙江五常县杜家村与当地合作社合作，从最初的30亩（2013年），增加到120亩（2014—2015年），又减少到现在的60亩（2016年），最初三年采取分享收获派人于6—10月到五常基地在场记录监督的方式，采收的稻米同时被送到检测机构进行检测。

其创立之初旨在倡导健康的生活方式，服务于农业生产者及消费者，并尝试推进农村的可持续发展。分享收获团队生活于乡村，工作

---

① 本案例所用的资料由"分享收获"提供。

于乡村，价值开始于乡村，也留于乡村！真实的食物，真正的农夫，真诚的社区，分享收获致力于搭建一个信任的桥梁，让消费者真正享受到健康安全的食品，让生产者得到公平合理的收益，促成安全食物社区的构建与发展。

创始人石嫣是中国人民大学农业与农村发展学院的博士毕业生，清华大学人文与社会科学学院博士后，国家发改委公众营养与发展中心全国健康家庭联盟健康传播大使，国内第一位公费去美国务农的学生，中国社区支持农业和可持续农业的重要推动者。至今发表过20余篇有关农村发展的论文，并翻译了《四千年农夫：中国、朝鲜和日本的永续农业》《分享收获：社区支持农业指导手册》《慢是美好的：慢钱的魅力》三部著作，著有《我在美国当农民》一书。2016年3月16日当选2016年"全球青年领袖"，2017年2月入选第十届"全国农村青年致富带头人"标兵。

分享收获团队由新农人和老农夫两部分构成：新农人团队有20人，主要以"80后""90后"为主，平均年龄28岁。团队中90%以上拥有大学本科以上学历，其中博士2名，硕士2名，涉及物理、计算机和农学等多个专业。新农人团队主要负责标准监督、生产记录、农场生产规划、活动组织、会员服务等工作，并且同时向老农夫们学习。老农夫则是基地所在村庄当地的传统农民，目前约有15人，主要以"50后""60后"为主，平均年龄58岁。他们拥有长期的农业耕作经验，希望在家附近务工。

分享收获是一家以推广生态农业、产销互信为使命的社会企业，不以利润最大化为目标，而是以社会、生态、经济三方面综合发展为目标。一方面，分享收获通过自己组建物流，将基地生产的健康蔬菜、肉、蛋及符合分享收获标准的合作生态农场（农户）的农产品（如各种杂粮）直接配送到会员家中，并且组织各种会员社群活动推动消费者与农场之间的互信团结的关系。目前分享收获已经提供服务的家庭超过 1000 户；同时分享收获积极参与社会公益事业，已经在多所学校开展食育教育公益课程，在农场每年设计的"新农人实习生"项目，培养了全国各地众多的返乡青年。

1. 推广社区支持农业 CSA 理念和实践

社区支持农业（CSA），是一种构建生产者与消费者之间直销、友好关系的模式。分享收获负责人石嫣博士在中国最早介绍 CSA 理念并付诸实践。2006 年开始，石嫣在中国人民大学跟随温铁军教授做农村发展方面的研究，2008 年她到美国明尼苏达州地升农场实习，参与式研究 CSA 模式，2009 年年初她开始在中国人民大学和海淀区政府共建的产学研基地上实践 CSA 模式，并与团队共同创办"小毛驴市民农园"，第一次系统化地向社会推广 CSA 模式，翻译了《分享收获：社区支持农业指导手册》，并于 2011 年完成中国第一份关于 CSA 模式的博士论文《替代食物系统的信任机制研究》，2011 年石嫣博士毕业后到清华大学社会学系做博士后研究，与此同时开始创办"分享收获"，2014 年 9 月她完成出站报告《都市食品安全运动：四种类型》，并从清华大学博士后流动站出站。

"分享收获"顾名思义，认同"分享"的理念，希望越来越多的生产者和消费者直接建立 CSA 模式，也因此，分享收获团队于 2015 年 11 月承办了第六届国际社区支持农业大会暨第七届中国社会农业大会。与此同时，分享收获团队还通过生产过程透明化、开放参观等方式为各地感兴趣的人提供学习的机会。分享收获还承接北京市农村工作委员会和北京市科学技术委员会的相关课题，接受农业部科教司、市场与经济信息司的调研，为 CSA 的发展提供更多的政策建议。同时，给全国希望从事 CSA 的小伙伴们提供付费和公益的咨询服务，例如，曾经给搜狐畅游农场输入农场经理人，与天津中建公司合作天津中建分享收获基地，为浙江丽水莲都区组织农场经理人培训，与此同时，每年全国来参观咨询的还有数百个项目。

2. 继承和发扬中国农耕文明

分享收获创始人程存旺、石嫣夫妇联合翻译了《四千年农夫：中国、朝鲜和日本的永续农业》，这本书写于 1911 年，1909 年美国的土壤局局长金博士来到东亚几个国家，看到我们的农耕文明的状态时，引起他对于美国大农业模式的深深反思，他认为东亚小农耕作、循环多样的农业模式是永续的。美国工业化农业模式则带来了对环境和农人的双重负外部性。此书也成为有机农业运动的思想启蒙读物，同时也带给我们反思，几千年来中国农耕文明是当时美国人学习的对象，过去 30 年中国集约化农业带来的问题，反而是我们学习资本化大农场模式造成的结果。分享收获希望可以传承中国农耕文明，建立新老农人之间的连接和交流，不断建立农业生产的技术档案，推广更多农耕的适用性生产技术。

3. 培养懂技术、会经营的返乡青年和新农人

分享收获的"新农人"计划是每年招募 5—10 名实习生，他们将在农场至少学习 8 个月，了解分享收获的理念，学习农场耕作技术和运营管理，农场还不定期提供短期志愿者机会，让那些希望体验农耕工作和生活的人也有机会近距离了解我们。与此同时，分享收获与好农场 App 合作组织"新农人""农场经理人"培训，每个季度组织一

期，面向全国招生，主要授课内容是生态农业技术、CSA 农场经营，每期招生 30—40 人，亦可根据不同组织主体的需求组织培训，目前已经组织到第五期。

4. 建设倡导健康饮食和食农教育的"分享收获大地之子学园"

大地之子学园以食农教育为目标，更好地将城市家庭与农业和土地连接在一起，耕作可以让一家三代人同时劳动并收获，耕作可以了解生态能量的循环，可以让我们知道食物从哪里来。分享收获的果园基地中拥有非常丰富的生物多样性，大地之子将这里定位为青少年食农教育的学习基地，目前已经与海嘉国际双语学校、博识幼儿园、呼家楼中心小学、清华大学附属小学、人民大学附属小学等学校建立了合作关系。一方面，分享收获的食农教育老师可以到学校课题授课并协助学校开辟校园菜地；另一方面，学校师生也可以到大地之子学园现场开展教学，近距离地接触食物来源。

5. 生态农产品配送服务

分享收获目前自有蔬菜生产基地全年生产约 60 个品类，按照当季、当地的原则，生产标准遵循国际有机生产标准，虽未进行有机认证，但采用有机的生产方式，不使用任何已知的化学合成的农药和化肥，通过良好的田间管理，最大限度减少病虫害发生的概率，少量部分品种使用有机国标允许使用的生物制剂进行防治，并每年对土壤和蔬菜进行抽样检测。分享收获还会根据有机的生产标准，通过监督和检测的手段与认同有机农业、CSA 理念的农人合作，支持他们转向有机农业。有些品种，如水果在转向有机操作的时期，如果使用了少量化学药品和肥料，为了支持这些农人的转型，他们也会公开生产记录和检测结果，供消费者选择判断。这些农人中很多都是分享收获孵化的新农人，他们刚刚返乡的时候，一般都会缺乏市场，分享收获的协助销售也是给予他们创业的支持。目前，分享收获为约 1000 个家庭进行配送，很多会员家庭已经跟随石嫣博士吃菜长达四五年时间。这也是分享收获倡导的互信提携的关系的重要体现。分享收获的四年的营业收入分别为：第一年 100 万元，第二年 300 万元，第三年 600 万元，第四年 900 万元。家庭配送部分是分享收获的主营业务，这部分的收益也主要将作为分享收获实现社会理想的资金来源，例如培养新农人、参与公益活动等。

（三）香港嘉道理农场暨植物园概况：创新的农业经营理念

香港嘉道理农场暨植物园（Kadoorie Farm & Botanic Garden，简称 KFBG）是中国香港地区的一个农场及植物园，占地 2220 亩，其前身是贺理士·嘉道理和罗兰士·嘉道理兄弟 1951 年创办的嘉道理农业辅助会，希望通过提供农业资源帮助此前因躲避战争而涌入香港的移民自力更生，协助政府以给予农资、农业技术培训、小额无息贷款等形式让大部分曾经务农的移民过上有基本保障又有尊严的生活[①]。辅助会最初只是在白牛石这一荒山上开办农场，1963 年开始发展植物园并于 1972 年引入植物保育计划，1995 年以"香港嘉道理农场暨植物园"的名义正式注册为非营利组织，其资金和管理由私人经营，经由"嘉道理基金"信托人委任的董事局独立管理，每年的开支由"嘉道理基金"拨出。

---

① 香港嘉道理农场暨植物园官方网站，见 https://www.kfbg.org/chi/early-days.aspx。

随着时代发展和需要，KFBG 逐步将焦点从生产转向生态环境保护、自然教育及永续生活的推广，这也是对当前全球正在面临的资源过度消耗、气候变暖、物种减少等问题的回应。KFBG 以"大众与环境和谐并存"为使命，全力在香港发展动植物保育、有机耕种、环境教育及永续概念推广工作；1998 年更将保育工作扩展到中国内地。现在的嘉道理农场与多个政府组织、大学和非政府机构均有合作项目。

我国一直以来是农业大国，具有发展休闲观光农业的巨大潜力，但发展仍处于起步阶段。农垦系统中仅国有农场就有近 2000 个，总面积达 3922 万公顷，农场遍布全国，各地也在积极发展建设休闲观光农业，但普遍存在一些问题：

1. 对农业旅游认识不足，投资效率低

目前，国内对农业休闲观光旅游开发的认识较为狭隘，存在不少误区，将农业旅游活动局限在观光采摘、地方节庆、特色餐饮等狭窄的范围内。有的经营者仅仅重视旅游功能而忽略了作为基础的农业生产，导致农业旅游失去特色和核心吸引力；另一方面，经营者大多缺乏对旅游开发的重视，旅游资源没有得到充分利用，难以提升游客满意度。

2. 缺乏科学规划和管理

由于开发者对旅游开发缺乏认识和研究，大量观光休闲农场的规划严重缺乏科学性、合理性，没有挖掘出生态农业旅游对于消费者的核心价值。大部分观光农场的规划具有过度城市化、人工化的特点，盲目建设与生态环境、农业景观不协调的人工设施，失去其旅游特色与核心吸引力，造成一定程度上的遍地开花、产品雷同和恶性竞争。

观光休闲农场的旅游经营管理水平普遍较低，大部分农场还停留在家族式管理的阶段，制度极不完善，内部管理混乱低效。

3. 开发与运营模式单一

由于缺乏科学的发展规划、市场调查和研究指导，目前国内富于创意和特色的观光农场数量较少。开发利用多限于果园、林地等类型，旅游项目也多为观光果园、森林公园、垂钓园等，对参与式蔬菜园、开放式花圃苗圃、度假型民宿农庄、民俗观光村等开发较少，对耕作、栽培、牧羊、赛马、驾船、捕捞等农事活动和民俗资源的开发不足。很多开发者对观光休闲农场的开发运营并无认真思考，习惯性地将其粗暴归结为在农园里打麻将、玩扑克等简单休闲娱乐，对农园旅游活动的参与性、教育性毫无概念，自然无法引导旅游者的需求，从而导致观光休闲农业旅游走向单一、雷同和庸俗。

KFBG 对国内农场旅游相关的各个部门和机构都有重要启示，如政府的监督指导角色、开发者的规划设计、经营者的运营管理等。本文主要分析其开发经营方面的经验与启示。KFBG 带来的最大启示在于经营理念上的创新。虽然 KFBG 属于非营利机构，与国内大部分私营观光农场的性质不相同，缺乏严格的可比性，但两者经营目的都要求吸引更多的旅游者，故 KFBG 的部分理念和做法仍值得学习借鉴。

其一，重视和珍惜农业及生态环境，并将其转化为旅游的核心吸引力。对于农场观光休闲旅游，农业资源和生态环境资源是最重要的基础与核心。要保持观光休闲农场可持续的旅游吸引力和潜力，必须认识到这一重要性，在着重保护农业资源和生态环境的基础上，充分挖掘农田、土地、作物、动植物及整体生态环境的旅游价值，通过规划设计多元化的项目和活动，对其加以合理开发利用。

其二，针对旅游者多样化、深度化的旅游需求开发旅游产品与服务。随着社会和旅游业的迅速发展，旅游者已不止满足于单一的观光和寻常的休闲娱乐活动，他们追求更个性化、多样化的深度旅游体验。在农业观光休闲旅游中亦是如此，故农场经营者应学习 KFBG 的理念，针对具有不同特点的目标市场了解其旅游需求，并以此为依据进行旅游产品与服务的开发。如 KFGB 针对有儿童的家庭、学校、社区居民等不同群体设计策划了具有不同特点的活动项目。

其三，因地制宜，依托资源自身特色挖掘旅游价值，忌盲目跟风。农业本身受到地域因素的明显制约，不同地区的农业资源、景观会因为海拔、气候、土壤等自然因素呈现出截然不同的特点。因此，不同地区的农业旅游开发应重视这一点，在旅游规划与运营中采取因地制宜的策略，充分挖掘当地农业资源、景观、人文等地方特色，开发出具有独特地方气息的产品服务，而不应该不加研究地盲目模仿其他农场的项目、活动和管理方式。

其四，重视发展环境教育。环境教育不仅仅是政府、学校、景区或非营利机构对社会工作的责任，也可以是农场旅游开发的重点内容，实现旅游者和经营者的互利共赢。成功的环境教育可以成为观光农场的重要旅游吸引因素，通过主题导览和亲身参与，旅游者能体会到环境教育的重要性和趣味性，把学习知识技能、了解世界作为重要的旅游需求。完善的环境教育系统是一个成熟、现代的观光休闲农场所必备的要素。

其五，对网络和媒体的利用。随着网络、新媒体和移动设备对人们生活方式的改变，农场要吸引更多游客、提供更全方位的服务和咨询，需要充分利用网络和媒体。例如，KFBG 官方网站上提供的互动地图，是由专业画家绘制立体地图，根据景点开放情况逐个标注，文字简介和实物地图是可以展开的，地图上还绘出各类设施、路线和不同主题的自导路径，从而给使用者提供良好的旅游指引功能和虚拟旅游体验。景区设立网站并提供地图的虽多，但做到如此精细贴心、观感愉悦的却很少。此外，KFBG 的嘉道理中国保育早已开通新浪微博，通过实时发布图文信息，与旅游者及公众进行广泛有效的沟通和宣传。

其六，推广生态、健康、有机的理念和产品。KFBG 大力倡导公众食用本地生产的农作物以减少运输过程产生的耗费和污染，并在农场小卖部里销售园内自产的有机食品。国内很多生态观光农场可以借鉴这一做法，在环境教育的同时促进商品的销售，增加赢利渠道和整体经济效益。现在国内许多观光果园会提供园内蔬菜瓜果的采摘和购买服务，但这样的产品类型单一、缺乏特色，如果对自产作物有进一步加工和包装宣传，比如，用园内水果自制手工果酱、果脯等产品，强调其健康有机的特色，可以丰富产品种类，提高盈利能力。

其七，丰富多样的活动策划。KFBG 针对不同游客群体设计策划的活动项目值得学习借鉴。农场应依据不同群体的需求特点和农场自身的资源优势，设计富有乐趣和教育意义的高参与度活动项目，在自然环境中提供亲身体验。规划设计游览自导路径。自导路径是环境解说的重要手段之一，通过自导路径的规划设置，不仅能够达到优化环境解说教育的目的，还可以降低人员解说的成本、增加旅游体验的个性化特色。KFGB 根据资源与主题规划出乔木径、蝴蝶径、蜜果径、彩虹径、青草径、凌霄径等十余条自导路径，丰富游客的旅游体验和环境认知。

（四）台湾主妇联盟生活消费合作社：女性为主体的绿色农业实践[①]

1993 年，中国台湾的环境公共安全事件、镉米事件及农药残留等问题层出不穷，主妇联盟环境保护基金会之下"消费者质量委员会"的一群妈妈，开始认真思考生活的另一种选择。为了寻找安全的食物，她们跑遍了台湾地区。妈妈们限于经济约束，起初只能通过查询账簿来检验所查食物是否使用过农药。后来，她们集合了一百多个家庭，以"共同购买"的方式直接向农友订购大米和葡萄，也让农友可以无后顾之忧地稳定生产安心的食物。因基金会本身不能从事营利事业，随着越来越多人参与共同购买，主妇联盟合作社的前身也历经小区合作社、理货劳动合作社、绿主张公司等不同形态。

2001 年，秉持公益与非营利原则，由 1799 名社员集资的"绿主张公司"转型为"台湾主妇联盟生活消费合作社"，从环境守护到共同购买，从消费力的集结到社会力的展现，秉持力行共同购买的理念，透过环保、健康、安全的生活必需品，实践绿色生活，支持地球的可持续发展。实践绿色生活合作社理事主席为黄淑德，总经理为黄仁栋。合作社的成员中女性占到近九成，截至 2013 年 10 月 1 日，社员人数 50523 人（其中法人社员为 10 位），职员超过 300 人（含兼职），每年交年费的活跃社员约 3.5 万人。合作社照顾了约 110 位农友及 6 个产销班，供应品项 600 多种。目前全台湾地区共有像台北士林这样的站所 42 个，并以友善农耕的方式照顾了 600 公顷的农地，旨在联结新一代居民对台湾土地的情感价值，回到以农为本的美好时代。

[①] 刘娟：《从消费力的集结到社会力的展现——走进台湾主妇联盟生活消费合作社》，《中国农民合作社》2013 年第 12 期，第 44—45 页。

合作社以置办环保、自然、安全等物品供社员之需要为目的，并基于互助合作与终身学习之精神，以改善及提高社员的文化与经济生活为宗旨；合作社一直坚持珍爱环境资源，支持本土农业，力行共同购买，实践绿色生活，推广和发挥合作精神的理念。合作产品类型多样，日配生鲜、米麦杂粮、禽畜海鲜、调理素材、饮料零食、烘焙食品、家居用品、有机棉以及伴手礼等，可选择范围广泛而丰富。同时，合作社旨在通过共学、共读、共老、共食、共游、共育，社员内部互助合作，实现绿色环保的永续生活方式，利己的同时利他，实现人我关系的共好。合作社的运营不以盈利为目的，不挤压农友利润，合作社所有的运作资金均来自社员的入社股金和日常忠实的购买利用。如今，社员的出资总额约 1.68 亿台币，合作社所有的资金都是由每一位社员出资入股而成，因此每位社员都是合作社的股东和所有人，每年的结余也会分配给每位社员。每人成为社员时缴纳入社股金，同时社员可根据意愿缴纳股金（每人股金从 2000 台币到 50 万台币不等），社员可自愿交纳或要求退出股金，同时每年的年终结余分配会根据股金和年度利用额的多少来回馈给社员。另外，社员每年交 360 台币的年费，主要用在社员的共同学习上，例如合作社的刊物出版、活动举办、课程培训等。

比如社员们一起利用结余布料进行缝纫 DIY，一起交流烹饪心得和学习烹饪技巧，通过这样的活动来增加社员间的交流和互动。对于现金周转部分，如果有需要会适当向银行借款，银行通过资产评估来确定是否借款给合作社以及借多少给合作社。从 2001 年合作社注册为法人至今，没有出现过亏损，每年一般都有结余，总体资金运营情况良好。合作社章程第七章第三十七条规定了对年终结余的主要处理方式。当年终结算有结余时，必须先弥补累积损失，再支付股息（以不超过银行利率为准），其余的平均分成 100 份，依规定办理。其中，公积金是作为合作社持续发展的准备金，除弥补亏损之外，不得动用；特别公积金专门用于购置办公室处所；公益金是合作社在自身行有余力时，作为发展合作社组织区域内合作教育及其他公益事业之用。另外，理事及事务员、技术员的酬劳金，分配方法由理事会决定；社员分配金，依社员当年对合作社产品的利用率分配回馈社员。

社员们通过对合作社产品的共同购买来实现绿色生活的理念，合作社是不以营利为目的的社团法人，产品的定价原则希望合理照顾生产端与消费端，社员购买合作社产品无须缴纳税费。合作社出售产品的定价计算方法是：合理进货成本+合理管销费用+限制结余（利润）=定价，保证定价的六成到七成为农友获得，在确保农友利益的同时保证产品的质量，而非挤压农友的利润，此外，会有一半结余依社员该年利用额作分配，摊还进每一位社员的股金里。

一群有着强烈共同追求和生活理念的家庭主妇的联合历经了开创初期的摸索和合作，从一个只有主妇和部分公教人员为主的小团体，慢慢成长为如今这样一个影响广泛的社团法人，合作社也面对过很多问题：第一，合作社队伍扩张速度过快，很多社员对合作社创办的理念并不太了解，消费型的社员越来越多，社员顾客化趋势越来越明显，但是合作社的产品在很多时候会相较于一般传统市场上的产品价格高，产品价值也不同，对此有些合作社成员无法充分理解，所以合作社会尽量办理更多的入社说明会和各式活动来普及合作社支持农友、坚持绿色永续的生活理念，传播消费合作社要对自己吃的东西负责、对子孙后代的健康负责的健康食源的承诺；第二，有很多的农地被政府征用，部分地力良好的基本农田受到侵蚀，合作社也在努力以消费者团体的名义帮助农民抵制农地的征收，坚持"消费就是一种投票"的理念，鼓励农民生产本土小麦，用鼓励消费的方式支持社员们购买由本土小麦制作而成的面包、甜点等产品，影响到的小麦种植面积从一亩地慢慢增长到500多亩地，循序渐进地实现对台湾本地农业的支持和农地的复耕。

从帮扶弱势群体、创造就业机会，支持本地农业的复兴，落实资源节约和再利用，到倡导给子孙后代创造安全食物的可持续发展理念的落实，倡导城市小区的人文互动与认同构建……农民才是永续发展最前线的战士，才是一直与大自然亲密相连的人！连接生产者与消费者，保护农地，保护农民，台湾主妇联盟生活消费合作社一直在努力。

（五）湖北省"三乡工程"：打造乡村振兴中国模式

2017年，湖北省以武汉市为起点，全面推动"市民下乡、能人回乡、企业兴乡"的"三乡工程"建设，作为贯彻党的十九大精神和乡村振兴战略的重大举措。

1. 打开城乡要素双向流动之门的新钥匙

建设"三乡工程"，即广泛利用社会和市场的力量，特别是充分发挥城市的作用，以城带乡、以工促农、城乡融合，撬动和推进农业农村现代化。推动城市资金、技术、人才等要素下乡，激活农村资源，变农村资源为创富资本，变乡村为创业乐园，变农民为合作股东，有效带动了农业农村发展。

"三乡工程"是打开城乡要素双向流动之门的新钥匙，是解决城乡发展不平衡不充分突出问题、促进农民增收致富的新实招，是推动乡村振兴的新引擎。

2. 创新模式机制

加强组织推动，把握乡村的多样性、差异性、区域性特征，做扎实"三乡工程"规划。在"城边、景边、路边、湖边"等条件较好的地方重点引导市民下乡，在广大农区主要推进能人回乡、企业兴乡。明确城乡相关部门工作责任，建立城乡联动、部门协调的推进机制。加强宣传推介，打政策牌、政治牌、亲情牌、特色牌，引导"三乡"主体下乡。

优化承接环境，加强农村软硬环境建设，省级统筹资金在三年内实现荒山全绿化、污水处理乡镇全覆盖、农村生活垃圾收集全到位，开展"厕所革命"三年攻坚行动，推进光纤进村入户，实施全省"一网覆盖、一次办好"改革，实行农村"马上办、网上办、一次办"的行政审批和服务流程，使"三乡"主体下得来、留得住、可创业。

创新发展模式，把推进"三乡"工程与现代农业发展、精准扶贫、富美乡村建设等紧密结合，引导"三乡"主体创新创业。鼓励"三乡"主体与村集体合作经营村庄，打造"电商村""教授村""网红村"等特色村庄。

创新体制机制，建立共建共享机制，引导"三乡"主体与村集体、农民开展股份、租赁、流转等合作发展，兼顾各方利益，保护农民权益，形成可持续的发展模式。

建立政策激励机制，系统集成各项惠农政策，统筹整合涉农项目资金，省财政新增专项奖补资金，集中支持"三乡"工程。

建立盘活农房机制，借鉴承包地"三权分置"改革的做法，探索农村宅基地所有权、农民房屋财产权、房屋使用权"三权分置"的有效实现形式，放活农民房屋使用权。

3. 打造乡村治理的阵地

"三乡工程"着力打造产业兴旺的高地，以农业供给侧结构性改革为主线，大力发展高效生态现代农业，打造一批布局合理、特色鲜明、链条完整、生态环保、功能集成的都市田园综合体，促进一、二、三产业融合发展。着力打造生态宜居的胜地，鼓励引导能人、企业投资建设农村污水治理设施，推进农业、林业与旅游、文化、康养等深度融合。着力打造生活富裕的宝地，通过盘活资源，让村民变股东、资源变资本、资金变股金，增加农民财产性收入；通过提高效益，增加农民经营性收入；通过合作共赢，引导企业与农民广泛开展合作，增加农民工资性收入。着力打造乡村治理的阵地，充分发挥村级党组织书记"领头雁"作用，带领群众创业共富。

4. 黄陂经验

继 2017 年 8 月湖北省政府提出"三乡工程"建设以来，黄陂区印发了《中共黄陂区委、黄陂区人民政府关于扎实推进"三乡工程"促进乡村振兴的实施意见》，30 条"三乡工程"新政拓面提质。文件指出将进一步加快推进全区"市民下乡、能人回乡、企业兴乡"，广泛吸引社会资本参与乡村建设，全面促进黄陂乡村产业振兴，为全面推进黄陂全域旅游发展建设提供了强有力的政策支持。

2017 年，全区直接吸引社会资本投入 68.2 亿元（其中：市民下乡 19 亿元，能人回乡 23.1 亿元，企业兴乡 26.1 亿元），1.1 万农民因此长期受益。

（1）以情兴村与"杜堂模式"

强化情感融合，吸引市民下乡带活农民。先后组织 5 场规模宏大的市民下乡"看房团"和信息对接会；在中央电视台、湖北电视台和《湖北日报》、《长江日报》等主流媒体发表文章50多篇，提高曝光率，营造出浓厚的舆论氛围。以扶贫工作组为桥梁，建立"村委联居委，助推'三乡工程'促脱贫"机制，推进蔡店街20个重点贫困村和美丽乡村分别与江汉区20个社区深度对接。全区共统计农村空闲农房5.73万套，占农房总数的23.6%，发布空闲农房信息3261条（其中在市农交所平台发布空闲农房出租信息1218条），与企业及自然人正式签订租赁协议2341套（其中贫困户456套），实现年租金3746万元。

强化情感联络，吸引能人回乡激活农业。大打亲情乡情牌，强力推进"能人回乡"工程，积极促进"农业+"转型提升，推动体验农业、采摘农业、休闲农业、旅游农业、养生农业、教育农业、农村电商等农村新产业新业态蓬勃发展。吸引一批包括海归在内的能人回乡创办合作社185个，兴办企业50家，投资23.1亿元。将陈一新书记提出的"新四军"和"四新经济"成功放大到了乡村振兴的伟业中。姚集街杜堂村企业家葛天才投资3.8亿元回陂创业，与3个行政村418户签订协议，流转土地7000亩，创办"木兰花乡"景区，入股和租赁空闲农房142栋，计划发展创意创业企业77家，打造高端民宿65套，目前已完成24家装修改造，已吸纳400人（其中，贫困人口86人）在家门口就业，极大地增强了农村发展活力。

强化情感招商，吸引企业兴乡盘活农村。强力推进招商引资"一号工程"，待客商如至亲，先后引进了省圈投、省供销集团、当代集团等16家企业到黄陂投资兴业，盘活农村资产、资源和宝贵的生态资本。长轩岭街仙河店村引进的武汉市石桥集团，该公司顺应1350名职工对市民、股民、农民等多重身份的体验要求，与仙河店村132户空闲农房户主和 418 户村民签订房屋租赁和土地流转协议，着力打造企业农场、职工花园、养老中心，为职工建设"精神家园"，该项目盘活仙河店村集体资产 500 万元，带动仙河店村民每年人均增收 1 万元。

通过解剖"杜堂模式"，黄陂区践行习近平总书记提出的提高农村集体和农民财产性收入，让社会财富最充分涌流的要求，积极探索农村宅基地所有权、农村房屋使用权和房屋经营权三权分置改革，极大地释放了农村土地和资产资源的潜能，促进了农民收入从单一的农业收入向四种收入转变，即土地的流转收入、财产入社的分红收入、就业的工资性收入和自主创业的经营性收入。

（2）产业引导人才下乡

规划先行强化基础支撑。抓住规划编制试点机遇，按照多规合一原则，加快编制完成《2035 黄陂区总体发展规划》和《2035 黄陂区土地利用总体规划》，同步编制完成街（乡）城镇体系规划、全域美丽乡村发展规划、全域旅游发展规划、现代都市农业发展规划及生态保护、交通体系、产业布局等专业规划。

每年整合资金 30 亿元以上，重点抓好农村"厕所革命"、精准灭荒、乡镇和村湾污水治理、农村环境整治、"四好"农村公路五个"三年行动计划"，制定专项工作方案，落实具体政策措施。

盘活资产资源支持"企业兴乡"。支持企业发展，支持农业企业做大做强。对于新三板上市、主板上市的农业企业，一次性奖补。鼓励新型经营主体创品牌，积极开展农业品牌村湾创建，支持企业加大投资，鼓励农业企业吸纳并转化高校院所科技成果。

强化产业引导，支持发展旅游产业。对企业新建旅游景点、新开发旅游项目的，优先进行水电路等基础设施配套升级，获批国家 3A 级、4A 级、5A 级旅游景区，一次性分别奖励 100 万元、400 万元、

800万元。对达到省级农家乐二、三、四、五星级标准的经营户分别给予奖补。

支持发展农业规模经营。支持发展"互联网+农业"。对通过互联网销售本地特色农产的，优先给予对区级财政贡献的全额奖励支持。支持发展以农业农村为基础的第三产业。对开发农村观光休闲、养生养老等第三产业的农业企业，在现有奖补标准上提高20%给予支持。新建特色赏花游园区，通过达标验收的项目，给予一次性奖补。

支持建设田园综合体。鼓励社会资本推进农业农村连片综合开发，促进农村一、二、三产业融合发展，采取股权投资、担保、贴息或项目配套等方式给予支持。对市级以上的田园综合体示范项目，优先支持开展高标准农田建设，提升田网、渠网、路网、观光网、服务网、信息化网、设施用地网"七网"配套水平。

推进农村土地增减挂钩。对中北部地区零星分散的村庄，通过湾村集并，集约节约出的土地，推进农村土地"三权分置"。积极探索农村土地承包经营权有偿退出的改革试点，原则上按照同级、同地段、同区域土地征收标准对农户进行补偿，并按失地农民标准统一统筹养老保险。

支持美丽乡村建设，保护性开发建设历史文化名村。鼓励成立农村专业合作社。

设立黄陂区"乡村振兴"产业发展母基金5亿元，引导社会资本组建若干诸如旅游、生态农业、大健康等专项产业发展子基金，力争总规模破50亿元以上，用于支持"三乡工程"的龙头企业、新型经营主体加快产业发展。区政府增信2亿元，撬动金融资本20亿元助推"三乡工程"建设，支持企业发展。

提高政治待遇支持"能人回乡"。对带领贫困村整体脱贫或通过产业帮扶推动 30 名及以上贫困户脱贫的相关企业负责人、回乡能人，可推荐担任村第一书记，推荐参选人大代表、政协委员。

支持鼓励大学生回乡创业。积极引导优秀大学毕业生到农村一线就业创业，对毕业 3 年内的全日制博士研究生和毕业 3 年内的"985 工程"及"211 工程"院校全日制硕士研究生、本科生到黄陂社区（村）委员会、农业企业全职工作的，可分别享受每月 2000 元、1500 元、1000 元，为期 3 年的基层就业生活补贴。

支持鼓励优秀青年到农村创业。区政府定期开展优秀青年农业创业项目评审，每年扶持青年农业创业项目给予 3 万—8 万元的资助。其中，优秀青年人才领办的技术含量较高、市场前景较好的农业项目，经申报评审后，给予最高 15 万元的二次支持。给予租房补贴和惠民待遇。市民、能人或企业采取租赁（或合作）方式利用空闲农房，对承租人给予奖补与享受本地居民免费旅游黄陂景区待遇。鼓励对租赁（或合作）方式利用空闲农房的市民或企业主要负责人给予"荣誉村民"待遇，可参与村级公共事务的建议、管理和监督等。

全区每年评选"十佳下乡市民""十佳回乡能人"，对获评的市民和能人分别按照 1 万元、10 万元的标准给予奖励。

实施固本强基完善综合保障。组建"乡村振兴促进会"，统筹协调村企结对共建活动并组织实施，利用农村综合产权信息平台、农业政务网等平台，对符合租赁、合作条件的农村空闲农房，集中免费发布市场供求信息；对以租赁、合作方式签订利用农村空闲农房协议的，免收服务费。定期组织相关部门、街、村、企业联合举办或参与招商招才会、博览会、贸洽会、对接会等。大力实施"红色引擎工程"，全面加强基层组织建设，2020 年，全区打造出 100 个基层党建标杆、构筑 500 个"坚强战斗堡垒"。

支持"第三方平台"参与服务"三乡工程"。全区采取公开招标方式择优选择规范的租赁中介服务专业公司参与"三乡工程"建设和服务，为租赁双方提供信息对接、业务咨询、签约鉴证等服务，以及规划设计、建筑施工等有偿服务。

设立乡村先进文化发展基金1000万元。对成立乡村文化宣传分队给予奖补。对有影响的乡村文化弘扬主体，可最高给予100万元奖励。重视发现和培养扎根基层的乡土文化能人、非物质文化遗产项目传承人，加强对"三乡工程"典型的发掘、研讨、推介与宣传。对"三乡工程"宣传信息工作突出的单位和个人每年进行评比，给予奖励。

三、再思考：属于中国的可持续农业之路

（一）个性鲜明的中国农业

世界可持续农业在发达国家和发展中国家以不同的方式发展着。不同的发展模式有着不同的文化背景、生产力发展水平等方面的差异，因而每一种模式都有其特定的适用范围和优缺点。只有依据本国、本地区的实际情况，创造性地运用可持续发展的理念，不断发展新的发展模式，才能更好地促进世界可持续农业的发展。

从世界范围来看，以深厚的农业文化传统为底蕴，以丰富的区域类型和技术类型为依托，以现代农业科学技术为手段发展起来的中国生态农业模式，对世界可持续农业的发展具有十分重要的意义，将对世界可持续农业的发展产生深远的影响。同时，借鉴世界其他地区有益经验，进一步丰富和发展已有模式，是中国生态农业发展的现实要求。

中国作为发展中国家，20 世纪 80 年代初就提出了自己的可持续农业发展模式，即生态农业发展模式。"生态农业"一词虽源于西方，但上下五千年的中国农业本来就是生态化的，其受到"化学化"和规模化的影响产生多重"负外部性"则是近几十年相对短期内发生的情况。因此，中国当代的生态农业思想也不同于西方的生态农业，有自己的特点。

中国的生态农业是借用西方生态农业的名词，吸收了中国传统农业思想精华，并结合现代农业科学技术而形成的具有中国特色的可持续农业发展模式。它是遵循自然规律和经济规律，以生态学和生态经济学原理为指导，以生态、经济、社会三大效益协调为目标，运用系统工程方法和现代科学技术建立的具有生态与经济良性循环、持续发展的多层次、多结构、多功能的综合农业生产体系，是较为完整的可持续农业理论与技术体系。其主要特征有：第一，中国的生态农业是从系统的思想出发，按照生态经济学的基本原理，运用系统工程方法建立起来的综合农业发展模式；第二，中国的生态农业强调经济效益，追求高的农业生产收入，不排除资本和农业生产资料的大量投入；第三，中国的生态农业包含较为完整的生态过程，其生态效益是通过对生态过程的驾驭来实现的，即初级生产者（绿色植物），第二级生产者（各种动物）和分解者（微生物）并存，通过人为设计，理顺各级生产者之间的关系来实现生态效益目标。此外，中国的生态农业的经营单元一般较小，劳动力密集度较大，生态过程的管理均是以体力为主。

中国生态农业的技术类型有鲜明的地方特色。中国地域辽阔，自然条件复杂多样，适应不同地域特色，发展了不同技术特点的生态农业类型，包括：

1. 立体复合型

利用生物群落内各层生物的不同生态位特性及互利共生关系，分层利用自然资源，以达到充分利用空间，提高生态系统光能利用率和土地生产力，增加物质生产的目的。这是一个在空间上多层次，在时间上多序列的产业结构，种植业中的间混套作、稻鱼共生，经济林中乔灌草结合以及池塘水体中的立体多层次放养等均是这种类型。

2. 物质循环型

模拟生态系统的食物链结构，在生态系统中建立物质的良性循环多级利用链条，一个系统排放的废物是另一个系统的投入物，废物可以循环利用，在系统内形成一种稳定的物质良性循环，达到充分利用资源，获得最大经济效益的目的，同时可以有效地防止废弃物对环境的污染。

3. 生态环境综合治理型

采用生物措施和工程措施相结合的方法来综合治理诸如水土流失、盐碱化、沙漠化等生态恶化环境，通过植树造林、改良土壤、兴修水利、农田基本建设等，并配合模拟自然顶极群落的方式，实行乔、灌、草结合，建立多层次、多年生、多品种的复合群落生物措施，是生物技术与工程技术的综合运用。

4. 病虫害防治型

利用生物防治技术，选用抗病虫害品种，保护天敌、利用生物以虫或菌来防治病虫害，选择高效、低毒、低残留农药，改进施药技术等，保证农作物优质、高产、安全。

中国拥有四千年的可持续农业耕作历史，生态农业发展有深厚的传统农业根基，四千年的可持续农业耕作历史本身就是持续农业的标志。中国悠久的农耕文化，"重农"的儒家传统以及朴素的田园文化思想，这与欧亚大陆上仍然是原住民为主、保留村落聚居的国家相似。比如与德国的市民农园文化就有异曲同工之处。但中国的生态农业汲取了西方"生态农业"的思想，并与中国的国情结合，发展形成中国特色的可持续农业模式。它首先强调人与自然和谐共生而必然达致资源的合理利用与环境保护；出于这种共生关系，在技术理念上更接近新绿色革命，但较新绿色革命的技术更完善，并具有鲜明的地域特色，有较强的可操作性，为我国可持续农业发展提供了一种技术示范。

发展社会生态农业，是中央提出"农业供给侧改革"要求转向"绿色生产方式"的重要载体，也体现了只有贯彻乡村振兴战略强调的"城乡融合"，才能全面推进"三产融合"为内涵的"产业兴旺"的内在逻辑。利用农民生产生活本身的多样性，依托农村的自然和人文风貌，面向市民开展观光休闲、耕作体验和采摘、餐饮住宿、度假疗养等经营活动，盘活农村中以往不被纳入生产要素范畴的生态环境和人文景观等多样资源。这既是推进农业供给侧改革的重要途径，也是推进新农村建设和构建城乡良性互动机制的题中之义。

（二）打造生态转型与农业可持续发展的中国模式

1. 生态文明视野下的农业转型

应对 21 世纪的全球化挑战，国家战略调整是必然的、正在实施之中的。

比如，这些年对于"三农"最大的调整就是国家向农业和农村大规模地做倾斜性的投入。从 2005 年国家新农村战略确立以后，已向农村投了大约 13 万亿—14 万亿元。而且 2005 年后"三农"责任由中央和地方两级承担，农民也因此拥有了超市民待遇的"国民待遇"。农民为什么是超市民待遇？市民所享有的待遇是由市财政开支的，农民的福利是由国家财政开支的，换言之，农民才有国家财政统一支付的国民待遇，市民只有本市财政支付的市民待遇。所以，为什么农民不放弃农村户口，市民要回去拿农村户口？是因为国家财政相对于各地财政来说要好得多。国家财政占全部税收的一半，市县的财政也占一半，所以各地财政大多数要靠国家财政转移支付。可是，中央政府转移支付给农民的就是直接支付，比如 2017 年，各级财政对新农合的人均补助标准提高到 450 元，其中中央财政对新增部分按照西部地区80%、中部地区 60% 的比例进行补助，对东部地区各省份分别按一定比例补助。

21 世纪以来，用于"三农"的财政支出中 40% 左右用于农村低保、社保、教育、医疗开支，60% 左右用于农村基础建设。现在绝大多数村实现"五通"，也因此各种各样的投资商开始下乡。最近，由于城市地产已经泡沫化、金融饱和，所以有地产商下乡抢占农村有绿色资源开发潜力的乡村地产。但工商资本下乡的前提条件是什么？是中央已经连续投资把农村的山水田林路都修了，于是出现了"新下乡运动"！除了资本下乡，市民也下乡，打工者和大学生返乡，"新下乡运动"犹如一个新的潮流滚滚而来。

今天农村的变化已经不再是户籍农民的变化，而是多元主体导致农村发生结构性变化。

在所有的这些调整中，生态文明是最核心的内容。世界各国对中国的转型纷纷表示不理解，各国提出的口号，比如巴黎气候协定、减排等，基本上还是认同沿着资本主义道路走下去。

但中国现在提出的是发展方式转型，转向生态文明建设。这个转型体现了中国的执政党在政治上的一以贯之。从 2000 年江泽民总书记提出"三个代表"，到 2007 年胡锦涛总书记把生态文明作为发展理念在党的十七大提出来。再到党的十八大习近平总书记将之升级为国家发展战略，提出"五位一体的总体布局"。然后到 2015 年确定深化生态文明体制改革，2017 年进一步深化"两山"思想和美丽乡村，综合性地提出乡村振兴战略——这其实都是和生态文明结合最密切的。这个道理好理解：生态文明的内涵叫作多样性。而多样性最为丰富的地方，是在与自然过程直接结合的生态农业领域。尤其是我们这个有着数千年文明传承的国家，本来就有在"三农"领域中生态多样性和社会文化多样性最丰富的条件。中国由西向东三级台阶的立体分布，以及中国所处的五大气候带，造就了极为丰富的地理与自然资源多样性。如果我们说生态文明是维持多样性的文明，那么这个多样性本来就直接寄存于与自然过程直接结合的农业之中。

21 世纪之初形成当代乡村建设活动以来，我们一直在讲这个道理，海外很多朋友也接受，认为在所有达到相对发达的国家里，只有中国还保存着大量的乡村。尽管当前存在一些激进的主张，认为解决农村问题就要消灭农村，解决农民问题就要消灭农民，但我们知道，至少这个世界上还没有百分之百都是城里人的现象。①

客观地看，我们所说的生态文明多样性，是与内生性地具有多样性的农业直接相关的。所以从这一点来看，生态文明与乡村振兴，两

---

① 当然，个别的城市型国家，比如新加坡，基本上没有农业，但并不是说绝对消灭了农民。

者之间是紧密相关的。据此需要重新理解乡村中国的基本问题。面对全球三大资本过剩危机及其转嫁问题，我们以"生态文明"为重要内涵的乡土社会改良工作，也越来越被各界认可。

2. 农业可持续发展的现实条件

社会生态农业的发展不仅具有必要性与紧迫性，而且由于十多年来国家在"三农"领域的大规模投入，发展的基础已经具备；伴随着城市中等收入群体的不断扩大，社会生态农业的市场已经初步发育；"互联网+"等新经济形态出现，为社会生态农业发展提供了新思维和新业态；农村土地确权与"三权分置"等政策又为以城乡小微交易为特色的社会生态农业发展提供了制度保障。

（1）新农村建设完善了农村基础设施

党的十六大以来，中国相继提出全面建设小康社会、"工业反哺农业，城市支持农村"等重大方略。特别是 2005 年中央提出建设社会主义新农村，在缓解工业过剩产能的同时，逐步推进城乡发展再平衡。2005 年以来，中央财政在"三农"领域的投入平均每年超过 1 万亿元。这些投入从根本上改善了农村的基础设施和公共服务，全国大部分地区都实现了"村村通"，极大地拉近了城市与乡村之间的距离，为农民开办农家乐、农民客栈，为实现多种经营提供了基本条件，也为市民下乡提供了便利。

（2）不断扩大的中等收入群体是社会生态农业发展的重要支撑

根据社科院 2016 年 10 月的报告，中国已经进入中等偏高收入国家行列。关于中国中等收入群体的数量，虽然不同的评价与估算方法的结果差异较大，但这一群体不断壮大却是不争的事实。他们主要集中于城市，拥有较高的收入水平和科学文化素质，追求更高的生活品质，具有多样化的生活消费需求。2015 年中国休闲农业与乡村旅游接待人数超过 22 亿人次，营业收入超过 4400 亿元，其中大部分是由城市中等收入群体贡献的。

（3）"互联网+"发展为社会生态农业提供新思维、新业态

"互联网+"的快速发展已经在城市和工业领域形成了新的经营思维和经营业态，推动着"大众创业，万众创新"，也为社会生态农业发展提供了一系列值得借鉴的经验。如通过"互联网+景观""互联网+风俗"等方式，发挥社交网络和自媒体的口碑传播效用，打造本地吸睛题材，因地制宜开展多种业态经营，促进本地农特产品、自然景观和人文风俗开发和营销，将具有本地特色的种植养殖与休闲疗养、耕种采摘、自然教育、风俗猎奇、手工编织以及餐饮住宿等结合起来，形成一、二、三产业融合发展态势，盘活在地资源并促进资源收益内部化。

（4）土地确权等政策供给为城乡小微交易主体提供了制度保障

2013 年中央一号文件提出"用 5 年的时间基本完成农村土地承包经营权确权登记颁证工作，妥善解决农户承包地块面积不准、四至不清等问题"。农村土地承包经营权确权颁证能够进一步明确农民对于土地的承包经营权，明确承包地对农户的用益物权属性。2016 年中共中央办公厅、国务院办公厅印发了《关于完善农村土地所有权承包权经营权分置办法的意见》，明确提出农村土地所有权、承包权、经营权三权"分置"，农民可以在保留土地承包权（也就是保留村组集体成员权）的情况下，将土地经营权流转出租，获取土地租金收益。这意味着个体农户可以从过去对内交易，演变为直接对外做资源性资产转让的小微交易主体。这与此前资本下乡只能通过村社精英才能开展交易的约束条件有很大变化。

3. 几个思考：让农业真正实现可持续发展

（1）以生态文明理念为指导推进乡村振兴

推进以生态文明理念为指导的新农村建设需要树立整体区域发展理念，改变长久以来按条块、按产业进行支持的方式，打造全域社会生态农业概念。在硬件建设上，要加强中央财力支持，减少地方资金配套；进一步完善农村路网，加强农村电网、宽带改造，促进城乡互联互通；完善农村教育、医疗、普惠制金融等基本公共服务，不使城乡基本公共服务差距成为驱使农民离开乡土的动力；在软件上，要加强农村传统风俗文化和古迹保护，复兴优秀乡土文化，为社会化农业发展提供独特素材；加强农村生态环境保护和污染治理。

（2）鼓励支持市民与农民对等谈判、平等交易

一方面，鼓励"社区支持农业"理念和项目发展，通过农户与城市社区直接对接交易，形成稳定、相互信任的市场关系，进而保障农户收入的稳定与城市家庭食品的安全；另一方面，鼓励和引导城市居民以及社会资本进入农村，在农村开展多种形式经营，如城市家庭租入农户土地经营权以开辟家庭菜园；租入农户多余房屋或房间用于疗养度假或者开展农家乐、民宿等经营活动。这样的"市民下乡"恰恰是城市居民与农村居民进行直接平等谈判和交易，农民有完全自主意愿，而不是"大资本下乡"与乡村干部结合，导致"精英俘获"和对农村的粗放开发与掠夺性经营。对于这样的"微交易"，政府要在政策、法律、法规和服务上予以支持，帮助双方规避风险，节约交易成本。

武汉市于2017年4月出台了《关于开展"市民下乡、村民进城"活动加快我市新农村建设的支持措施》（暂行），是全国最早鼓励"市民下乡"的政策指导意见，被媒体称为"黄金 20 条"，鼓励能人回乡、企业家下乡、知识分子下乡、市民下乡以租赁、合作方式利用农村空闲农房创业创意、休闲养老养生，促进农村集体经济组织和农民增加财产性收入。

（3）支持民间组织在社会生态农业领域发挥健康、积极作用

中国人民大学教授陈卫平认为，中国尽管有着 4000 年的可持续农业耕作的历史，但推行化学化农业四十余年，提出产业化农业 20 年，多数农民难以自发完成向社会生态农业的转变。这就需要一些组织机构发挥示范引领作用，在城市市民和农村农民之间充当桥梁媒介。目前一些民间组织在发展社会生态农业的实践探索中取得了非常宝贵的经验。应该通过政策支持和财税优惠，鼓励民间组织先行先试，适时将民间组织试验得出的经验转化为政策和法律；实行政府购买服务，让有良好经验的民间组织为农民开展社会生态农业理念、技能等方面的培训。

（4）坚持和完善有关法律、法规和政策

对农村开展多业态经营提供政策支持，如对农家乐、民宿等实行税收减免和信贷优惠，简化行政手续流程；完善社会生态农业以及有机食品立法工作，建立健全有机食品认证机制等。与此同时，必须坚持农村基本经济制度，坚持村组土地所有权，保障农户家庭土地承包权；坚守耕地红线，防止农村多业态经营中出现滥占耕地、以劣换优等现象。

后　记

本书的书名、目录提纲、指导思想、主要论点等由温铁军教授拟定；其在福建农林大学的博士研究生唐正花作为书稿写作的协调人，负责条例组织、统稿和修订。各章执笔按照顺序分别是：第一章武广汉，第二章黄颖和杨洲，第三章唐正花和车海生，第四章罗士轩，第五章刘亚慧，最后由温铁军教授负责统稿，中国农业大学教授胡跃高和中国人民大学教授谭淑豪均对本书初稿提出了宝贵的审稿意见。

本书写作得到中国人民大学重大规划项目"农村与区域发展比较研究"（16XNLG06）的大力支持，为该项目的成果之一。温铁军教授指导的各高校科研团队（中国人民大学团队、西南大学团队、福建农林大学团队）对本书作出了无私贡献；各地乡村建设实践团队提供了相关调研资料；温铁军科研助手逯浩先生参予观点讨论并对本书内容转化为政策建议作出重要努力。本书写作组对大家的支持表示感谢。

本书写作得到东方出版社的大力支持，特别是李烨等编辑为本书出版倾注了很多心血。写作组在此对所有参与书籍撰写、审阅、出版，以及提供资料的朋友们表示诚挚的感谢。没有大家的支持就没有本书的成功问世！

由于本书主题宏大但撰写时间仓促，加之执笔人员水平和能力有限、经验不足，同期还要完成各自的本职工作，以及科研项目的调查研究工作，因此，本书难免存在各种不足。恳请相关领域的专家和广大读者不吝批评，以利再版修订。

图书在版编目（CIP）数据

从农业 1.0 到农业 4.0：生态转型与农业可持续／温铁军，唐正花，刘亚慧著. —北京：东方出版社，2021.11
ISBN 978-7-5207-2387-9

Ⅰ.①从… Ⅱ.①温… ②唐… ③刘… Ⅲ.①农业可持续发展—研究—中国
Ⅳ.①F323

中国版本图书馆 CIP 数据核字（2021）第 180772 号

从农业 1.0 到农业 4.0：生态转型与农业可持续
（CONG NONGYE 1.0 DAO NONGYE 4.0：SHENGTAI ZHUANXING YU NONGYE KECHIXU）

作　　者：温铁军　唐正花　刘亚慧
责任编辑：李　烨
出　　版：东方出版社
发　　行：人民东方出版传媒有限公司
地　　址：北京市东城区朝阳门内大街 166 号
邮　　编：100010
印　　刷：北京明恒达印务有限公司
版　　次：2021 年 11 月第 1 版
印　　次：2023 年 4 月第 11 次印刷
开　　本：660 毫米×960 毫米　1/16
印　　张：22.5
字　　数：270 千字
书　　号：ISBN 978-7-5207-2387-9
定　　价：68.00 元
发行电话：(010) 85924663　85924644　85924641
